kailash

Stefanie Stahl

So stärken Sie Ihr Selbstwertgefühl

Damit das Leben einfach wird

kailash

MIX
Papier | Fördert gute Waldnutzung
FSC® C014496

Penguin Random House Verlagsgruppe FSC® N001967

12. Auflage

in der Penguin Random House Verlagsgruppe GmbH
Neumarkter Straße 28, 81673 München
produktsicherheit@penguinrandomhouse.de
(Vorstehende Angaben sind zugleich Pflichtinformationen nach GPSR.)

Zuerst erschienen im Ellert & Richter Verlag GmbH, Hamburg, 2018
Lektorat: Petra Kunze
Satz: Satzwerk Huber, Germering
Umschlaggestaltung: Daniela Hofner, ki 36 Editorial Design, München
Fotos der Autorin: Roswitha Kaster
Umschlagmotiv: pixhook/getty images
Druck und Bindung: GGP Media GmbH, Pößneck
Printed in Germany
ISBN: 978-3-424-63200-2

www.kailash-verlag.de

Meinen Eltern Walter und Mona Stahl

Inhalt

Prolog

Vorsichtig schleiche ich durch das Dickicht. Es ist kalt, und ich sehe schlecht in dem gräulichen Zwielicht. Ich bleibe häufig stehen und spähe um mich. Überall lauern Feinde. Sie verstecken sich im Hinterhalt. Oder sind es vielleicht nur Schatten?

Das Leben auf dem Planeten »Unsicherheit« ist gefährlich, eine tägliche Herausforderung. Hier leben viele böse Menschen. Sie sind stark – stärker als ich. Und sie sind schlau – schlauer als ich. Viele von ihnen wollen mich fertigmachen, weil ich schwächer bin als sie. Zwar gibt es hier auch ein paar freundliche Bewohner, aber man kann sich nie ganz sicher sein. Ich habe mich schon öfter getäuscht, dachte, der tut mir nichts! Und peng! Schon hatte ich die Faust im Magen. Man kann nicht vorsichtig genug sein.

Auf meinem Planeten herrscht eine Diktatur: Die Starken regieren die Schwachen. Widerstand ist zwecklos. Ich wäre gern einer von den Starken, auch wenn sie mir eigentlich zuwider sind. Trotzdem wäre ich lieber einer von ihnen, als schwach zu sein. Schon als Kind habe ich gegen meine Schwäche angekämpft. Ich habe mich richtig angestrengt, tue es heute noch. Versuche immer, alles richtig zu machen, aber ich bleibe eine Null. Manchmal habe ich geglaubt, ich wäre stark. Das war für einen kurzen Moment ein richtig gutes Gefühl. Dann habe ich mir jedoch gesagt: Bleib auf dem Teppich! Überschätze dich bloß nicht, sonst fällst du nur umso tiefer.

Damit nicht jeder sieht, wie schwach ich bin, habe ich mir eine Tarnkappe zugelegt. Mit der kann ich wenigstens so tun, als ob ich stark wäre. Ich gehe nicht ohne sie aus dem Haus. Wenn ich die Tarnkappe aufhabe, dann meinen die Starken, ich wäre einer von ihnen, und sie lassen mich in Ruhe.

Wenn da bloß nicht diese Scheißangst wäre, dass ich auffliege. Ich wage mir gar nicht auszumalen, was dann passieren würde. Schwächen sind hier tödlich.

Ich hasse mich für meine Schwächen. Und ich hasse die Starken. Aber das sage ich ihnen natürlich nicht, dann wäre ich ja gleich erledigt.

Neben meiner Tarnkappe habe ich mir noch ein paar Überlebensstrategien angeeignet. Die braucht man hier – ich habe sie schon als Kind trainiert und bringe sie jetzt auch meinen Kindern bei. »Schnauze halten« ist die wichtigste. Tu, was die anderen von dir erwarten. Am besten noch mehr. Sage niemals »Nein«, wenn ein Starker etwas von dir will. Noch besser ist es, wenn du schon vorher ahnst, was er will, dann kannst du noch schneller reagieren. Situation erkennen und anpassen! So sehe ich die Sache, und das schärfe ich auch meinen Kindern ein.

Es gibt aber auch ein paar Schwache, die einen auf Rebell machen. Lächerlich. Die meinen, aufmucken würde was bringen. Sie mucken ständig auf, sogar wegen Kleinigkeiten. Aggressiv sind die – ähnlich wie die Starken. Dabei sitzen die Starken doch sowieso am längeren Hebel.

Neulich habe ich in der Zeitung gelesen, es gebe da so einen Planeten namens »Sicherheit«. Da soll es ganz anders zugehen. Da soll angeblich eine Demokratie herrschen. Die Menschen, die dort leben, sollen sich angeblich mögen, nicht nur gegenseitig, sondern auch sich selbst. Ich meine, wenn ich stark wäre, dann würde ich mich wohl auch mögen. Auf diesem Sicherheitsplaneten sollen sich die Menschen sogar trotz ihrer Schwäche mögen. Wie soll das denn gehen? Dann stand da noch, dass die Menschen dort oft gut gelaunt seien. Na ja, das kann ich mir wiederum vorstellen, das wäre ich wahrscheinlich auch, wenn ich von mir überzeugt wäre.

Dann haben sie dort so einen Typen interviewt, und der sagte, es gebe bei ihnen zwar auch ein paar böse Menschen, die meisten seien aber in Ordnung. Er fühle sich auch nicht bedroht, wenn er aus dem Haus gehe. Der Interviewer hat ihn dann gefragt, ob er denn keine Tarnkappe aufsetzen würde, und der Typ antwortete, er wisse gar nicht, was das sei. Das muss man sich mal vorstellen, der kennt Tarnkappen nicht! Wie er denn dann mit seinen Schwächen umgehe, hat der Journalist weiter gefragt. Da hat der Typ gesagt, mit denen könne er leben. Er arbeite zwar an ihnen, aber die anderen Menschen wären ja auch nicht perfekt. Du solltest mal zu uns kommen, habe ich da gedacht, dann würdest du nicht mehr so große Töne spucken.

Dann fragte ihn der Journalist, was er denn machen würde, wenn ihn doch mal einer angriffe. Dann würde er sich halt wehren, sagte der Typ. Wie er sich wehren würde, hänge von der Situation ab. Häufig würde es genügen, wenn er dem Angreifer sagte, dass er sein Verhalten nicht in Ordnung finde. Haha, das müsste ich mal bringen! Einem Starken sagen: Du, das finde ich aber echt nicht okay, du! Der würde doch denken, ich wäre nicht mehr ganz dicht. Auslachen würde der mich!

Und dann hat der Typ noch von seinem Leben erzählt: Er würde sich Ziele setzen und versuchen, diese zu verwirklichen. Vieles habe er auch schon erreicht. Er habe einen guten Job, eine liebe Frau und zwei nette Kinder. Manche Ziele habe er auch nicht erreicht, aber er fände das okay. »Hinfallen ist nicht schlimm, nur liegen bleiben!«, so hat er sich ausgedrückt. Junge, Junge, der hat Nerven! Ich guck lieber zu, dass ich gar nicht erst stolpere. Immer schön auf der sicheren Seite bleiben, das hat mein Vater schon immer gesagt. Dann meinte der Typ noch, er wäre jeden Tag dankbar für das, was das Leben ihm schenke. Oje, der umarmt wohl auch noch gern Bäume, der Spinner.

Zum Schluss fragte ihn der Interviewer, welche Einreisebedingungen denn auf seinem Planeten herrschten. Der Typ antwortete: »Das ist ganz einfach, man muss sich nur so akzeptieren, wie man ist!« Sag mal, will der mich verarschen?! Eine schwierigere Einreisebedingung gibt es doch gar nicht!

Ich bin, was ich bin,
und das ist alles, was ich bin!

Popeye

Bewusst selbst sein

Selbstwertgefühl – davon könnte ich mehr gebrauchen!

Selbst und Wert und Gefühl – diese drei Wörter stehen für eine innere Überzeugung, die für die Lebensführung und die Lebenszufriedenheit eines Menschen bestimmend ist. Wohl jeder Mensch kann spontan etwas zu seinem Selbstwertgefühl sagen. Jeder scheint sich in irgendeiner Form damit zu beschäftigen. Die meisten Menschen, die mir begegnen, beschäftigt ihr *geringes* Selbstwertgefühl. Die Aussage, die ich am häufigsten zu diesem Thema höre, ist: Selbstwertgefühl – davon könnte ich mehr gebrauchen! Synonym spricht man ja auch vom Selbstvertrauen, von Selbstsicherheit oder vom Selbstbewusstsein. Wäre ich doch nur selbstbewusster! Wer hat das nicht schon mal gedacht?

Persönlich finde ich den Begriff Selbstwertgefühl am treffendsten, weil am Ende das Gefühl steht, das so viel Macht über einen hat. Dabei ist ein geringes Selbstwertgefühl an sich nicht fühlbar. Fühlbar sind lediglich jene Gefühle, die damit einhergehen, nämlich in erster Linie: Angst und Scham. Und wie alle Gefühle machen sich auch Angst und Scham auf einer körperlichen Ebene bemerkbar: kribbeln, Herzklopfen, ein dumpfer Druck im Magen oder in der Brust, Atemnot, zittern oder sich wie gelähmt fühlen. Solche und ähnliche körperliche Reaktionen lassen uns wissen, dass wir uns im Zustand der Angst oder Scham befinden. Sie zeigen an, dass wir uns gerade zu wenig zutrauen oder meinen, nicht genügend wert zu sein. Daraus resultierend können sich natürlich auch Gefühle von Trauer und Enttäuschung oder auch Hilflosigkeit und Wut einstellen, die wir ebenfalls körperlich wahrnehmen.

»Denk doch einfach mal positiv!«, bekommen Menschen mit Selbstwertproblemen häufig zu hören. Positive Thinking – positives Denken! Na toll! Das scheint aber eher bei den anderen als bei einem selbst zu funktionieren. Den meisten Menschen nützt es wenig, wenn sie sich Sätze vorsagen oder zu hören bekommen wie: »Du wirst das schon schaffen!«, »Du kannst das doch!«, »Du bist gut!«, »Es kann dir doch egal sein, was die anderen denken!« Ich kenne auch keine Frau, die ihren Selbstwert verbessert hat, weil sie jeden Tag vor den Spiegel getreten ist und mit lauter Stimme vorgetragen hat: »Du bist schön!«, obwohl sie vom Gegenteil überzeugt war. Ehrlich gesagt kenne ich nicht eine, die das überhaupt versucht hat. Wenn man nämlich der Überzeugung ist, man sei irgendetwas *nicht,* dann weiß man schon im Voraus, dass es einem wenig bringen wird, sich etwas anderes einzureden. Das liegt in der Natur des Überzeugtseins – da beißt sich die Katze in den Schwanz. Aber selbst wenn man sich nur unsicher ist, ob man etwas ist oder nicht, hilft es einem nicht unbedingt weiter, sich zu positivem Denken zu verpflichten. Denn auch hier sind die Zweifel lauter zu vernehmen als die Beschwörungsformeln. Die gefühlte Unzulänglichkeit, die Angst vor der Ablehnung oder die Furcht vor der Blamage sitzen normalerweise zu tief, als dass sie sich durch einfache Sätze oder gute Ratschläge vertreiben ließen. Ich höre deine Worte, allein mir fehlt der Glaube! Oder: Theoretisch ist mir das ja alles klar, aber ich kann es trotzdem nicht ändern! So in etwa lässt sich die Stimmungslage von Selbstwertgeschädigten zusammenfassen.

Während ich zum Beispiel diese ersten Zeilen schreibe, nagen ständig Zweifel an mir, ob ich diesem komplexen Thema überhaupt gewachsen bin. Ich sehe vor meinem inneren Auge einen Stapel weißer Blätter und denke, das ist zu viel, das packst du nicht! Und diese Zweifel blockieren mein Denken. Dabei weiß ein anderer Teil von mir, dass ich es durchaus packen kann – es wäre ja nicht das erste Mal, und ich habe doch etwas zu sagen. Also lausche ich dieser Diskussion von inneren Bedenkenträgern und Mutmachern und weiß nicht so recht, welcher Seite ich mehr Glauben schenken soll. Und darüber vergeht Zeit, in der ich mehr oder minder untätig herumsitze, Kaffee trinke, vor mich hin starre und mir Gedanken mache, ob das überhaupt einen Sinn hat und wozu ich überhaupt ein weiteres Buch schreiben soll. Neben meinem Schreibtisch steht mein Klavier, das mich in Versuchung führt, es mit dem Schreiben einfach sein zu lassen und lieber ein bisschen Klavier zu spielen. Aber ich bleibe hartnäckig sitzen, weil ich nicht aufgeben will und weil eine der vielen inneren Stimmen überzeugt ist: Du musst da jetzt durch! Dabei leide ich glücklicherweise nicht unter einem geringen Selbstvertrauen – aber auch das ist ein Grund, weshalb ich meine, eigentlich keine Berufung zu diesem Thema zu haben. Ideal wäre es doch, wenn ich mich als Autorin von einem geringen Selbstvertrauen befreit hätte und meinen Lesern und Leserinnen jetzt sozusagen von innen heraus erklären könnte, wie das funktioniert. All diese Gedanken lähmen meinen Schreibfluss, und somit befinde ich mich gerade in jenem Zustand, über den ich eigentlich schreiben will: Selbstzweifel, die einen lähmen und einem das Leben schwermachen. Diese Selbstzweifel, die auch, wie bei mir jetzt gerade, situativ auftreten können, kennt jeder. Und wenn diese Selbstzweifel häufig oder in grundsätzlicher Weise an einem nagen, kommt der Betroffene zu der Einschätzung, dass er unter einem geringen Selbstwertgefühl leidet.

Im Grunde ist ein geringes Selbstwertgefühl nur die Übertreibung eines inneren Zustands, der bei jedem sporadisch auftritt. So wie alle grundlegenden Probleme wie Ängste, Depressionen oder Zwänge Übertreibungen eines Normalzustands sind. Damit meine ich das Folgende: Wenn jemand beispielsweise unter Depressionen leidet, dann ist er in diesem inneren Zustand sehr pessimistisch bis hin zum Empfinden von Sinnlosigkeit; er hat keine Lust zu gar nichts und kann sich nicht aufraffen. Er sieht nur noch schwarz und grau und überlegt sich vielleicht sogar, seinem trostlosen Dasein ein Ende zu setzen. Dabei hat er im Ansatz nicht unrecht: Die Frage nach dem Sinn ist naheliegend, und viele tun sich schwer, sofern sie nicht tief im Glauben verankert sind, auf diese Frage eine befriedigende Antwort zu finden. Auch Pessimismus ist eine durchaus nachvollziehbare Geisteshaltung – so ist unser Leben ja tatsächlich von Risiken und Unwägbarkeiten gekennzeichnet. Auch dass man sich mal leer, traurig und antriebslos fühlt, ist durchaus nicht abwegig. Die Depression ist lediglich eine Übertreibung dieser an sich normalen Gedanken und Empfindungen.

Der in der Depression gefangene Mensch ist in eine Gemütsverfassung hineingeraten, die ihn alles Negative extrem groß und alles Positive sehr klein oder gar nicht wahrnehmen lässt. Und so ist auch ein geringes Selbstwertgefühl eine Übertreibung, in der der Betroffene seine vermeintlichen Schwächen und die vermeintlichen Stärken der anderen überschätzt und seine eigenen Stärken und die Schwächen der anderen unterschätzt. Oder, was auch passieren kann: Er überschätzt sich und unterschätzt die anderen, aber dazu später.

Was unterscheidet einen selbstbewussten von einem nicht selbstbewussten Menschen?

Die Antwort auf diese Frage ist überraschend einfach: Der selbstbewusste Mensch akzeptiert sich *mit* seinen Schwächen. Der Selbstunsichere hingegen kann 1. seine Schwächen nicht akzeptieren, 2. nimmt er seine Schwächen zu wichtig und 3. nimmt er Schwächen bei sich wahr, die kein anderer außer ihm selbst erkennt. Selbstunsichere Menschen sind defizitorientiert. Sie empfinden eine große Diskrepanz zwischen dem, was sie sind und dem, was sie gern wären. Psychologen bezeichnen dies als die »Diskrepanz zwischen dem Real- und dem Idealselbst«.

Dieser Fokussierung auf die tatsächlichen und eingebildeten Schwächen liegt ein grundlegendes Lebensgefühl zugrunde, dem man sich sprachlich nur annähern kann, und das individuelle Schattierungen und verschiedene Facetten aufweist. Es ist ein Grundgefühl des Nicht-willkommen-Seins. Eine tief liegende Unsicherheit, ob man gemocht und akzeptiert wird. Da sind Zweifel, sich auf seine eigene Wahrnehmung, auf sein eigenes Urteil verlassen zu können. Eine diffuse Erwartung, dass die anderen es nicht gut mit einem meinen. Die Überzeugung, sich nicht wehren zu können.

Wenn jemand grundlegend an einem geringen Selbstwertgefühl leidet, also nicht nur situativ und sporadisch, dann wirkt sich das auf sein gesamtes Leben aus. Meiner Meinung nach resultieren sogar alle psychischen Störungen letztlich aus einem geringen Selbstwertgefühl, wobei aber die meisten selbstunsicheren Menschen keine psychische Störung entwickeln. Und auch notorisch Verunsicherte haben zumeist ein paar Fähigkeiten, an denen sie nicht zweifeln. So fühlt sich Herr Krause beispielsweise im Umgang mit anderen Menschen unsicher und gehemmt, aber er ist überzeugt, ein guter Vater zu sein, und im Beisammensein mit seinen Kindern fühlt er sich entspannt und selbstsicher. Oder Frau Maler findet, dass sie eine graue Maus ist, außer in ihrem Job, da fühlt sie sich wichtig und beachtet. Es gibt also auch für Menschen mit einem niedrigen Selbstwertgefühl Situationen, in denen sie sich kompetent und erfolgreich fühlen. Die erlebte Sicherheit beziehungsweise Unsicherheit hängt natürlich außerdem vom jeweiligen sozialen Kontext ab: So löst die oder der Vorgesetzte normalerweise eine höhere Alarmbereitschaft als ein vertrauter Freund aus. Umgekehrt erleben auch Menschen mit einem guten Selbstwertgefühl Situationen, in denen sie an sich zweifeln.

Was bewirkt ein geringes Selbstwertgefühl?

Ich bin überzeugt, dass man ein Problem am besten lösen kann, wenn man es von allen Seiten betrachtet und es in seine einzelnen Bestandteile zerlegt. Deshalb werde ich auf den folgenden Seiten ausführlich auf die Probleme eingehen, die ursächlich aus einem niedrigen Selbstwertgefühl resultieren. In späteren Kapiteln werde ich viele Hilfestellungen geben, wie man diese einzelnen Bestandteile zu einem stabilen inneren Selbstwert-Gerüst neu zusammensetzen kann. Aber ich werde nicht nur auf die Probleme eingehen, die ein geringes Selbstwertgefühl hervorbringt, sondern auch die Vorteile beleuchten, die es manchmal haben kann, wenn man nicht so von sich überzeugt ist. Ich werde also auch die Stärken hervorheben, die wenig selbstbewusste Menschen häufig haben.

Zunächst jedoch zu den Problemen. Diese haben in der Regel zwei Seiten: Auf der einen Seite sind es die schmerzvollen Empfindungen und Erfahrungen der Betroffenen, die häufig zu Verhaltensweisen führen, die das Problem eher noch verstärken. Ein niedriges Selbstwertgefühl bereitet den Betroffenen viel Leiden. Mit einem niedrigen Selbstbewusstsein lebt es sich so viel anstrengender und freudloser, als wenn man sich gut leiden kann. Hierauf werde ich ausführlich eingehen, denn es ist mir ein großes Anliegen, den Lesern und Leserinnen zu helfen, ihr Leben in den Griff zu bekommen.

Wichtig ist mir allerdings auch, die andere Seite des Problems der Menschen mit einem niedrigen Selbstwert zu betrachten. Denn viele Betroffene versuchen, ihren Ängsten mit Strategien zu begegnen, die nicht nur ungünstig für sie selbst, sondern auch für ihre Mitmenschen sind. Hier geht es also um die negativen Folgen, die ein niedriges Selbstwertgefühl für das soziale Miteinander haben kann. Also darum, wie der wenig selbstbewusste Mensch, der sich in der Regel als Opfer erlebt, auch zum Täter werden kann. Dies mag sicherlich für den betroffenen Leser nicht immer so einfach zu verdauen sein, aber es ist meiner Meinung nach unumgänglich, wenn man wirklich etwas an seiner Situation verändern möchte. Ich möchte Sie deshalb ermutigen, sich nicht nur mit Ihren persönlichen Verletzungen zu beschäftigen, sondern sich auch vor Augen zu halten, was Sie – aus Selbstschutz und zumeist nicht in böser Absicht – bei Ihren Mitmenschen bewirken können.

Die Konfrontation mit dieser Seite des Themas mag zwar kurzfristig wehtun, aber langfristig ist sie enorm hilfreich, um ein gesundes Selbstbewusstsein zu entwickeln. Ich möchte mich jetzt schon bei meinen Lesern und Leserinnen dafür entschuldigen, wenn meine Worte an manchen Stellen etwas streng anmuten, aber ich komme um ein paar offene Worte nicht herum, wenn ich Ihnen helfen will. Sehen Sie es vielleicht einfach so: Ich möchte Ihnen in diesem Buch unter anderem vermitteln, dass es im Leben nicht darum geht, von jedem gemocht zu werden, sondern eher darum, richtig zu handeln. Wenn ich mich also manchmal unbeliebt bei Ihnen mache, indem ich auch unangenehme Wahrheiten anspreche, dann gehe ich letztlich mit gutem Beispiel voran. Aber zunächst einmal möchte ich Ihnen die »Symptome« eines geringen Selbstwertgefühls vorstellen.

Hohe Kränkbarkeit

Das Schlimmste für unsichere Menschen ist ihre hohe Kränkbarkeit. Sie haben sich in ihrer Kindheit Verletzungen zugezogen, die nie richtig verheilt sind. Sie leben in gewisser Weise mit einer inneren Dauerwunde. Diese Wunde kann man am ehesten mit einer tiefen Unsicherheit beschreiben. Tief in sich stellt man sich ständig die Frage, ob man überhaupt gemocht wird, ob man überhaupt willkommen ist. Kein Mensch könnte es psychisch ertragen, wenn keiner ihn mögen würde. Eine Urangst des Menschen ist es, aus der Gruppe, aus der Sippe, ausgeschlossen zu werden. Und dies ist im tiefsten Inneren die Angst von unsicheren Menschen. Dabei ist es für sie völlig irrelevant, wenn sie theoretisch genau wissen, dass ihre Ängste übertrieben sind. Sie sind diffus und irrational und vielen Betroffenen in ihrem Ausmaß nicht bewusst. Zu dieser Angst gesellt sich, aus einer subjektiv empfundenen Wehrlosigkeit heraus, eine vage Angst, vernichtet zu werden, oder anders ausgedrückt: Sie haben das Gefühl, dass sie mit dem Leben einfach nicht klarkommen, nicht sicher auf den eigenen Füßen stehen.

Auch selbstsichere Menschen haben in der Regel schon mindestens einmal in ihrem Leben die Situation erfahren, dass sie einen schweren Tiefschlag verkraften mussten. Solche Tiefschläge lassen einen taumeln: Plötzlich fühlt man sich ganz wackelig auf den Beinen und zweifelt grundlegend an sich und der Welt. So ungefähr geht es Menschen mit einem niedrigen Selbstwert ständig. Wobei *dieses* Gefühl bei den meisten natürlich nicht permanent spürbar ist, das wäre ja kaum auszuhalten. Aber dieses verunsicherte, taumelige Gefühl hat in Menschen mit niedrigem Selbstwert eine hohe Abrufbereitschaft. Deswegen sind sie leicht kränkbar. Sie rechnen mit Zurückweisung und meinen deshalb, diese häufig zu verspüren. Harmlose Scherze oder neutrale Bemerkungen bekommen sie durch ihre Unsicherheit leicht in den falschen Hals und fühlen sich persönlich gekränkt. Im Gespräch mit unsicheren Menschen fällt mir immer wieder auf, dass sie auch Äußerungen und Handlungen ihrer Mitmenschen, die aus meiner Sicht entweder neutral oder gar positiv zu deuten wären, schnell als negativ und gegen sich gerichtet interpretieren. Bei nicht wenigen ist dies geradezu ein Automatismus – eine neutrale oder positive Deutung fällt ihnen zu den Bemerkungen ihrer Mitmenschen gar nicht ein.

Abgesehen von vermeintlichen Kränkungen gibt es natürlich auch reale Kritik und Beleidigung durch andere Menschen. Beides ist für Selbstunsichere Salz in ihrer Wunde und tut besonders weh. Da sie sich häufig nicht spontan zur Wehr setzen und es ihnen eher die Sprache verschlägt, als dass ihnen eine gute Antwort einfiele, verheilt eine solche Verletzung bei ihnen besonders langsam. Manchmal auch gar nicht. Man kann sich leicht vorstellen, wie anstrengend der Daseinsvollzug unter diesen Bedingungen ist, denn der Mensch mit niedrigem Selbstwert muss dafür Sorge tragen, möglichst unangreifbar zu sein. Das kostet sehr viel Lebensenergie und noch schlimmer: Diese Zielvorgabe ist zum Scheitern verurteilt.

Angst, Fehler zu machen und falsche Entscheidungen zu treffen

Menschen mit einem geringen Selbstwert leben zumeist in der Defensive. Das heißt, sie sind bestrebt, Fehler zu vermeiden – sie wollen nicht negativ auffallen. Selbstbewusste hingegen sind bestrebt, ihre Ziele zu erreichen. Sie fokussieren stärker auf ihre Fähigkeiten und weniger auf ihre Schwächen. Sie haben nicht so eine große Angst zu scheitern. Die Angst, zu versagen und sich zu blamieren, ist bei vielen Selbstunsicheren handlungsleitend, während die Aussicht auf Erfolg die Selbstbewussten in Bewegung setzt. Damit hängt ursächlich zusammen, dass selbstbewusste Menschen weniger Angst vor einem Misserfolg haben: Misserfolge können auch sie kurzfristig bedrücken und ihnen die Stimmung verderben, aber sie sind von einem Misserfolg nicht auf einer so tiefen Ebene persönlich gekränkt wie ein unsicherer Mensch. Wie bereits gesagt kann man sich ein geringes Selbstwertgefühl wie eine offene Wunde vorstellen. Wenn man in diese Wunde Salz streut, dann tut das weh. Misserfolg ist eine Ladung Salz. Selbstbewusste haben diese Dauerwunde nicht. Ein Misserfolg verursacht bei ihnen eine Wunde, die nach einiger Zeit wieder verheilt. Sie vertrauen innerlich darauf, dass sie Tiefschläge überleben und sogar aus ihnen lernen können. Sie sind nicht ständig darauf bedacht, eine chronische Wunde vor weiteren Verletzungen schützen zu müssen. Das macht sie freier und mutiger.

Die kleine Schwester des Misserfolgs ist die Kritik. Es muss also nicht gleich ein kompletter Misserfolg sein, der den Unsicheren noch mehr verunsichert, es reicht eine kritische Bemerkung, sei sie berechtigt oder nicht. Selbstunsichere Naturen sind nicht nur bestrebt, Misserfolge zu vermeiden, sondern möglichst jegliche Kritik an ihrer Person. Denn sie erleben jede Kritik als eine persönliche Kränkung, als Salz in ihrer Wunde.

Hinter dem Bestreben, nichts falsch zu machen, liegt eine tief sitzende Angst, abgelehnt zu werden. Unbewusst setzen Selbstunsichere einen Misserfolg in einer Sache mit einem Misserfolg ihrer gesamten Person gleich. Nicht das einzelne Projekt ist gescheitert, sondern *sie* sind gescheitert. Selbstsichere hingegen nehmen einen Misserfolg in einer Sache nicht zwangsläufig als Misserfolg ihrer gesamten Person wahr.

Eng verflochten mit der Angst, Fehler zu machen, ist die Angst vor einer falschen Entscheidung. Viele Selbstunsichere tun sich deshalb schwer, eine Entscheidung zu treffen. Nicht selten reiben sie sich in der Abwägung der Vor- und Nachteile, der Risiken und Möglichkeiten auf und kommen nicht zu Potte. Eng damit zusammen hängt, dass sie zumeist ihrem eigenen Urteil nicht trauen. Sie sind unsicher, ob sie die richtigen Schlüsse ziehen und die Konsequenzen korrekt einschätzen. Die Angst vor Fehlern, Kritik und Misserfolg bremst ihre Entschlusskraft. Und noch ein weiteres Problem lässt sie vor Entscheidungen zurückschrecken: Sie wissen häufig selbst nicht so genau, was sie wollen.

Perfektionsstreben

Einige Selbstwertgeschädigte versuchen, sich unangreifbar zu machen, indem sie nach Perfektion streben. Perfektion ist eine andere Formulierung für fehlerfrei. Perfektion ist mithin der Maßstab, der ihnen garantiert, alles richtig gemacht zu haben. Wie bereits beschrieben, leben Selbstunsichere in der diffusen Angst, sich durch Fehler angreifbar zu machen. Eine Sache perfekt zu machen gibt ihnen Sicherheit. Das Problem ist nur: Wann ist etwas perfekt? Beziehungsweise ist es überhaupt möglich, Perfektion zu erreichen? Eigentlich nicht. Und deshalb ist diese Strategie per se zum Scheitern verurteilt. Zudem wollen Selbstunsichere nicht nur in einer Sache perfekt sein, sondern sie möchten so gut wie alles perfekt machen: perfekt im Job, perfekt als Mutter, perfektes Aussehen, perfekt als Gastgeberin und so weiter. Somit rennen sie ständig ihren eigenen Ansprüchen hinterher und sind zwangsläufig frustriert.

Menschen, die nach Perfektion streben, haben einen extrem kleinen Beurteilungsspielraum: nicht perfekt = ungenügend. Perfekt, sehr gut, gut, befriedigend, ausreichend, mangelhaft, ungenügend – solche Abstufungen nehmen sie nicht vor, zumindest nicht bei der Beurteilung ihrer eigenen Leistungen.

Zweifel an den eigenen Fähigkeiten

Womit sich die meisten Selbstwertgeschädigten besonders intensiv quälen, sind ihre notorischen Zweifel an ihren eigenen Fähigkeiten. Sie trauen sich zu wenig zu. Dies hängt mit ihrer defizitorientierten Wahrnehmung zusammen. Sie sind eher geneigt, darauf zu schauen, was sie *nicht* können, als darauf, was sie können. Die Angst, Fehler zu machen, und ihre Perfektionsansprüche lassen unsichere Menschen ihre Defizite zu groß und ihr Können zu gering einschätzen. Dieses geringe Zutrauen in die eigenen Fähigkeiten führt bei einigen in der Ausbildung und im Beruf zu immer wiederkehrenden Angstkrisen bis hin zu psychosomatischen Erkrankungen. Letztere dienen ihnen dazu, den vermeintlich zu hohen Anforderungen, die an sie gestellt werden, zu entkommen. Einige verbauen sich durch ihre chronischen Selbstzweifel auch ihren beruflichen Werdegang. Anstatt die Aufgaben anzupacken und sie hinter sich zu bringen, laufen sie vor ihnen davon und brechen ab oder bleiben zumindest hinter ihren Möglichkeiten, weil sie sich bei einer Routinearbeit lieber sicher fühlen, als sich ihrer Versagensangst bei einer beruflichen Herausforderung zu stellen. Es gibt allerdings auch

Menschen, die gerade aufgrund ihrer Ängste Karriere machen. Diese Menschen sind hoch motiviert und fleißig, um alle Ziele zu erreichen und um sich vor Misserfolgen zu schützen. Glücklich werden sie allerdings trotz der Erfolge nicht. Ein Klient von mir, der zu dieser Gruppe gehörte, sagte einmal: »Ich habe beruflich viel erreicht, aber immer nur aus Angst.

Das kann es doch nicht sein, da muss es doch noch irgendeine andere Motivation geben als diese Scheißangst.«

An dieser Stelle noch einmal ein Wort zur Kränkbarkeit: Leicht kränkbar ist ein Mensch eigentlich nur in jenen Bereichen, in denen er an sich selbst zweifelt. Kritik schmerzt eigentlich nur, wenn sie in die offene Wunde der Selbstzweifel trifft. In Bereichen, wo ein Mensch sich seiner selbst sicher ist, kann ihn Kritik kaum kränken. Wenn jemand beispielsweise fest davon überzeugt ist, ein guter Autofahrer zu sein, dann kratzt ihn eine Kritik an seinem Fahrstil normalerweise wenig. Er denkt sich dann eher, dass der Kritiker keine Ahnung hat. Ebenso wenig ist er gekränkt, wenn die Kritik in ein Gebiet fällt, auf dem er keinerlei Ehrgeiz verspürt und somit auch nicht den Anspruch hat, es gut zu machen. Dies verdeutlicht, dass das Gefühl der Kränkung im Wesentlichen etwas mit der Einstellung zu tun, die man zu sich selbst hat.

Angst vor Ablehnung

Der wenig selbstbewusste Mensch rechnet ständig mit persönlicher Zurückweisung, davor hat er eigentlich die meiste Angst. Diese Angst hat er, weil er sich selbst nicht akzeptiert und jeder Fehler, den er macht, für ihn eine kränkende Bestätigung seiner Unzulänglichkeit ist. Der Selbstunsichere ist sich selbst kein guter Freund, er kann sich nicht so richtig leiden. Sein Verhältnis zu sich selbst ist ambivalent – es gibt Eigenschaften, die er an sich ganz okay oder sogar gut findet, andere Eigenschaften lehnt er hingegen ab. Und weil er dieses zwiespältige Verhältnis zu sich selbst hat, geht er auch nicht davon aus, dass andere ihn wirklich akzeptieren. Wie sollte er auch, wenn er das selbst nicht tut? Wie jeder Mensch sehnt er sich jedoch danach, so akzeptiert zu werden, wie er ist. Der Selbstunsichere sehnt sich sogar noch mehr danach als seine selbstbewussten Mitmenschen, gerade weil er sich selbst nicht akzeptiert. Folglich ist er bemüht, seine Schwächen zu verbergen und Fehler zu vermeiden, um die Chancen zu erhöhen, dass man ihn mag. Bewusst oder auch unbewusst geht es ihm dabei eigentlich darum, sich selbst besser leiden zu können - beziehungsweise sich selbst zu beweisen, dass er doch etwas wert ist. Es ist nämlich kompliziert, mit sich selbst auszukommen, wenn man sich selbst ablehnt. Von einem anderen Menschen Missbilligung zu erfahren, nicht gemocht oder auch nur kritisiert zu werden trifft einen selbstunsicheren Menschen besonders hart, weil ihm der Puffer an Eigenliebe fehlt, um diese Zurückweisung abzufedern.

Harmoniesucht und blockierter Zugang zu den eigenen Bedürfnissen

Viele Selbstunsichere haben ein starkes Harmoniebedürfnis. Um Konflikten aus dem Weg zu gehen, halten sie deshalb häufig mit ihrer Meinung hinterm Berg. Dies ist eine Angewohnheit, die sie zumeist schon in ihrer Kindheit trainiert haben. Um zu gefallen oder wenigstens nicht anzuecken, sind sie beflissen, die Erwartungen ihrer Mitmenschen zu erfüllen. Dies gelingt natürlich viel leichter, wenn man selbst keine starken Wünsche verspürt, die mit den Wünschen des Gegenübers kollidieren könnten. Die Anpassung an die Bedürfnisse des anderen fällt umso leichter, je weniger Bedürfnisse man selbst verspürt: Es lässt sich leichter auf Schokoladeneis verzichten, wenn man keine Lust darauf hat. Die eigenen Bedürfnisse nicht zu spüren reduziert den inneren Konflikt beim Ja-Sagen und folglich den potenziellen Konflikt mit dem Mitmenschen. Aufgrund des lebenslangen Trainings im Unterdrücken der eigenen

Bedürfnisse fällt es vielen Betroffenen schwer, ihre eigenen Bedürfnisse überhaupt noch klar zu identifizieren. Auch dies ist häufig ein Grund, warum sie sich mit Entscheidungen schwertun.

Die Kehrseite vom Ja-Sagen ist das Nein-Sagen. Die Nackenmuskulatur von Selbstunsicheren für die seitliche Kopfbewegung ist wenig ausgebildet – es fällt ihnen schwer, Nein zu sagen. Dies bereitet ihnen viel Verdruss, denn auch wenn sie sich häufig nicht sicher sind, was sie wollen, so wissen sie in der Regel zumindest, was sie nicht wollen. Weil sie jedoch aufgrund ihres Harmoniebedürfnisses beziehungsweise ihrer Konfliktscheu ungern eine Bitte abschlagen, sagen sie häufig Ja, obwohl sie innerlich Nein oder zumindest Jein fühlen. Ihre Schwierigkeiten, Nein zu sagen, bereiten den Betroffenen viel Leidensdruck. Zum einen geraten sie hierdurch häufig »unfreiwillig« in Situationen, in die sie eigentlich nicht hineingeraten wollten. Zum anderen führt ihre Scheu, etwas abzulehnen, häufig zu Überforderung. So wollen sie es zu vielen Menschen auf einmal recht machen und verausgaben sich hierdurch in Verpflichtungen und übertriebenen Gefälligkeiten. Zudem führt ihre Nein-Schwäche zu dem chronischen Empfinden, selbst zu kurz zu kommen. Viele Selbstunsichere fühlen sich ständig überfordert, was sie anfällig für körperliche und auch psychische Erkrankungen macht.

Angriff als Verteidigung: die Zicken

Es gibt aber auch Selbstunsichere, die ihrem Problem nicht begegnen, indem sie sich als Everybody's Darling präsentieren, sondern die gegenteilige Strategie wählen: Sie bevorzugen den Angriff als Verteidigung. Sie sind im sozialen Miteinander ungeschmeidiger als ihre um Harmonie bemühten Leidensgenossen. Sie schnappen schnell zu, wenn sie sich bedroht fühlen. Der Begriff »Zicke« bezieht sich zwar auf Frauen, aber inhaltlich trifft er auf Männer genauso gut zu, weswegen ich mir die Freiheit nehme, ihn für beide Geschlechter zu verwenden. Während die auf Harmonie bedachten

Unsicheren bemüht sind, möglichst lieb und freundlich zu sein und keinem auf die Füße zu treten, sind die Zicken entschlossen zu kämpfen. Da es normalerweise nicht viel braucht, damit sie sich angegriffen fühlen, sind sie geneigt, mit Kanonen auf Spatzen zu schießen. In extremeren Fällen kann sich ihre Verteidigungsbereitschaft bis hin zu handfesten verbalen oder auch körperlichen Aggressionen steigern.

Dabei haben auch die eher angriffslustigen Betroffenen innerlich häufig das Gefühl, sich zu viel den Erwartungen anderer anzupassen und es möglichst vielen Menschen recht machen zu wollen. Subjektiv fühlen sie sich also ähnlich eingeengt durch die echten und vermeintlichen Erwartungen ihrer Umwelt wie die Harmoniesüchtigen. Auch sie fühlen sich eigentlich nicht wohl, wenn sie jemandem eine Bitte abschlagen. Da sie sich jedoch für die Verteidigung ihrer persönlichen Grenzen entschieden haben, raffen sie sich öfter zu einem Nein auf. Dieses fällt jedoch dann zumeist schroffer aus, als es eigentlich nötig wäre. Ob ein Verunsicherter sich eher auf die Harmonie- oder Angriffsseite schlägt, hängt neben kindlichen Entwicklungsbedingungen auch vom angeborenen Temperament ab. Die Zicken sind in der Regel impulsiv veranlagt. Ihre Ausbrüche tun ihnen häufig im Nachhinein selbst leid – sie sind sich normalerweise durchaus bewusst, dass sie über das Ziel hinausschießen. Es fällt ihnen jedoch schwer, ihr Temperament zu zügeln.

Die Verteidigungsbereiten legen naturgemäß nicht so viel Wert darauf, mit möglichst jedem klarzukommen. Sie begegnen ihrer Angst vor Zurückweisung häufig, indem sie selbst zurückweisen. Sie bevorzugen sozusagen die Erstschlag-Taktik. Häufig hört man von ihnen, dass sie die meisten Menschen sowieso nicht interessieren oder in der Firma, auf einer Party, im Sportverein und so weiter »fast alles Idioten« sind, mit denen sie ohnehin nichts zu tun haben wollen. Man könnte sagen, dass sie eine »Saure-Trauben-Politik« betreiben. Sie reden sich – wie der Fuchs in der Fabel – ein, dass die Trauben zu sauer seien, sprich: die Mitmenschen es nicht wert seien, die eigenen Hemmungen zu überwinden. Sie werten ihr labiles Selbstwertgefühl auf, indem sie andere Menschen abwerten. Unsichere Menschen, die auf Harmonie und Ausgleich bedacht sind, werten sich dagegen eher selbst ab und die anderen auf. Allerdings haben auch sie eine Neigung, ihre Mitmenschen recht kritisch zu begutachten, aber hierzu später mehr. Selbstunsichere, die sich eher durch Angriff schützen, machen auf ihre Umwelt häufig keinen unsicheren Eindruck. Durch ihre Angriffsbereitschaft wirken sie sogar eher selbstsicher. Bei manchen von ihnen ist diese Selbstschutz-Strategie schon so eingefleischt, dass sie selbst noch nicht einmal wissen, dass sie eigentlich ein Selbstwertproblem haben.

Betont sei hier, dass ein selbstunsicherer Mensch auch beide Abwehrstrategien verwenden kann: Je nach Situation und persönlicher Tagesform reagiert er dann eher angriffslustig, oder er hält sich zurück und bleibt – zumindest äußerlich – friedlich. Und je nach Situation und Tagesform fühlt er sich den anderen Menschen entweder über- oder unterlegen.

Selbstbewusste Menschen hingegen empfinden sich in den meisten Situationen anderen gegenüber gleichwertig. Die Kategorien »überlegen und unterlegen« spielen in ihrem Denken keine so entscheidende Rolle.

Überzeugung, wenig bewirken zu können

Eines der grundlegenden Probleme, die wenig selbstbewusste Menschen haben, ist die innere Überzeugung, letztlich wenig Einfluss auf das äußere wie innere Geschehen nehmen zu können. Psychologen bezeichnen dies als eine »geringe interne Kontrollüberzeugung«. Selbstunsichere erleben sich als wenig durchsetzungsfähig und meinen, mit ihren Worten und Handlungen kaum etwas bei ihrem Gegenüber bewirken zu können. Dies ist auch mit ein Grund, weswegen sie konfliktscheu sind. »Das bringt doch sowieso nichts« lautet ihre Einschätzung häufig, wenn es darum geht, sich für ihre eigenen Belange einzusetzen. Bei leistungsbezogenen Aufgaben zweifeln sie an ihren Fähigkeiten. Sie glauben, wenig Einfluss auf das Ergebnis nehmen zu können. Aufgrund ihrer geringen internen Kontrollüberzeugung haben sie oft das Gefühl, dass ihnen das Leben eher widerfährt, als dass sie es aktiv gestalten. Das liegt auch daran, dass sie geneigt sind abzuwarten, was sich ergibt, anstatt sich Ziele zu setzen und Hindernisse zu beseitigen.

Weil sie der Ansicht sind, sie hätten wenig Einfluss, verpassen sie viele Gelegenheiten, in denen sie durchaus Einfluss nehmen könnten. Eines ihrer größten Probleme ist, dass sie den Mund nicht aufmachen. Oder dass sie es, im Fall der Zicken, auf eine Weise tun, die beim Gegenüber mehr Widerstand als Zustimmung auslöst. Weil sie in vielen Bereichen an ihren Fähigkeiten zweifeln, vermeiden Unsichere entweder Karrierechancen, oder sie arbeiten sich halb tot, weil sie ihre Selbstzweifel durch Perfektionsstreben ausmerzen wollen. Kurioserweise werden sie jedoch durch Erfolge nicht geheilt. Man hat in psychologischen Studien nachgewiesen, dass Menschen mit einer geringen internen Kontrollüberzeugung geneigt sind, Erfolge auf äußere Umstände zurückzuführen. So reden sich selbstunsichere Menschen nach einem persönlichen Erfolg häufig ein, dass sie einfach nur Glück gehabt hätten oder dass die Aufgabe halt recht leicht gewesen sei. Sie reden sich ihre eigenen Leistungen klein. Selbstbewusste Menschen hingegen schreiben einen Erfolg zumeist ihren eigenen Fähigkeiten zu und klopfen sich auf die Schulter. Der Hintergrund für diese unterschiedlichen Erfolgsbewertungen von selbstunsicheren und selbstsicheren Menschen: Jeder Mensch will sein Selbstbild aufrechterhalten. Im Falle des Selbstsicheren mag das ja unmittelbar einleuchten, aber warum halten die Selbstunsicheren an ihrem negativen Selbstbild fest? Die Antwort ist: weil sie davon überzeugt sind. Sie glauben einfach nicht an sich. Ihr Pessimismus erfüllt darüber hinaus den Zweck, sich vor eigenen Höhenflügen zu schützen – um danach nicht umso tiefer zu fallen. Pessimismus schützt vor Enttäuschung. Also bleiben sie lieber auf der sicheren

Seite, indem sie an ihrem negativen Selbstbild festhalten. Somit sind sie jederzeit darauf gefasst, sich auf die Schnauze zu legen.

Selbstbewusste und selbstunsichere Menschen verarbeiten nicht nur Erfolgserlebnisse unterschiedlich, sondern auch die Misserfolge. In psychologischen Studien hat man festgestellt, dass Menschen mit einem guten Selbstwertgefühl sich nach einem Misserfolg kompensatorisch auf ihre Stärken konzentrieren. Um sich innerlich wieder aufzubauen, denken sie also nicht nur darüber nach, welche Fehler sie gemacht haben und wie sie diese in Zukunft vermeiden können, sondern sie lenken ihre Aufmerksamkeit auch auf ihre Fähigkeiten und überlegen, was sie alles gut können. Selbstunsichere Menschen hingegen konzentrieren sich nach einem Misserfolg vorwiegend auf ihre Schwächen und die Fehler, die sie begangen haben. Sie geben den negativen Gefühlen des Misserfolgs dadurch viel mehr Raum.

Noch ein Wort zur internen Kontrollüberzeugung: Der tief sitzende Zweifel daran, dass sie durch Reden oder Tun etwas bewirken können, ruft bei Selbstunsicheren häufig ein Gefühl der Hilflosigkeit hervor. Hilflosigkeit ist daher eines der grundlegenden Lebensgefühle von selbstunsicheren Menschen. Dabei gilt das Gefühl der Hilflosigkeit als Wegbereiter der Depression. Ich gehe darauf noch im Kapitel »Fühlen« unter der Überschrift »Trauer und Depression« näher ein.

Zweifel an den eigenen Rechten

Wenn ein Mensch tief verunsichert ist, also massive Zweifel an seinem eigenen Wert hat, dann meint er nicht nur, sich schlecht behaupten und durchsetzen zu können, sondern er zweifelt grundlegend daran, überhaupt ein Recht darauf zu haben. Selbstunsichere Menschen hadern oft mit der Frage, ob ihre Bedürfnisse und Ansprüche überhaupt berechtigt sind. Diese »Rechtsunsicherheit« lähmt zwangsläufig ihre Durchsetzungskraft beziehungsweise ihre Schlagfertigkeit. Das grundlegende Gefühl von Selbstunsicheren, nicht okay zu sein, lässt dem Gegenüber viel Raum für Angriffe. Selbstunsichere von der Harmoniefraktion lassen sich erstaunlich viele Frechheiten bieten. Dies gilt vor allem für den Bereich der Partnerschaft, denn hier kommt der wechselseitige Respekt am schnellsten abhanden. Falls sie an einen Partner geraten sind, der sich nicht benehmen kann, lassen sich Selbstunsichere von diesem beleidigen und abwerten, weil sie nicht genügend festen Boden unter den Füßen haben, um ihm Einhalt zu gebieten. Ihre Unsicherheit wirkt sich hier gleich in zweierlei Hinsicht aus: Zum einen sind sie sich ihrer Qualitäten zu wenig und ihrer vermeintlichen Schwächen zu deutlich bewusst, um ein stabiles Gefühl für ihre Rechte und damit für ihre Selbstverteidigung zu entwickeln; zum anderen haben sie häufig große Angst, den Partner zu verlieren. Letzteres wäre ja wieder die demütigende Bestätigung ihrer Unzulänglichkeit. Außerdem trauen sie sich auch häufig nicht zu, allein zu leben. Oder sie haben Angst, aufgrund ihres gefühlt geringen »Marktwerts« keinen neuen Partner mehr zu finden. Sie fühlen sich von ihrem Partner abhängiger als selbstbewusste Menschen, weil sie sich einbilden, sie bräuchten ihn, um mit dem Leben klarzukommen. Aufgrund ihrer Angst vor Ablehnung, beziehungsweise vom Partner verlassen zu werden, sind sie gefährdet, sich in ungesunder Weise an den Partner zu binden. Dies gilt natürlich vor allem dann, wenn sie an einen Menschen geraten sind, der sie nicht gut behandelt. Andere hingegen gehen dem Übel, eventuell zu abhängig von einem Partner zu werden, aus dem Weg, indem sie sich nicht wirklich auf die Beziehung einlassen. Denn ein geringes Selbstwertgefühl ist auch die Ursache für Bindungsängste.

Schuld und Scham

Das Erleben von Schuld ist ein mächtiges Gefühl, das den eigenen Wert herabsetzt und die Betroffenen sich klein fühlen lässt. Bei Selbstunsicheren fällt mir häufig auf, dass sie zu übersteigerten Schuldgefühlen neigen. Sie tun dies auch in Situationen, in denen sie sich objektiv in keinerlei Weise schuldig gemacht haben. Viele Selbstunsichere übernehmen zu viel Verantwortung für das Verhalten ihrer Mitmenschen. Wenn beispielsweise ihr Partner schlechte Laune hat, fragen sie sich sofort ängstlich, was sie falsch gemacht haben. Wenn ein Arbeitskollege ihnen Vorwürfe macht, dann werden sie innerlich klein, statt sich zu überlegen, inwieweit die Vorwürfe überhaupt berechtigt sind. Schuldgefühle sind bei vielen Verunsicherten quasi ein Reflex. Sie sind immer Resultat eines elterlichen Erziehungsstils, der (unbewusst) auf das Vermitteln von Schuldgefühlen ausgerichtet ist. Die Betroffenen haben als Kinder gelernt, dass das Wohlbefinden ihrer Eltern von ihrem Verhalten abhängt. Zum Beispiel war die Mutter traurig, wenn sie eine schlechte Schulnote heimgebracht haben. Oder der Vater war enttäuscht, wenn das Kind geschwindelt hat. Ich werde im nächsten Abschnitt noch auf die Ursachen eines geringen Selbstwertgefühls eingehen und will deswegen hier nicht zu weit vorgreifen. Aber insbesondere das Sich-schuldig-Fühlen ist eigentlich immer mit einem dicken roten Faden an Kindheitserfahrungen gebunden.

Resignation und mangelnde Lebensfreude

Das Gefühl, wenig wert zu sein, kaum Rechte zu haben und wenig bewirken zu können, löst bei den Betroffenen entweder sporadisch oder in schlimmeren Fällen grundsätzlich einen inneren Zustand der Resignation aus. Ein geringes Selbstwertgefühl und depressives Erleben sind eng miteinander verwoben. Wie ich in der Einleitung geschrieben habe, macht sich ein geringes Selbstwertgefühl auch als eine Art Lebensgefühl bemerkbar. Die Betroffenen sind häufiger niedergeschlagen und beklagen einen Mangel an Lebensfreude. Es kostet einfach viel Energie, sich selbst nicht zu mögen und sich ständig vor vermeintlichen Angriffen zu schützen. Dieser Energiemangel beziehungsweise die gedämpfte Lebensfreude macht sie auch anfällig für Krankheiten und Schmerzen. Viele von ihnen sind psychisch und physisch nicht so belastbar, weil sie das Leben an sich zu viel Kraft kostet. In manchen Selbstunsicheren macht sich auch Resignation breit, vor allem dann, wenn sie wiederholt Misserfolge und Enttäuschungen erlebt haben. Sie geben in der Regel schneller auf als ihre selbstbewussten Zeitgenossen.

Ein fremdes Leben leben

Das Gefühl der Resignation und der mangelnden Lebensfreude geht häufig einher mit dem Gefühl, »im falschen Leben zu sein«. Da Selbstunsichere ihr Leben zumeist in der Defensive gestalten und sich wenige Ziele setzen, geraten sie leicht vom Pfad der Selbstbestimmung ab. Ihr Lebensweg ist nicht selten bestimmt von Zufällen oder Angeboten, die ihnen gemacht wurden und die sie – häufig aus Überlegungen der Sicherheit – angenommen haben, ohne sich vorher zu fragen, ob es wirklich das ist, was sie wollen. Nicht selten ist auch ihr Berufsweg von ihren Eltern bestimmt worden. Häufig klagen Klienten bei mir, dass sie eigentlich etwas ganz anderes hätten machen wollen, aber sie sich damals nicht getraut hätten, sich über den Willen ihrer Eltern hinwegzusetzen. Diese geringe Zielstrebigkeit ist eng mit der Angst zu scheitern verwoben. Ein Klient von mir hätte gern Musik studiert. Er tat dies nicht, weil seine Eltern ihm dringend von dieser brotlosen Kunst abrieten und ihn zu einer Banklehre überredeten. Er traute sich auch deshalb nicht, sich gegen seine Eltern durchzusetzen, weil er selbst zu viele Zweifel an seinem Talent hatte. In einem Therapiegespräch bemerkte er hierzu lakonisch: »Jetzt stehe ich zwar auf der sicheren, aber leider auf der falschen Seite!« Aber nicht nur der Zweifel an den eigenen Fähigkeiten kann unsichere Menschen von ihrem Weg abbringen, sondern auch ihr brüchiger Kontakt zu ihren eigenen Wünschen und Gefühlen sowie ihr damit einhergehendes Zaudern, eine Entscheidung zu treffen. So sind sie sich häufig unsicher, welcher Beruf ihnen liegt und in welche Richtung sie überhaupt marschieren wollen.

Angst, die Kontrolle zu verlieren

Selbstunsichere Menschen haben ein geringes Vertrauen in sich, in andere und in das Leben. Ihr Motto: Vertrauen ist gut – Kontrolle ist besser. Sie behalten ihre Umgebung im Auge und sind vorsichtig, was sie wem sagen. Sie kontrollieren ihre Worte, ihre Reaktionen und ihr Lachen. Häufig sind sie beruflich wie privat angespannt. Sie können auch in ihrer Freizeit kaum loslassen. Eine 42-jährige Klientin, die gern Wein trinkt, erzählte mir einmal, sie habe noch nie in ihrem Leben einen Schwips gehabt, aus Angst, dann etwas Unkontrolliertes zu tun.

Für Menschen mit niedrigem Selbstwert lauert die Angst immer und überall. Nicht wenige halten sich deswegen an starre Routinen, die ihnen Sicherheit vermitteln. Sie beschreiten nur zögerlich neue Wege. Sie fühlen sich sicherer, wenn sie Risiken im Vorfeld genau kalkulieren können. Ihr Gefühl, sich schlecht wehren zu können, dem Leben nicht richtig gewachsen zu sein, erstreckt sich häufig auch auf Situationen, die scheinbar nichts mit einem geringen Selbstwert zu tun haben. So hängen zum Beispiel Ängste, zu reisen oder sich auch nur in fremde Umgebungen zu begeben, oft mit dem tiefer liegenden Empfinden zusammen, keinen sicheren Boden unter den Füßen zu haben und sich nicht behaupten zu können. Auch übertriebene Gesundheitssorgen sind auf eine tief empfundene Angreifbarkeit der eigenen Person, inklusive des eigenen Körpers, zurückzuführen. Ebenso wie diffuse Existenzängste. Letztlich lassen sich viele Lebensängste auf ein geringes Selbstwertgefühl zurückführen. Diesen Ängsten wird in der Regel durch erhöhte Sicherheitsmaßnahmen begegnet. Viele Betroffene verspüren einen geradezu zwanghaften Drang, alles im Griff zu haben. Dabei wünschen sich viele sehnlichst, sie könnten einfach mal locker sein, loslassen, entspannen oder einfach nur mal abschalten.

Selbsthass

Die Selbstzweifel gehen bei manchen Menschen so tief, dass sie sich regelrecht selbst hassen. Sie hassen sich für ihr Schlechtsein, für ihr Versagen. Der Selbsthass führt zum Selbstboykott. Mit autoaggressiven und selbstzerstörerischen Verhaltensweisen sorgen sie unbewusst dafür, dass sie ein erfolgloses und unglückliches Leben führen, wodurch sich ihr miserables Selbstbild bestätigt. Dabei muss die Selbstzerstörung nicht unbedingt so offensichtlich sein wie beispielsweise bei Drogenabhängigen. Sie kann auch auf subtileren Ebenen stattfinden, zum Beispiel durch eine chronische Unzufriedenheit mit den eigenen Lebensentscheidungen und damit einhergehend mit der eigenen Lebenssituation. Egal was die Betroffenen arbeiten, mit wem sie eine Beziehung eingehen, wo sie wohnen – zufrieden sind sie nie. Sie fokussieren unbewusst und fast ausschließlich auf das Schlechte und Problematische in sich und in ihrem Leben. Sie ziehen sich mit ihrer extrem defizitorientierten Wahrnehmung permanent selbst ins Unglück. Denn unbewusst wollen sie eigentlich auch nicht glücklich sein. Glück haben sie nicht verdient. Dafür sind sie nämlich zu schlecht. Im tiefsten Inneren zweifeln sie an ihrem Existenzrecht und geißeln sich deshalb tagtäglich mit ihrer negativen Weitsicht.

Selbsthass entwickelt sich durch tiefgreifend gestörte Elternbeziehungen, auf die ich im Kapitel »Warum bin ich nur so unsicher?« unter »Mama und Papa, ich brauche euch so sehr!« noch näher eingehen werde.

Angst vor Veränderung

Menschen mit einem fragilen Selbstwert legen sich im Laufe ihres Lebens Strategien und Überzeugungen zu, die ihnen helfen, möglichst heil durchs Leben zu kommen. Das Leben auf dem Planeten Unsicherheit ist gefährlich. So wie der Protagonist im Prolog sind viele davon überzeugt, dass es anders nicht geht. Einige sind auch stolz auf ihre Strategien, ihre guten Antennen für Angreifer und auf ihre sprungbereite Wachsamkeit – ähnlich wie die Person im Prolog zu diesem Buch stolz auf ihre Tarnkappe ist. Selbstunsichere halten selbstsichere Menschen für anmaßend und leichtsinnig. Die Strategien, die sie sich erworben haben, um nicht verletzt und vernichtet zu werden, bieten ihnen Orientierung, Schutz und Sicherheit.

Lesen Sie trotzdem weiter!

Ich möchte den Betroffenen weder ihren Schutz noch ihren Stolz nehmen. Sie sind als Kinder und Jugendliche in einer Umgebung groß geworden, in der ihre Strategien sinnvoll, wenn nicht gar lebensrettend waren. Ich möchte auch nicht behaupten, dass sie nicht in einigen Punkten recht hätten. Pessimismus und Misstrauen können durchaus realistischer und angebrachter sein als Vertrauen und Optimismus. Hinzu kommt, dass die eigene Wahrnehmung der Umwelt und des Gefahrenpotenzials der einzige Maßstab ist, den man zur Verfügung hat. Wieso sollte der betroffene Leser oder die betroffene Leserin mir also glauben, wenn ich behaupte: »Es geht auch anders, und die Welt da draußen ist nicht so gefährlich, wie du denkst!«, obwohl die bisherigen Lebenserfahrungen doch völlig dagegensprechen?

Wenn man seine langjährigen Überzeugungen und Schutzmechanismen infrage stellt, dann macht das erst einmal Angst, beispielsweise vor der Erkenntnis, dass man manches falsch gesehen oder falsch bewertet haben könnte. Kaum etwas ist so bedrohlich, wie sich auf seine eigene Wahrnehmung, auf sein eigenes Urteil nicht verlassen zu können. Schließlich sind die eigene Wahrnehmung und das eigene Urteil das einzige Navigationssystem durch dieses Leben.

Wenn ich an meinen alten Überzeugungen und an meinem bewährten Selbstschutz rüttele, dann benötige ich in jedem Fall neue

Überzeugungen und neue Strategien, mit denen ich die alten ersetzen kann. Ansonsten hätte ich gar nichts mehr, woran ich mich noch halten könnte.

Veränderung macht Angst, und zwar oft so viel Angst, dass man lieber alles beim Alten lässt. In seinem alten Leben kennt man sich wenigstens aus. Es mag zwar nicht optimal sein und einem auch Leiden bescheren, aber wer weiß, worauf man sich bei der Veränderung einlässt? Vielleicht wird alles nur noch schlimmer. Wenn ich also überzeugt bin, dass ich viele Schwächen habe und mich deswegen sorgfältig schützen muss, dann werde ich diese Überzeugung nicht aufgeben, solange ich nicht *wirklich* an etwas anderes glaube. Aber Sie hätten ja wahrscheinlich dieses Buch nicht in der Hand, wenn Sie es nicht wenigstens versuchen wollten. Sie müssen auf Ihrem Weg zu einem stärkeren Selbst Ihre Überzeugungen auch nicht gänzlich verändern, es geht eher um eine Renovierung, um eine zeitgemäße Anpassung Ihrer bisherigen Einstellungen und Schutzfunktionen. Unter zeitgemäß verstehe ich, diese an Ihr Leben als Erwachsener anzupassen. Viele Ihrer selbstschützenden Strategien waren früher, in Ihrer Kindheit, sicherlich sehr sinnvoll. Heute könnten Sie jedoch auch zu anderen Maßnahmen greifen, die für Ihre jetzige Lebenssituation als Erwachsener passender wären.

Ich bin bemüht, Ihnen in diesem Buch möglichst viel an die Hand zu geben, mit dem Sie Ihre alten Einstellungen und Verhaltensweisen modernisieren können. Letztlich müssen Sie selbst entscheiden, ob Sie meine Ausführungen überzeugend finden und ob Sie ein paar alte Verhaltensweisen gegen ein paar neue eintauschen möchten.

Ich habe kein Selbstwertproblem!

Bis hierhin haben sich meine Ausführungen im Wesentlichen an jene Menschen gerichtet, die sich ihrer Unsicherheit durchaus bewusst sind und darunter leiden. Es gibt aber auch Menschen, denen nicht bewusst ist, dass ihre Probleme letztlich aus einem geringen Selbstwertgefühl resultieren. Dies sind zum einen narzisstische Persönlichkeiten, auf die ich im Exkurs »Ich bin der Größte! Der Narzisst« und im Kapitel »Ich will da raus« unter »Was tun, wenn ich ein Narzisst bin?« ausführlich eingehen werde. Zum anderen sind dies Menschen, die in vielen Lebensbereichen zufrieden mit sich sind und lediglich einen blinden Fleck in ihrer Selbstbetrachtung aufweisen. Die Betroffenen fühlen sich selbstsicher und verspüren die oben aufgelisteten Probleme nicht oder nur wenig. Sie leiden scheinbar unter anderen Problemen wie beispielsweise Panikattacken, Beziehungsproblemen oder diffusen Lebensängsten. Häufig sind sie ratlos, woher diese Ängste und Probleme kommen. Oder sie reflektieren durchaus einen Zusammenhang zwischen ihren Problemen und ihrer persönlichen Lebensgeschichte, aber sie erfassen nicht den eigentlichen Grund: ihr angeknackstes Selbstwertgefühl. Sie leiden nämlich nur *partiell* und nicht grundlegend unter einem niedrigen Selbstwert. Partiell heißt hier, dass es nur ein *Anteil* in ihrer Psyche ist, der sich nicht selbstsicher fühlt, und diesen können sie gut kompensieren. So sind die Betroffenen dieser Gruppe häufig beruflich erfolgreich, verfügen über einen stabilen Freundeskreis und fühlen sich äußerlich attraktiv. Erst wenn man nachbohrt, stellen sie überrascht fest, dass sich unter ihrem gefühlten Selbstbewusstsein noch eine tiefere Schicht verbirgt. In dieser tieferen Schicht befindet sich jener Anteil, der unter Minderwertigkeit leidet. So findet man dort beispielsweise ein »ängstliches, kleines Mädchen«, das sich nicht zutraut, auf eigenen Füßen durchs Leben zu gehen und deswegen Panikattacken erleidet, wenn es sich in unbekannte Situationen begeben muss. Oder man findet einen »kleinen, dicken Jungen«, der überzeugt ist, kein Mädchen gewinnen zu können, und der deswegen Bindungsängste aufweist. Als Erwachsene und in ihrem Bewusstsein ist das ehemals ängstliche Mädchen jedoch eine erfolgreiche Mutter und Hausfrau, die sich durchaus behaupten kann, und der ehemals kleine, dicke Junge ein taffer Manager, schlank und fit. Den kleinen, dicken Jungen, der er früher einmal war, hat er mit Sport und beruflichem Erfolg aus seinem Bewusstsein verscheucht, ebenso wie die Hausfrau das kleine, ängstliche Mädchen verdrängt hat, das immer noch in ihr steckt. Auf einer unbewussten Ebene agieren jedoch das kleine, ängstliche Mädchen beziehungsweise der kleine, dicke Junge in ihnen und bescheren ihnen Panikattacken beziehungsweise Bindungsangst. Panikattacken und Bindungsangst stellen hier nur Beispiele zur Verdeutlichung dieser Thematik dar. Wie bereits gesagt verbergen sich hinter fast allen psychischen Problemen Selbstwertprobleme.

Solche »larvierten Selbstwertprobleme« findet man bei Menschen, die nur partiell unter einem geringen Selbstwert leiden. Das heißt, ihr Empfinden eines eigentlich guten Selbstbewusstseins ist gar nicht mal so falsch. Und gerade deswegen übersehen sie leicht den »blinden Passagier« in ihrer Seele, der nicht so von sich überzeugt ist und ihnen deshalb Probleme bereitet. Anders beim Narzissten: Bei ihm handelt es sich um reinen Selbstbetrug, wenn er annimmt, dass er gar keine Selbstwertprobleme habe – ist doch sein Selbstwert in Wahrheit grundlegend labil.

Wenn die von partiellen Selbstwertproblemen Betroffenen diesen Anteil in sich erkennen, können sie an ihm arbeiten. Hierfür bietet dieses Buch viele Hilfestellungen. Da sie sich jedoch von dem Titel kaum angesprochen fühlen, werden sie dieses Buch wohl leider nicht in die Hand nehmen.

Auswirkungen auf das Miteinander Oder: Die tatsächlichen Schwächen von selbstunsicheren Menschen

In den folgenden Abschnitten werde ich auf jene Probleme zu sprechen kommen, die ein niedriges Selbstwertgefühl häufig hervorruft und die von vielen Betroffenen nicht so klar erkannt werden wie die vermeintlichen Schwächen und Fehler, derer sie sich selbst bezichtigen. Die Selbstwahrnehmung von selbstunsicheren Menschen ist in der Regel verzerrt. Aus einer tief empfundenen Unsicherheit, ob sie gemocht werden, beziehungsweise aus einer – zumindest partiellen – Unfähigkeit, sich selbst zu mögen, fühlen sie sich verwundbar. Sie verbringen in der Regel viel Zeit damit, über ihre Probleme zu grübeln und die Reaktionen der anderen einzuschätzen. Sie strengen sich an, allen Anforderungen, die an sie gestellt werden, möglichst perfekt zu genügen. Sie sind beflissen, die Erwartungen ihrer Mitmenschen zu erfüllen, und verlieren dabei ihre eigenen Bedürfnisse aus den Augen. Aber die eigenen Wünsche, Bedürfnisse und Sehnsüchte kann man nicht gänzlich verdrängen, und letztlich will sie auch der Selbstunsichere ebenso wie der Selbstsichere erfüllt bekommen. Ein Bedürfnis, das hier eine zentrale Rolle spielt, ist das Bedürfnis nach Anerkennung – und zwar nicht nur von den anderen, sondern vor allem von sich selbst. Niemand steht gern schlecht da, und der Selbstunsichere schon gar nicht. Er ist normalerweise bestrebt, den anderen und sich selbst zu beweisen, dass er doch etwas wert ist. Dies führt nicht selten zu einer doppelten Buchführung: Einerseits rechnet der unsichere Mensch recht gnadenlos mit seinen eigenen Defiziten ab, andererseits ist er bemüht, diese Verlustrechnung in Grenzen zu halten, um sich vor weiteren Einbrüchen seines Selbstwertes zu schützen. Und dies führt dazu, dass hier und da gemogelt wird, um sich vor unangenehmen Selbsterkenntnissen zu schützen. Nach meiner Erfahrung kämpfen viele unsichere Menschen an der falschen Front: Sie fokussieren auf

Schwächen, die von außen betrachtet kaum welche sind oder die gut zu kompensieren wären. Aber die Schwächen, die als Folge ihrer geringen Selbstachtung tatsächlich einer näheren Betrachtung wert wären, schieben viele an den Rand ihres Bewusstseins.

Opferdenken

Selbstunsichere Menschen erleben sich häufig als Opfer. Dies hängt mit ihrer subjektiv empfundenen Wehrlosigkeit zusammen. Ihre Unsicherheit vermittelt ihnen oft ein Gefühl der Unterlegenheit, oder umgekehrt formuliert: Sie nehmen ihr Gegenüber als überlegen wahr. Sie meinen nicht nur, dass sie ihre Interessen nicht gut vertreten könnten, sondern zweifeln an ihrem gesamten Auftritt. Ihre Angst vor Zurückweisung und die daraus resultierende Konfliktscheu lassen sie in leidvollen Situationen zu lange verharren und Dinge tun, die sie eigentlich nicht tun wollen. Sie passen sich dem scheinbar Stärkeren an, indem sie sich selbst verbiegen. Dies verübeln sie sich und häufig noch mehr dem scheinbar Stärkeren, von dem sie sich dominiert fühlen. Da sie ihre Gestaltungsmöglichkeiten und Handlungsspielräume zu wenig ausnutzen, erleben sie sich häufig als Opfer von anderen Menschen. Dabei sehen sie nicht, dass sie sich den anderen freiwillig unterordnen. Dies gilt paradoxerweise auch für die Zicken, die sich zwar öfter wehren, aber es dem Gegenüber verübeln, dass sie sich überhaupt wehren müssen, und sich über die Erwartungen ärgern, die der andere an sie stellt.

Dieses Opferdenken verführt viele (nicht alle!) Selbstunsichere dazu, sich zu wenig mit ihrer eigenen Verantwortung zu befassen. Sie sind geneigt, die Schuld für zwischenmenschliche Probleme beim Gegenüber zu suchen. Dies resultiert unter anderem aus ihrer Konfliktscheu: Selbstunsichere sind nicht die Mutigsten, wenn es darum geht, einen klaren Standpunkt zu vertreten. Das führt zu Missverständnissen, da Unsichere häufig in der irrigen Annahme leben, dass das Gegenüber doch eigentlich wissen müsste, was sie wollen beziehungsweise was sie nicht wollen. Oder sie denken, sie hätten ihre Meinung vertreten, wenn sie – aus der Sicht des Gegenübers – eine vorsichtige Andeutung gemacht haben. Die Zicken, die ja eigentlich auch keine Konflikte mögen, lassen ihre Aggressionen nicht selten auf Nebenschauplätzen raus. Sie regen sich dann beispielsweise maßlos über eine relativ harmlose Bemerkung oder eine kleine Ungeschicklichkeit des anderen auf, sagen aber nicht, was ihnen tatsächlich auf dem Herzen liegt. So oder so fällt es selbstunsicheren Menschen schwer, in ruhigen und angemessenen Worten ihr Anliegen zu formulieren, und sie hegen nicht selten die diffuse Erwartung, dass der andere ihr Anliegen eigentlich erraten beziehungsweise kennen müsste. Und wenn der andere dies nicht tut und nach einem scheinbaren Konsens handelt, weil der Selbstunsichere zumindest nicht laut Nein gesagt hat, dann verübelt der Selbstunsichere dies zumeist dem anderen und macht diesen für sein Unglück verantwortlich.

Das klingt erst einmal paradox. Schließlich sind Selbstunsichere nur allzu geneigt, an sich selbst zu zweifeln. Aber das ist nur die eine Seite der Medaille. Selbstwertgeschädigte machen auch gern einen Bogen um ihre eigene Verantwortung, weil sie das noch weiter verunsichern würde. Es ist dem Selbstwert dienlicher, das Gegenüber verantwortlich zu machen. Ähnliches gilt auch für andere Lebensbereiche: Nicht selten führt der Zweifel an den eigenen Fähigkeiten dazu, dass die Betroffenen sich gar nicht oder zu wenig anstrengen, um ein Ziel zu erreichen. Oder sie entwickeln aus dem Wunsch heraus, Enttäuschungen zu vermeiden, erst gar keine klaren Ziele. Oder sie fühlen sich innerlich ziellos, weil sie keine klaren Wünsche haben, die sie lenken. Mithin bleiben einige von ihnen in der Ausbildung und im Beruf hinter ihren Möglichkeiten zurück, oder sie bleiben sogar ganz auf der Strecke. Ihr Leben in der Defensive lässt sie mit etwas neidvollem Blick auf jene schauen, die an ihnen vorbeiziehen. Auch hier sind sie geneigt, dieses »Scheitern« auf die äußeren Umstände oder andere Beteiligte zu schieben. Sie beschweren sich öfter über sogenannte Ellenbogenmenschen, die »rücksichtslos« ihre Ziele verfolgen, während sie sich selbst hierfür als zu gutherzig und sensibel deklarieren. Ihre Angst vor dem Scheitern verführt sie gern mal zum Mogeln, indem sie ihre Konfliktscheu und ihren geringen Kämpfergeist in Harmonieliebe und Gutmütigkeit umdeuten.

Missgunst und Schadenfreude

Aus der subjektiv empfundenen Opferrolle ergibt sich noch ein weiteres Problem: Eine zwiespältige Beziehung zu dem scheinbar Stärkeren. Der scheinbar Stärkere wird dafür verantwortlich gemacht, dass der Unsichere sich schwach und unterlegen fühlt. Häufiger, als sie über ihre eigene Konfliktscheu nachdenken, verübeln Unsichere deshalb dem scheinbar Stärkeren dessen Dominanz.

Selbstunsichere Menschen, und dessen sind sich die meisten von ihnen kaum bewusst, tun sich schwerer als selbstsichere, ihren Mitmenschen wohlwollend zu begegnen. Ihre Minderwertigkeitsgefühle verführen sie leichter zu Misstrauen, Neid und Konkurrenzstreben als ihre selbstbewussten Zeitgenossen. Viele möchten diese Seite an sich jedoch nicht wahrhaben. Das ist nach meiner Erfahrung eines der bemerkenswertesten Phänomene bei Menschen mit einem fragilen Selbstwert: Sie bezichtigen sich aller möglichen Unzulänglichkeiten und Schwächen, die von außen betrachtet entweder nicht feststellbar oder ziemlich undramatisch sind, aber die Schwächen, die viele (nicht alle!) tatsächlich haben, übersehen sie. Allzu häufig stellen sie ihre Harmonieliebe in den Vordergrund und verkennen dabei, dass sie aufgrund dieser Harmonieliebe beziehungsweise ihrer Konfliktscheu nicht aufrichtig sind und dass sie sich aufgrund ihrer geringen Eigenliebe auch schwer mit der Nächstenliebe tun: Wer sich selbst nicht liebt, hat nicht viel zu verschenken.

Die Einstellung, die ein Mensch zu sich selbst hat, überträgt er häufig auch auf andere. Ein Mensch, der sehr kritisch mit sich umgeht, ist eher geneigt, auch bei anderen auf die Schwächen zu schauen, als ein Mensch, der seine eigenen Schwächen akzeptieren kann. Insofern bewundern viele unsichere Menschen ihr scheinbar stärkeres Gegenüber, und gleichzeitig fokussieren sie auf dessen Schwächen. Hierbei können sie recht kleinlich sein, weil sie auch mit sich selbst nicht großzügig umgehen. Aus eigenen Unterlegenheitsgefühlen tendieren sie dazu, Menschen, die sie als stark wahrnehmen, abzuwerten – letztlich mit dem Ziel, mit diesen auf Augenhöhe zu kommen.

Unaufrichtigkeit

Wie ich bereits erwähnt habe, leben Menschen mit einem geringen Selbstwertgefühl in der Defensive, begleitet von Harmoniestreben oder in Kombination mit einer gewissen Angriffslust. So oder so sind sie bemüht, ihre vermeintlichen Schwächen vor der Umwelt zu verbergen, um den Kontakt mit anderen Menschen möglichst unbeschadet zu überstehen. Dies führt in einigen Fällen dazu, dass sie ihren Mitmenschen nicht wirklich offen begegnen, und zwar in zweierlei Hinsicht: Zum einen wahren sie eine gewisse Distanz zum Gegenüber, indem sie dieses innerlich kritisch beäugen. Zum anderen öffnen sie sich selbst nur schwer beziehungsweise nur in Teilbereichen. Vor allem die Harmoniebestrebten sind vorsichtig in ihren Äußerungen. Es ist deswegen nicht leicht, ihre Standpunkte zu orten und zu einer richtigen Einschätzung zu gelangen, wie sie zu einem stehen. Keinesfalls kann man sich bei ihnen darauf verlassen, dass sie einem schon sagen, wenn ihnen etwas nicht passt. Ihr Ärger geht oft nach innen, während sie äußerlich ruhig bleiben. Das Bild der geballten Faust in der Tasche, während man nach vorne lächelt, passt zu ihnen. Sie halten sich mit ihrer Meinung zurück beziehungsweise verpacken diese äußerst diplomatisch, vor allem dann, wenn es um die sogenannte Beziehungsebene geht, also wenn sie mit ihren Bedürfnissen, Wünschen und

Ansichten bei ihrem Gegenüber anecken könnten. Bei reinen Sachthemen können sie durchaus freier debattieren, sofern sie nicht auch hier eine Gefahr sehen, mit ihrer Meinung auf wenig Konsens zu stoßen.

Hintergrund dieser Zurückhaltung ist, wie ich schon häufig betont habe, ihre Angst, zurückgewiesen zu werden und sich letztlich nicht ausreichend verteidigen zu können, falls es hart zur Sache gehen sollte. Sie sind ständig darum besorgt, in eine unterlegene Position zu geraten, und haben zu viel Angst, verletzt zu werden. Diese Zurückhaltung führt jedoch in einigen Fällen zu einer gewissen Unaufrichtigkeit. Ich bin immer wieder verblüfft, wenn Klienten sich beispielsweise über ihre »beste Freundin« oder ihren »besten Freund« bei mir beklagen, ohne ihren Ärger jemals offen mit dem Freund angesprochen zu haben. Ich frage sie dann gern, was denn ihr Freund, ihre Freundin sagen würde, wenn er oder sie hier bei dem Gespräch »Mäuschen« wäre? Die Klienten reagieren dann normalerweise mit Gewissensbissen und sagen, dass das wohl ein Schock für den Betreffenden wäre.

Es ist ja auch nicht so, dass Selbstunsichere grundsätzlich einen schlechteren Charakter als Selbstsichere hätten. Es ist nur häufig so, dass ihre Ängste und Sorgen um sich selbst sie dazu verleiten können, sich unaufrichtig zu verhalten. Ein großes Problem bei dieser Ich-behalte-meinen-Ärger-für-mich-Strategie ist, dass sie die Beziehung zum Freund oder Partner langfristig sehr belasten kann. Der angestaute Ärger baut sich nicht ab, sondern verhärtet sich im Laufe der Zeit zu einer Art kalter Wut. Diese kann dann entweder zu einem Beziehungsabbruch führen – obwohl bis dahin kein böses Wort fiel – oder sich plötzlich und für den anderen völlig unvorhersehbar in einem Wutanfall entladen. Beides belastet die Beziehung sehr viel mehr, als rechtzeitig den Mund aufzumachen und mögliche Missverständnisse direkt zu klären. Die Harmoniebedürftigkeit der Selbstunsicheren verschont die Beziehung zwar kurzfristig, kann sie langfristig jedoch kaputt machen.

Natürlich ermuntere ich meine Klienten, rechtzeitig etwas zu sagen, dies ist schließlich auch die einzige Chance für das Gegenüber, entweder ein Missverständnis aufzuklären oder sich gegebenenfalls zu entschuldigen und somit die Beziehung wieder zu bereinigen. Darauf, wie man ein Problem oder einen Konflikt in angemessener Weise anspricht, komme ich noch ausführlich im Kapitel »Kommunikation« zu sprechen.

Etwas anders verhält es sich mit den Zicken. Auch sie fühlen sich schnell angegriffen und gekränkt – zu schnell. Sie schimpfen dann los, und der andere weiß oft gar nicht, was er denn gerade so Schlimmes gesagt oder getan hat. Auch dies dient natürlich nicht der Beziehungspflege. Dabei tun sich auch die Zicken schwer, ihr eigentliches Anliegen offen zu formulieren, sie können stattdessen bei Nebensächlichkeiten explodieren. Offen über ihr eigentliches Anliegen zu sprechen würde sie in eine verletzliche Position bringen, was sie in der Regel ebenso wenig möchten wie die Konfliktscheuen. Wie ich bereits geschrieben habe, sind sich die meisten Zicken ihres Problems durchaus bewusst und leiden selbst darunter. Nicht selten melden sich Klienten bei mir zur Psychotherapie an mit dem Anliegen, ihre Impulsivität in den Griff zu bekommen. Im Kapitel »Aggression« werde ich auf Möglichkeiten eingehen, die dabei helfen, die eigene Impulsivität besser zu verwalten.

Kommunikation und Selbstwert

Verheimlichung, Schuldzuweisung und passiver Widerstand

Unsichere Menschen haben häufig Kommunikationsprobleme, weshalb das Thema einigen Lesern und Leserinnen vermutlich Unbehagen bereiten wird. Es könnte sein, dass Sie sich wiedererkennen. Falls einige der folgenden Ausführungen auf Sie zutreffen, dann möchte ich Sie schon hier bitten, das Buch nicht beiseitezulegen, sondern zu versuchen, tapfer zu sein und sich Ihren Problemen zu stellen – nur dann können Sie sie lösen. Jene, die sich nicht wiedererkennen, sollten sich einfach freuen, dass sich ihre Selbstunsicherheit nicht auf eine negative Weise in ihrer Kommunikation niederschlägt. Sie können jedoch trotzdem von meinen Ausführungen profitieren, weil sie ihnen möglicherweise die Augen über manche Mitmenschen öffnen.

Psychische Probleme sind immer auch Beziehungsprobleme, wobei ich unter Beziehung jede Art von zwischenmenschlichem Kontakt meine und nicht nur Liebesbeziehungen. Wie ich bereits ausgeführt habe, ist ein wesentliches Problem von Selbstunsicheren ihre mangelnde Offenheit. Sie taktieren zwischen dem Bestreben, sich selbst zu schützen und es dem anderen recht zu machen. Dabei ist ihr Bestreben, es anderen recht zu machen, im Grunde genommen selbstbezogen: Denn eigentlich geht es ihnen ja darum, ihr verletzliches Selbst zu schützen. Sie fragen sich nicht: »Was ist sinnvoll?«, sondern: »Wie kann ich mich am besten schützen?« Diese defensive Taktik kann in der Kommunikation zu Nebelschwaden führen. Viele Selbstunsichere tun sich schwer damit, Verantwortung für ihr Handeln und ihr Reden zu übernehmen. Möglicherweise sind Sie empört, wenn Sie das lesen. Vielleicht gehen Sie sogar davon aus, dass Sie viel, sogar viel zu viel Verantwortung übernehmen. Das mag sein, jedoch ist die Verantwortung, die Sie übernehmen, vielleicht nur eine scheinbare Verantwortung. So halten Sie sich mit Ihrer Meinung zurück, um Streit zu umgehen und niemanden zu verletzen. Indem Sie dies tun, schützen Sie in erster Linie sich selbst und sind deswegen für Ihr Gegenüber wenig greifbar und kaum angreifbar. Würden Sie hingegen Ihr Innenleben offener preisgeben, dann wüsste Ihr Gegenüber besser, wo Sie stehen und woran es mit Ihnen ist. Das hieße aber, dass Sie die Verantwortung für Ihre Wünsche und Bedürfnisse und für Ihre Gedanken und Gefühle übernehmen müssten. Dies brächte allerdings die Gefahr mit sich, dass ein Wunsch von Ihnen auf Ablehnung stoßen oder eine Meinung von Ihnen kritisiert werden könnte. Kurzum: Man könnte Sie zurückweisen.

Deswegen bevorzugen viele Menschen mit einem geringen Selbstwertgefühl eher defensive Taktiken in der Kommunikation:

- Verheimlichen der eigenen Meinung, Bedürfnisse und Ängste
- Schuldzuweisung an andere
- Passiver Widerstand: Mauern und den anderen auflaufen lassen

Hierzu ein Beispiel: *Susanne geht regelmäßig ins Fitnessstudio, wo sie Johanna kennenlernt. Die beiden unterhalten sich öfter und verstehen sich augenscheinlich gut. Susanne, die unter einem mangelnden Selbstwertgefühl leidet, empfindet Johanna als stark und selbstsicher. Zudem findet sie, dass Johanna besser aussieht und witziger ist als sie. Das selbstsichere Auftreten, die Attraktivität und der Witz Johannas lösen in Susanne Minderwertigkeitsgefühle und etwas Neid aus. Sie tröstet sich damit, dass sie dafür beruflich einen höheren Status hat. Susanne hat innerlich ein zwiespältiges Verhältnis zu Johanna: Einerseits findet sie Johanna wirklich sehr nett und lustig. Anderseits zwicken Susanne in Johannas Gegenwart Unterlegenheitsgefühle, die sie dieser (und nicht sich selbst) verübelt. Johanna ahnt indessen nichts von dem inneren Zwiespalt Susannes ihr gegenüber. Weil sie ihrerseits Susanne sehr sympathisch findet, schlägt sie ihr eines Tages vor, doch am Wochenende mal gemeinsam abends auszugehen. In Susanne löst diese Offerte reflexartig Widerstand aus: Sie hat Angst, neben der hübschen und witzigen Johanna wie eine graue Maus zu wirken (wofür sie objektiv gesehen keinen Grund hat, aber ein geringes Selbstwertgefühl ist nicht objektiv). Nun möchte Susanne aber weder ihre Befürchtungen gegenüber Johanna offenlegen, noch will sie riskieren, sich bei ihr unbeliebt zu machen, indem sie dieses Angebot ablehnt. Also gibt sie eine Gummiantwort: »Das können wir gern machen, wo-*

bei ich die nächsten Wochenenden leider ziemlich verplant bin«, und hofft, mit dem Verweis auf eine lange Wartezeit davonzukommen. Susanne hat also weder Ja noch Nein gesagt. Johanna, die natürlich nichts von den inneren Stürmen in Susanne ahnt, spricht Susanne einige Wochen später noch einmal mit demselben Vorschlag an. Nun wird es eng für Susanne: Ein zweites Mal kann sie nicht auf die obige Antwort zurückgreifen, ohne Johanna vor den Kopf zu stoßen. Also sagt sie Ja, obwohl sie Nein fühlt. Daraufhin schlägt Johanna einen konkreten Termin vor, dem Susanne innerlich mürrisch, äußerlich freundlich zustimmt. Sie hofft, dass noch irgendetwas dazwischenkommt, was den Termin verhindert, und verdrängt das Thema erst einmal. Ihre Ambivalenz gegenüber Johanna hat sich indessen verstärkt, weil diese sie zu dieser Verabredung »genötigt« hat. Sie verübelt es Johanna, dass sie so hartnäckig nachgefragt hat, wo sie, Susanne, doch mit ihrer ersten Antwort »deutlich signalisiert« hat, dass sie eigentlich nicht mit ihr ausgehen will. Am Tag der Verabredung fühlt sich Susanne zudem noch besonders angreifbar, weil sich ein fieser Pickel auf ihrem Kinn platziert hat. In Anbetracht dieses Makels steigert sich ihre innere Wut auf Johanna. Am Nachmittag bekommt sie starke Kopfschmerzen, und sie sagt Johanna mit dieser Entschuldigung kurzfristig per SMS ab.

In diesem Beispiel finden sich die drei oben genannten Strategien: Hätte Susanne ihre Befürchtungen, sich neben Johanna wie eine graue Maus vorzukommen, offengelegt, dann hätte Johanna darauf eingehen und sie hätten darüber reden können. Dies hätte sie wahrscheinlich einander nähergebracht, während das Schweigen von Susanne sie voneinander distanzierte.

Susanne weist die Schuld für ihr Dilemma Johanna zu. Sie reflektiert nicht, dass *sie* diejenige ist, die sich unterlegen fühlt, und *sie* nicht offen ihre Meinung sagt. Sie blendet ihre eigene Verantwortung aus und verlagert diese auf Johanna, von der sie sich »genötigt« fühlt und auf die sie folglich wütend wird.

Susanne ist nicht ehrlich und geht somit, bildlich gesprochen, nicht durch die Vordertür, sondern benutzt den Hinterausgang. Das Wesen der passiven Aggression bezeichne ich als mauern. Psychosomatische Erkrankungen, wie Susannes Anfall von Kopfschmerzen, sind nicht selten, um ein »Nein«, das man sich nicht auszusprechen traut, dennoch zu kommunizieren – ohne hierfür die Verantwortung übernehmen zu müssen. Passiver Widerstand ist eine Taktik, um etwas nicht zu tun, was der andere von einem erwartet oder worum er einen bittet, ohne jedoch seine Verweigerung offen auszusprechen. Zu spät kommen, trödeln, sich nicht melden, nicht reden, Dinge beziehungsweise Erledigungen einfach vergessen sind typische Strategien des passiven Widerstands. Das Gegenüber kann sich den Mund fusselig reden und immer wieder um die Einhaltung minimaler Regeln und Absprachen bitten – wenn die Zielperson passiven Widerstand ausübt, wird sie per Lippenbekenntnis zwar zustimmen, aber tatsächlich passiert nichts.

Das folgende Beispiel ist noch etwas dramatischer, und die wenigsten Verunsicherten gehen so weit wie Achim, den ich im folgenden Beispiel beschreibe. Ein krasses Beispiel kann jedoch bei der Veranschaulichung helfen, weswegen ich diesen Fall ausgewählt habe: *Holger und Achim sind Software-Entwickler und teilen sich ein Büro. Holger ist selbstbewusst, lebenslustig und redet gern, während Achim eher eine schweigsame Natur ist. Achim leidet unter Versagensängsten und ist sehr bemüht, bei der Arbeit (und auch sonst) keinen Fehler zu machen. Die Angewohnheit Holgers, neben der Arbeit immer wieder ein Schwätzchen zu halten, geht Achim gewaltig auf die Nerven, aber er traut sich nicht, dies offen zu sagen. Hierzu ist anzumerken, dass Achim die Redseligkeit Holgers nur deshalb so mächtig auf die Nerven geht, weil er ihn noch nie freundlich gebeten hat, etwas weniger während der Arbeit zu reden (was ihm Holger mit Sicherheit gar nicht verübelt hätte). Deswegen hat Achim bereits eine Menge Wut in sich aufgestaut. Aber nicht nur Holgers Redelust verdrießt ihn, son-*

dern überhaupt Holgers lockeres Wesen, das, wie er findet, bei der Chefin auch viel besser ankommt als seine eigene etwas stoffelige Art. Typen wie Holger sind Achim schon immer ein Dorn im Auge gewesen, weil er sich neben ihnen so unterlegen fühlt. Dies ist Achim jedoch nicht bewusst. Er findet lediglich, dass Holger ein Blender ist. Deswegen verübt Achim von Zeit zu Zeit kleine Sabotageakte gegen Holger. Sei es, dass er mal »vergisst« auszurichten, wenn ein wichtiger Kunde für Holger angerufen hat, sei es, dass er Holger ab und zu mal eine wichtige Information vorenthält oder bei anderen Kollegen hier und da mal eine kleine spitze Bemerkung gegen ihn fallen lässt. Holger ahnt von alledem nichts und meint seinerseits, er habe ein ganz entspanntes Verhältnis zu Achim. Dass Achim ab und zu vergesslich ist, verübelt er ihm höchstens für einen Moment. Dann passiert es, dass Holger bei der Arbeit ein dicker Fehler unterläuft. Er bittet Achim um Hilfe, die dieser ihm natürlich vordergründig gern gewährt. Er analysiert Holgers Dateien, findet den Fehler und fügt heimlich noch einen kleinen hinzu. Zu Holger sagt er, er könne sich das Problem auch nicht erklären. Das Programm stürzt am nächsten Tag total ab. jetzt hat Holger wirklich ein Problem. Achim grinst in sich hinein, soll der blöde Angeber doch auch mal spüren, wie man sich als Loser fühlt.

Achim »verarbeitet« seine Unterlegenheitsgefühle auf eine besonders bösartige Weise. Wie bereits gesagt gehen die meisten Selbstwertgeschädigten nicht so weit und sind – wie ich bereits betont habe – auch oft nette Menschen. Was das extreme Beispiel von Achim jedoch besonders gut zeigt, ist, wie Unterlegenheitsgefühle das Verhältnis von Opfer und Täter pervertieren können. Holger hat Achim objektiv keinen Anlass gegeben, ihn nicht zu mögen: Er ist offen, gesellig, freundlich und unverkrampft. Weil Achim seine eigenen Minderwertigkeitskomplexe jedoch nur teilweise reflektiert, gesteht er sich nicht ein, dass er neidisch auf Holger ist. Stattdessen wertet er Holger ab, indem er ihn als »Blender und Angeber« abstempelt, um sein eigenes Minderwertigkeitsgefühl zu kompensieren. Achim, der sich also unterlegen und als Opfer fühlt, macht Holger zum Täter. Diese verzerrte Wahrnehmung Achims, die einzig aus seinen Minderwertigkeitsgefühlen resultiert, verführt ihn dazu, sich an dem »bösen« Holger zu rächen. Hierbei tritt Achim an keiner Stelle in einem offenen Kampf gegen Holger an. Seine gesamte »Kriegsführung« wird aus der totalen Deckung vollzogen.

Achim ist ein gutes Beispiel für einen Menschen, der sich aufgrund seines geringen Selbstbewusstseins einmauert. Diese Mauern dienen sowohl zum Selbstschutz als auch zum Angriff aus dem Hinterhalt. Der ganze Film über den vermeintlich schrecklichen Kollegen Holger spielt sich ausschließlich in Achims Kopf ab – es gibt dafür keine reale Grundlage. Doch Achims Vorstellungen und Gedanken führen leider in der Realität dazu, dass er eine Art Krieg inszeniert und Holger beträchtlichen Schaden zufügt. Holger ist indessen ahnungslos und ein unschuldiges Opfer. Würde man Achim jedoch zu seiner Selbstsicht befragen, würde er sich selbst an vielen Stellen seines Lebenslaufs und seines Alltagslebens als ein Opfer beschreiben.

Betrachten wir das letzte Beispiel im Hinblick auf die genannten Kommunikationsstrategien:

- Verheimlichen der eigenen Meinung, Gefühle und Ängste: Achim gibt gar nichts von sich preis. Seine Meinung über Holger, seine Gefühle und Ängste hält er streng unter Verschluss.
- Schuldzuweisung an andere: Holger ist schuld, dass Achim sich in seiner Gegenwart schlecht fühlt.
- Mauern und passiver Widerstand: Achims Widerstand geht über Passivität sogar noch hinaus: Heimlich und aktiv schadet er Holger.

Vorschnelle Verteidigung

Eine weitere, häufig vorzufindende Eigenart in der Kommunikation von Selbstunsicheren ist die Neigung zu vorschneller Selbstverteidigung. Da eine wesentliche Motivation von Unsicheren die Abwehr potenzieller Kritik ist, verleitet sie dies zur Selbstverteidigung, auch wenn kein Angriff erfolgt ist. Das kann das Gespräch manchmal sehr ungemütlich machen beziehungsweise schnell zum Stillstand bringen.

A: Hast du dem Thomas die E-Mail schon weitergeleitet?
B: Was soll ich denn noch alles schaffen? Du siehst doch, dass ich in Arbeit ertrinke!

A: (lieb) Du siehst müde aus.
B: (patzig) Ich habe ja auch den ganzen Tag gearbeitet!

A: Sollen wir wandern gehen?
B: Willst du mich umbringen?

In keinem der Sätze von A ist ein Angriff auf B erfolgt. B wittert jedoch in jeder der Fragen einen potenziellen Angriff, den er vorsorglich abschmettert. Schon bei einem so harmlosen Tatbestand wie einer noch nicht weitergeleiteten E-Mail vermag B nicht einfach zu sagen, dass er noch nicht dazu gekommen ist, sondern startet direkt den Gegenangriff: Du siehst doch, dass ich in Arbeit ertrinke! (Botschaft: Warum fragst du denn so blöd?!) Damit beugt er einer möglichen Kritik vor, etwa dass er die E-Mail einfach vergessen hätte, was ja objektiv gesehen gar nicht schlimm wäre, in Bs Augen jedoch ein Versagen. Im zweiten Beispiel fühlt sich B angegriffen, weil er äußerlich anscheinend nicht in bester Form ist, was ihn etwas kränkt und folglich mit einem patzigen Verweis auf seine Arbeitsleistung abgewehrt werden muss.

Im dritten Beispiel will B vielleicht nicht zugeben, dass er schlicht zu faul ist, um wandern zu gehen, oder er sich vielleicht körperlich nicht fit fühlt. Beides möchte er jedoch nicht einräumen, weil er es als persönlichen Fehler empfindet. Außerdem hat er Sorge, dass A ihn mit gut gemeinten Argumenten zu einem Spaziergang überreden möchte, wodurch er sich unter Druck gesetzt fühlen würde. So könnte A zum Beispiel sagen, dass ein bisschen Bewegung guttäte. Diesem Argument könnte B nicht entgegentreten, und es würde ihn in die Enge treiben, die Karten offen auf den Tisch zu legen, was er durch seinen Gegenangriff vermeiden will.

Setz mich bitte nicht unter Druck!

Selbstunsichere fühlen sich von ihren Mitmenschen schnell unter Druck gesetzt, weil sie schlecht Nein sagen können. Hinzu kommt, dass sie oft länger brauchen, um ihre Gedanken und Gefühle zu sortieren und sich deswegen leicht überfordert fühlen, wenn sie eine spontane Antwort geben sollen. Hierdurch kann es zu Missverständnissen mit dem Gegenüber kommen, das zumeist nicht ahnt, was in dem Unsicheren vor sich geht.

John schlägt seiner Freundin Melanie vor, ins Kino zu gehen. Melanie hat eigentlich keine Lust, was sie ihm auch mitteilt. John, der sehr gern ins Kino gehen würde, versucht, ihr den Film schmackhaft zu machen. Er versucht also, sie mit guten Argumenten zu überzeugen. Melanie fühlt sich unter Druck, weil sie dem nichts entgegensetzen kann – außer dass sie eben keine Lust hat, ins Kino zu gehen. Stur auf »keine Lust« zu plädieren traut sie sich jedoch nicht. Also stimmt sie widerwillig zu. Auf den Film kann sie sich schlecht konzentrieren, weil sie innerlich mit ihrem Ärger auf sich selbst und auf John beschäftigt ist. Immer wieder passiert es ihr in der Beziehung mit John, dass sie Ja sagt, obwohl sie Nein meint.

Selbstunsichere fühlen sich schnell unter Druck gesetzt, wenn das Gegenüber eine Frage beziehungsweise eine Erwartung an sie richtet. Ihr Drang, es dem anderen recht zu machen und ihn nicht zu enttäuschen, lässt sie hinsichtlich ihres eigenen Standpunkts leicht ins Schleudern geraten. Hinzu kommt, dass es ihnen nicht selten passiert, dass sie selbst keine klare Meinung haben. So konnte auch Melanie Johns Vorschlag keine andere Idee entgegensetzen, weil sie selbst nicht so richtig wusste, was sie wollte. Sie wusste lediglich, dass sie keine Lust hatte, ins Kino zu gehen.

Aber auch wenn ein Unsicherer einen eigenen Standpunkt hat, kann es ihm passieren, dass er diesen nicht deutlich vertritt. Viele unsichere Menschen empfinden sich als wenig redegewandt – ihnen fallen im entscheidenden Moment nicht die richtigen Worte ein. Sie sind wenig geübt, in eigener Sache zu argumentieren. Geraten sie in eine Situation, in der sie dies tun müssten, kann es ihnen leicht passieren, dass sie so unter Stress geraten, dass sie blockieren und ihnen kaum noch Argumente einfallen.

Selbstunsichere fühlen sich leicht eingeschüchtert von Menschen, die frei und offen ihre Meinung vertreten. Sie empfinden solche Menschen als stark und dominant und meinen dann, gegen diese nicht ankommen zu können. So hat auch Melanie die Empfindung, dass John ihr grundsätzlich überlegen sei, dass er der Stärkere sei in der Beziehung. Dies ist ein Grundgefühl bei Melanie und führt in einzelnen Situationen immer wieder dazu, dass sie nachgibt. Dahinter steckt auch die Angst, dass John sie verlassen könnte, wenn sie nicht seine Erwartungen erfüllt. Das Problem ist hierbei, dass sie in der Beziehung zunehmend das Gefühl entwickelt, von John fremdbestimmt zu werden. Sie hat das Gefühl, »sich selbst zu sehr zu verlieren«. Dies verübelt sie zwar auch sich selbst, aber noch mehr verübelt sie es John, von dem sie sich »dominiert« fühlt. Natürlich widerspricht Melanie John auch und sagt nicht zu allem »Ja und Amen«, aber John geht nicht auf sie ein, wie Melanie findet. So hat sie ihm doch auch »klar« gesagt, dass sie keine Lust habe, ins Kino zu gehen, aber er hat »sich einfach darüber hinweggesetzt«. Aus Johns Sicht ist es jedoch legitim zu versuchen, sein Gegenüber mit guten Argumenten umzustimmen. Er kommt nicht auf die Idee, dass seine Freundin sich von ihm dominiert fühlen könnte, weil er selbstverständlich davon ausgeht, dass sie für sich eintreten kann. Für ihn ist es völlig in Ordnung, auch mal über einen Vorschlag zu diskutieren. Er sieht sich mit Melanie auf Augenhöhe – selbstverständlich hat sie die gleichen Rechte wie er! Als sie dem Kinobesuch zustimmte, ging er davon aus, dass sie ihre Meinung geändert hätte aufgrund der Informationen, die er ihr über den Film gegeben hatte. John argumentierte also auf der Sachebene und meinte, Melanie überzeugt zu haben. Melanie befand sich jedoch auf der Angstebene. Sie stimmte zu, um John zu gefallen, und nicht, weil er sie überzeugt hatte. Hier liegt ein großes Missverständnis zwischen Melanie und John vor. Dieses Missverständnis ist ihr Beziehungsproblem: John fühlt sich mit Melanie gleichwertig, Melanie jedoch fühlt sich John unterlegen. Melanie sagt öfter Ja, obwohl sie Nein meint. Deswegen fühlt Melanie sich zunehmend von John dominiert und hat das Gefühl, sich selbst zu sehr in der Beziehung aufzugeben. Dies führt in letzter Zeit häufig dazu, dass sie lustlos im Bett ist. Dabei ist ihr selbst der Zusammenhang zwischen Johns scheinbarer Dominanz und ihrer Lustlosigkeit nicht bewusst. Hier besteht jedoch ein enger psychologischer Zusammenhang: Das Gefühl, vom Partner dominiert zu werden, sich diesem zu oft anzupassen, führt nicht selten zu sexueller Verweigerung (bei Männern und Frauen). Der unterlegene Partner meint unbewusst, im sexuellen Bereich seine Grenzen schützen zu müssen: Das bekommst du nicht auch noch von mir! Wenigstens mein Körper gehört mir! Hier wird die Nähe gekappt, und der Partner wird (zumeist unbewusst) für seine »Invasionen« im Alltagsleben abgestraft durch sexuelle Verweigerung. Die sexuelle Verweigerung ist eine typische Strategie des passiven Widerstands.

Nicht alle Betroffenen passen sich den Erwartungen an. Manche nutzen genau die gegenteilige Strategie, um ihr Selbst zu schützen. Sie grenzen sich ab. Sie fühlen sich sehr schnell unter Druck gesetzt, und anstatt nachzugeben, halten sie dagegen. Auf diese Art, Erwartungen zu begegnen, gehe ich noch näher im Kapitel »Warum bin ich nur so unsicher?« unter der Überschrift »Die unsichere Bindung« ein.

Gefahr erkannt ist fast Gefahr gebannt

Dies waren nun die wichtigsten Probleme, die ein geringes Selbstwertgefühl nach sich ziehen kann. Nach meiner Erfahrung ist die Erkenntnis des Problems schon die Hälfte der Miete, wenn es um dessen Lösung geht. Denn nur wenn ich mir meines problematischen Verhaltens bewusst bin, kann ich mich auch bewusst für ein anderes Verhalten entscheiden. Liegt das Problem hingegen im Schatten oder Halbschatten meines Unterbewusstseins, dann übernimmt es von dort aus die Steuerung meines Tuns. Das bedeutet, der betroffene Mensch steuert sein Verhalten nicht bewusst und fühlt sich meist unfähig, etwas zu verändern. Für ein geringes Selbstbewusstsein bedeutet dies konkret, dass den meisten Betroffenen zwar klar ist, dass sie sich zu unsicher fühlen, aber ihnen nicht klar ist, welche konkreten Auswirkungen das in ihrem Verhalten, Denken und Fühlen nach sich zieht. Und genau bei diesen konkreten Auswirkungen muss man den Hebel für Veränderungen ansetzen. Um dies zu veranschaulichen, greife ich noch einmal auf das oben erwähnte Beispiel von Melanie zurück: Melanie weiß zwar, dass sie nicht die Selbstsicherste ist, aber ihr ist nicht wirklich bewusst, wie sich dies auf ihre Kommunikation und damit ihre Beziehung zu John auswirkt. Ihr ist nicht klar, dass sie durch ihre freiwillige Unterwerfung unter Johns Bedürfnisse ihre Beziehung stark strapaziert. Dadurch, dass Melanie aus Angst, John zu verlieren, häufig Ja sagt, obwohl sie Nein meint, wird sie sich zunehmend in der Beziehung eingeengt fühlen. Hierbei reflektiert sie jedoch nicht, dass *sie* diejenige ist, die sich einengt, und nicht John. Sie projiziert also ihr Problem auf John, den sie als zu dominant erlebt. Dies kann mittel- bis langfristig dazu führen, dass ihre Gefühle für John erkalten und sie die Beziehung beendet. Ein geringes Selbstwertgefühl ist damit das Epizentrum von Beziehungsproblemen und Bindungsängsten. (Die Leser und Leserinnen, die sich für dieses Thema interessieren, verweise ich auf mein Buch *»Jein! Bindungsängste erkennen und bewältigen«*) Wäre Melanie hingegen voll bewusst, was sie da tut, dann könnte sie sich auch ganz bewusst überwinden, öfter ihre Meinung zu vertreten oder mit John ganz offen über ihr Problem zu sprechen. Dann wüsste auch John Bescheid und könnte sich somit besser auf sie einstellen, indem er sie beispielsweise öfter ermutigte, ihre Wünsche zu äußern.

Wenn Sie sich nun beim Lesen an vielen Stellen erkannt haben, dann können Sie bereits überlegen, was Sie zukünftig konkret verändern wollen. Ein geringes Selbstwertgefühl lässt sich nicht in einem Rutsch aufbügeln, sondern der Wandel zu einem besseren Selbstwertgefühl führt über viele kleine, aber konkrete Verhaltensänderungen. Für diese Verhaltensänderungen gebe ich Ihnen im Kapitel »Ich will da raus!« Hilfe.

Die Stärken von selbstunsicheren Menschen

Nachdem ich in den letzten Abschnitten auf die Probleme eingegangen bin, die ein niedriges Selbstwertgefühl für den Betreffenden und auch für sein Gegenüber mit sich bringen kann, möchte ich im Folgenden die Stärken der Menschen mit einem geringen Selbstwertgefühl erörtern: Selbstunsichere mit einem großen Harmoniebedürfnis sind im Umgang oft sehr angenehm. Sie sind freundlich, hilfsbereit, nicht aggressiv und meistens gute Zuhörer, weil sie sich selbst zurücknehmen. Die Zicken hingegen können sehr erfrischend und amüsant sein.

Die Angst, Fehler zu machen, hat logischerweise häufig zur Folge, dass die Betroffenen auch tatsächlich wenig Fehler machen (es sei denn, ihre Angst versetzt die Unsicheren in einen Zustand der Panik oder Lähmung). Unsichere Menschen bereiten sich in der Regel gründlich auf neue Aufgaben vor. Selbstbewusste Menschen hingegen laufen Gefahr, manches auf die leichte Schulter zu nehmen, und übersehen Fehler und Fallstricke. Unsichere Menschen sind aufgrund ihrer Gründlichkeit oft sehr wertgeschätzte Mitarbeiter. Sie sind häufig auch gute Teamarbeiter, weil sie ausgleichend wirken und sich nicht in den Vordergrund spielen wollen.

Ihr Wunsch, niemanden zu enttäuschen, und ihr Bestreben, die an sie gestellten Erwartungen zu erfüllen, machen sie hilfsbereit und liebenswert. Sie wittern zwar manchmal Erwartungen, wo keine sind, aber die gute Seite ist, dass sie sich durch ihre ständig ausgefahrenen Antennen auch sehr einfühlsam auf ihr Gegenüber einstellen können.

Ihre Ängste vor einem potenziellen Angriff lassen sie wachsam sein, das macht sie auch häufig zu guten Beobachtern. Selbstbewusste Menschen, die im sozialen Umgang viel weniger Gefahren wähnen, können hingegen manchmal auch etwas naiv sein. Sie nehmen ihre Mitmenschen dann zu positiv wahr, weil ihr Alarmsystem nicht so gut trainiert ist.

Eine besondere Stärke von Selbstunsicheren ist auch ihre Fähigkeit, rechtzeitig aufzugeben, während der Selbstbewusste Gefahr läuft, eine Aufgabe nicht loszulassen, die eigentlich nicht zu lösen ist. Das hat man auch in psychologischen Studien festgestellt: Die hohe interne Kontrollüberzeugung von selbstbewussten Menschen, also die Überzeugung, viel bewirken zu können, lässt sie manchmal nicht erkennen, wenn an einer Situation tatsächlich nichts mehr zu verändern ist. Sie sind gefährdet, sich die Zähne auszubeißen. In diesem Zusammenhang ist auch hervorzuheben, dass wenig selbstbewusste Menschen besser »im Ertragen« von Problemen sind als Selbstsichere. Solange der Selbstsichere, als Kämpfernatur, die *Illusion* einer Handlungsmöglichkeit hat, geht es ihm noch einigermaßen gut. Er gerät jedoch in die Nähe der Verzweiflung, wenn er tatsächlich nichts mehr machen kann – er ist nicht gut im Ertragen von Situationen, die nicht zu verändern sind. Der Selbstunsichere hingegen hätte zwar öfter noch Handlungsmöglichkeiten, die er nicht wahrnimmt, aber er ist geübt darin, ein Problem zu ertragen. Und je nach Art des Problems kann Letzteres auch die bessere Lösung sein.

Warum bin ich nur so unsicher?

Ursachen für ein geringes Selbstwertgefühl

Ein geringes Selbstwertgefühl kann man im Großen und Ganzen auf zwei Ursachen zurückführen: 1. eine genetische Veranlagung und 2. prägende Erfahrungen in der Kindheit. Natürlich haben auch Erfahrungen, die wir im Erwachsenenalter machen, einen Einfluss auf unser Selbstbewusstsein, aber der Grundstein wird durch die elterliche Erziehung und durch die Gene gelegt. In unseren Erbanlagen sind gewisse Charakterzüge festgelegt, die sich direkt auf den Selbstwert auswirken. So kommen Kinder beispielsweise mit einer unterschiedlich hohen Angstbereitschaft auf die Welt. Auch Schüchternheit als Persönlichkeitsmerkmal ist zu einem hohen Anteil genetisch festgelegt. Es gibt beispielsweise Kinder, die eine sehr wohlwollende und unterstützende Erziehung erfahren und trotzdem in sozialen Kontakten, zumindest bei fremden Personen, sehr schüchtern sind. Umgekehrt gibt es Kinder, deren Eltern wenig förderliche Erziehungsmethoden anwenden und die trotzdem ein gutes Selbstbewusstsein entwickeln. Der Zusammenhang zwischen elterlicher Erziehung und dem Selbstwertgefühl funktioniert nicht eins zu eins. Zu viele Entwicklungseinflüsse spielen eine Rolle.

Die Persönlichkeitsmerkmale Intro- und Extraversion weisen beispielsweise ebenfalls einen Zusammenhang zum Selbstwertgefühl auf – und diese Eigenschaften einer Person sind größtenteils angeboren. Typisch extravertierte Eigenschaften sind: gesellig, redselig, energisch, risikofreudig und abenteuerlustig. Introvertierte Eigenschaften sind hingegen: still, nachdenklich, reflektierend und sorgfältig. In ihrer Grundstimmung sind Extravertierte fröhlicher und optimistischer als Introvertierte. Dies führt dazu, dass sie sich mehr soziale Unterstützung bei Problemen suchen, während Introvertierte geneigt sind, Probleme mit sich selbst auszumachen. Hier liegt der Zusammenhang zum Selbstwertgefühl: Die bessere Problembewältigungsstrategie von extravertierten Menschen, über ihre Probleme zu reden und sich aktiv Hilfe zu suchen, wirkt sich günstig auf das Selbstwertgefühl aus.

Extravertierte erfahren häufig mehr positive Rückmeldungen von ihren Mitmenschen, weil sie offen auf sie zugehen. Da diese Veranlagung zu 90 Prozent genetisch festgelegt ist, macht sie sich schon im Kindesalter bemerkbar: Das extravertierte Kind geht auf andere Kinder und Erwachsene zu und plappert gern, deswegen ist es leicht, mit ihm in Kontakt zu kommen, und es gewinnt schnell Sympathien und Freunde. Das introvertierte Kind ist hingegen etwas schüchtern und verschlossen im Umgang mit fremden Menschen, weswegen ihm die Herzen nicht so schnell zufliegen wie einem extravertierten Kind. Auch die fröhlichere Grundstimmung von Extravertierten kann einen positiven Einfluss auf das Selbstwertgefühl haben. Allerdings haben Introvertierte nicht zwangsläufig ein geringes Selbstbewusstsein. Die Introversion macht sie lediglich etwas empfindlicher für Selbstwertprobleme als Extravertierte.

Egal ob Sie intro- oder extravertiert sind: Wichtig ist, dass Sie sich so annehmen, wie Sie sind. Sowohl Intro- als auch Extraversion haben als Persönlichkeitseigenschaften ihre Vor- und Nachteile. Keine Ausprägung ist letztlich besser oder schlechter als die andere. Auch wenn es auf den ersten Blick so erscheint, als hätten Extravertierte die besseren Karten. Aber zu den Vorteilen der Introvertierten zählen zahlreiche Fähigkeiten: gut allein sein zu können; ihre größere Unabhängigkeit von äußerer Anerkennung; ihr gutes Durchhaltevermögen bei schwierigen Aufgaben; ihr tiefgründiges Innenleben. Zudem heißt »genetisch bedingt« nicht, dass es keine Veränderungsmöglichkeiten gäbe.

Auf die prägenden Kindheitserfahrungen, die zu einem geringen Selbstwertgefühl führen können, werde ich in den folgenden Abschnitten ausführlich eingehen. Wenn Sie unter einem geringen Selbstwertgefühl leiden, ist es für Sie hilfreich, Ihre Kindheit einer näheren Betrachtung zu unterziehen. Hierdurch können Sie ein besseres Verständnis für sich selbst gewinnen – vor allem für jene inneren Überzeugungen, die von außen, also durch Ihre Eltern, in Sie hineingetragen wurden.

Ich werde auf einige Erziehungsstile eingehen, die zu einem geringen Selbstwertgefühl führen können. Die Aufzählung ist nicht vollständig, sodass sich sicherlich nicht jeder Leser und nicht jede Leserin in ihr wiederfinden wird. Eine eingehende Betrachtung der Ursachen würde jedoch zu viel Raum einnehmen, sodass ich mich etwas begrenzen muss. Die folgenden Ausführungen können Ihnen Anregung und Anstöße geben, um die Zusammenhänge zwischen Ihren frühen Prägungen und Ihrem Selbstwert zu verstehen.

Mama ist lieb! Wie Urvertrauen und Bindung entstehen

Die frühe Kindheit ist die Zeit, in der sich unsere Gehirnstrukturen differenziert ausbilden. Deswegen wird hier normalerweise der Grundstein für unser Lebensgefühl und unseren Selbstwert gelegt. In neurologischen Studien hat man beispielsweise nachgewiesen, dass unser Gehirn über ein Belohnungs- und über ein Bestrafungssystem verfügt, die jeweils durch verschiedene neuronale Botenstoffe aktiviert werden. Im Gehirn von Kindern, deren Eltern mit viel Druck und Bestrafung erziehen, spurt sich das Bestrafungssystem tiefer in die Gehirnstrukturen ein als das Belohnungssystem. Dies hat zur Folge, dass diese Menschen, auch als Erwachsene, sehr sensibel auf Reize reagieren, die in Richtung Ablehnung oder Bestrafung ihrer Person gedeutet werden können. Schon eine kleine Geste ihres Gegenübers kann genügen, um ihr Bestrafungssystem zu aktivieren: Sie interpretieren die Geste dann als gegen sich gerichtet. Menschen, deren Bestrafungssystem stark ausgeprägt ist, bleiben auch bei einem Misserfolg länger in dem Gefühl der Frustration stecken und erholen sich schlechter davon als Menschen mit einem ausgeprägten Belohnungssystem. Allerdings muss man diese neurologischen Prägungen nicht als unabwendbares Schicksal hinnehmen. Man kann zum Beispiel auch durch Entschlusskraft und Willen aktiv von seinem Belohnungs- in sein Bestrafungssystem wechseln. Wie das geht, darauf gehe ich noch im Kapitel »Ich will da raus!« unter der Überschrift »Ich bin gut!« näher ein.

Auch das sogenannte Urvertrauen verankert sich früh in unserem Gehirn. Das Urvertrauen bestimmt auf einer ganz tiefen Ebene unser Lebensgefühl. Wenn ein Mensch ein Urvertrauen entwickelt hat, bedeutet dies, dass er sich grundsätzlich in dieser Welt willkommen und angenommen fühlt. Das Urvertrauen wird geprägt durch die Erfahrungen, die ein Kind in seinem ersten Lebensjahr macht. Es entsteht also in der Beziehung des Kindes zu seiner Hauptbezugsperson – sei es die Mutter, der Vater, die Oma oder wer auch immer. Bei vielen Kindern wird das Urvertrauen auch durch mehrere Familienmitglieder geprägt, wie zum Beispiel Mutter und Vater. Wichtig ist, dass zumindest eine Bezugsperson vorhanden ist, die sich liebevoll und feinfühlig um das Baby kümmert. Da dies häufig die Mutter ist und mir es sprachlich zu umständlich ist, um der Gleichberechtigung willen immer auch den Vater oder eine andere Bezugsperson mit zu erwähnen, beziehe ich mich in meinen folgenden Ausführungen auf die Mutter und setze es als selbstverständlich voraus, dass diese Rolle auch ein anderer Mensch als die Mutter übernehmen kann.

Wenn ein Säugling auf die Welt kommt, ist er vollkommen abhängig von seiner Mutter und weiß in den ersten Lebensmonaten noch nicht einmal, dass seine Mutter und er getrennte Wesen sind. Der Säugling ist ihr mit seinen Bedürfnissen und Gefühlen vollkommen ausgeliefert. Sein Gefühlsleben unterteilt sich in Lust- und Unlustgefühle. Die Aufgabe der Mutter ist es, ihm Unlustgefühle wie Hunger, Durst, Kälte, Wärme oder körperliche Beschwerden abzunehmen und seinen Stress hierdurch zu reduzieren. Wenn der Säugling seinen Stress durch Schreien ausdrückt, ist es die Aufgabe der Mutter, ihn zu trösten, zu füttern, zu wärmen, kurzum: für ihn zu sorgen. Das Kind hat aber nicht nur Wünsche nach körperlicher Versorgung, sondern auch ein angeborenes Bedürfnis nach sozialem Kontakt und menschlicher Zuwendung. Die Mutter hat also auch die Aufgabe, dem Säugling das Wohlbefinden menschlicher Anteilnahme und Zuwendung zukommen zu lassen.

Mit den weiteren Lebensmonaten lernt das Kind zunehmend, seine Bewegungen zu steuern: Es greift, krabbelt, und gegen Ende des ersten Lebensjahres fängt es allmählich an zu laufen. Mit verbesserter Motorik entwickelt das Kind ein wachsendes Interesse an seiner Umgebung, die es erkunden will. Die Mutter hat deshalb nicht nur die Aufgabe, die Wünsche ihres Kindes nach körperlicher Versorgung, Kuscheln und sprachlicher Anteilnahme zu erfüllen, sondern es auch loszulassen, wenn das Kind sich auf seine Entdeckungsreisen begibt. Das Kind möchte schließlich nicht nur versorgt und beschmust werden, sondern es hat auch Bedürfnisse nach Eigenständigkeit und Autonomie. Eine feinfühlige Mutter erkennt im Großen und Ganzen, wann sie das Kind loslassen muss und wann es ihre Zuwendung benötigt. Wenn das Kind also die Erfahrung macht, dass seine Mutter sich um es kümmert, wenn es sie braucht, aber es auch mal in Ruhe lässt, wenn es für sich sein will, dann lernt das Kind zum einen, dass es sich auf seine Mutter verlassen kann, und zum anderen, dass es auf zwischenmenschliche Beziehungen Einfluss nehmen kann und ihnen nicht ausgeliefert ist. Das Kind erfährt, dass es seiner Mutter vertrauen kann. Es erwirbt Urvertrauen. Dieses Urvertrauen kann man sich als eine ganzkörperliche Empfindung vorstellen: Das Kind speichert in seinem Körper ab, dass es angenommen und geliebt wird. Dieses Gefühl bleibt ihm als lebensbejahende Grundstimmung dauerhaft erhalten.

Entscheidend ist, dass an das Urvertrauen die Gewissheit geknüpft ist, auf zwischenmenschliche Beziehungen Einfluss nehmen zu können und ihnen nicht einfach nur ausgeliefert zu sein. Wenn das Zusammen- und Wechselspiel zwischen Mutter und Kind gelingt, entwickelt das Kind neben dem Urvertrauen etwa ab der zweiten Hälfte des ersten Lebensjahres auch eine *sichere innere Bindung* an seine Mutter. Sicher gebundene Kinder beziehungsweise später Erwachsene zeichnen sich durch zwei grundlegende Eigenschaften aus: Sie verfügen sowohl über ein gutes Selbstvertrauen als auch über eine grundlegende Bereitschaft, anderen Menschen zu vertrauen. Ihre Grundeinstellung lautet: *Ich bin okay – du bist okay.*

Die Rolle des Vaters

Da die meisten Kinder – zumindest für einige Jahre – mit Vater und Mutter aufwachsen, möchte ich an dieser Stelle auch auf die besondere Rolle des Vaters für das Selbstwertgefühl eingehen. Diese Rolle wurde gut erforscht, besondere Verdienste leistete hier das Ehepaar Karin und Klaus Grossmann von der Universität Bielefeld, die über 22 Jahre lang hundert Kinder in ihrer Entwicklung begleiteten.

Nicht nur in ihren Untersuchungen, sondern auch in anderen Studien wurde deutlich, dass die Väter in der Regel eine andere Rolle und andere Aufgaben in der Erziehung ihrer Kinder übernehmen als die Mütter. In den meisten Familien übernimmt der Vater weniger die Versorgungsaufgaben für das Kind, vielmehr entsteht die Bindung zwischen dem Vater und dem Kind eher im spielerischen Beisammensein. Ist die Mutter die sichere Versorgungs- und Schmusebasis, so ist der Vater ein interessanter Spielpartner. Väter fordern die Kinder stärker heraus, aufregende und neue Dinge zu tun, die sich das Kind ohne Hilfe des Vaters nicht zutrauen würde. Mütter sind hingegen eher geneigt, ihr Kind etwas ängstlich zu beschützen. In manchen Fällen führt diese behütende Neigung sogar dazu, dass Mütter immer ein besorgtes Auge auf die Unternehmungen der Väter mit den Kindern werfen. Einige Mütter gehen sogar so weit, dass sie das Kind nicht allein in der Obhut des Vaters lassen, weil das ihrer Meinung nach viel zu gefährlich wäre. Traditionell und in den meisten Kulturen sind die Väter diejenigen, die das Kind zu neuen Herausforderungen ermutigen. Sie vermitteln gern ihr Wissen und führen die Kinder an die Welt heran. Es sind häufig die Väter, die dem Kind Fahrradfahren und Schwimmen beibringen, mit ihm auf einen Baum klettern, es zum ersten Mal ein Pony reiten lassen, mit ihm den Wald erkunden, ihm beibringen, mit Werkzeugen umzugehen oder, zum Missfallen vieler Mütter, mit ihm an Silvester Böller abknallen. Engagierte alleinerziehende Mütter tun dies zwar auch, steht aber ein Vater zur Verfügung, fällt dies häufig in seinen Aufgabenbereich. Dies entlastet die Mutter und bereichert das Kind.

Die Vater-Kind-Bindung wird wesentlich durch ein einfühlsames Spielverhalten des Vaters geprägt. Einfühlsam bedeutet hier, dass der Vater die Wünsche und Fähigkeiten seines Kindes gut verstehen kann und es fordert, ohne es zu überfordern. Die Studien des Ehepaars Grossmann ergaben, dass der Vater einen wesentlichen Einfluss auf die spätere Bindungsfähigkeit eines Kindes und auf dessen Selbstwertgefühl hat. Erwachsene, die auf eine gute Vaterbeziehung zurückblicken können, weisen im Durchschnitt ein besseres Selbstwertgefühl auf und vertrauen mehr in Freundschaften und Liebesbeziehungen als Erwachsene ohne diese Erfahrung.

Was Kindern guttut

Nun ist das erste Lebensjahr zwar sehr weichenstellend, aber natürlich haben die weiteren Lebensjahre auch einen großen Einfluss auf die Entwicklung eines Menschen. Es ist meistens so, dass sich Mütter beziehungsweise Eltern, die sich bereits im ersten Lebensjahr gut in ihr Kind einfühlen konnten, auch später eine gute Erziehungskompetenz aufweisen.

Selbstwertfördernd ist ein Erziehungsstil, der die folgenden Botschaften der Eltern an das Kind enthält:

- Wir lieben dich grundsätzlich so, wie du bist – was nicht heißt, dass wir alle deine Verhaltensweisen gutheißen.
- Du musst dich nicht verbiegen, um unsere Erwartungen zu erfüllen – wir fördern dich nach deinem Potenzial und nicht nach unseren eigenen Wünschen.
- Du musst dich nicht übermäßig anpassen, um unseren Strafen zu entgehen. Natürlich erlauben wir dir nicht alles, und du musst dich an gewisse Regeln halten, jedoch ist es dir erlaubt und sogar erwünscht, dass du einen eigenen Willen hast. Auf unserer Seite ist Verhandlungsbereitschaft. Du darfst Nein sagen, ohne Liebesentzug oder beängstigende Reaktionen von uns befürchten zu müssen. Wir werden deinem Willen zwar nicht immer nachgeben, aber du hast eine gute Chance, uns von deinem Willen zu überzeugen.

Durch diese elterlichen Botschaften und Haltungen lernt das heranwachsende Kind, dass es so, wie es ist, grundsätzlich in Ordnung ist – es lernt also, sich selbst zu akzeptieren. Dies schließt die eigenen Schwächen mit ein, was jedoch nicht bedeutet, dass man nicht an diesen arbeiten und sich verbessern will. Die eigenen Schwächen, sind jedoch keine Quelle der Scham, sondern sie stellen eine Entwicklungsmöglichkeit dar.

Kinder hingegen, die einen sehr autoritären oder gar demütigenden Erziehungsstil erfahren, schämen sich sehr für ihre Schwächen, und dieses Schamgefühl empfinden sie auch noch häufig in ihrem Leben als Erwachsener.

Weiterhin lernt ein Kind mit verständnisvollen Eltern früh, dass es in dieses Leben eingreifen kann, weil die Eltern – in förderlichen

Grenzen – den Willen des Kindes respektieren. Hierdurch lernt das Kind im positiven Sinne, dass es Macht hat. Kinder hingegen, deren Wille zu wenig beachtet wird, entwickeln eher ein Gefühl von Ohnmacht in Bezug auf ihre Mitmenschen. Sie trauen sich nicht oder nicht genug, ihren Willen und ihre Bedürfnisse zu äußern, aus Angst, nicht gehört oder abgewiesen zu werden. Überhaupt erfahren Kinder dadurch, dass ihnen die Eltern zuhören und sie verstehen, dass sie beachtet und somit geachtet werden. Hierdurch erwerben sie Selbstachtung. Weiterhin lernen die Kinder, wie man Konflikte austrägt, weil sie sich früh darin üben dürfen – ihre Eltern erlauben ihnen zu argumentieren. Zudem machen die Kinder die Erfahrung, dass sie Nein sagen dürfen, ohne dass ihre Eltern darauf persönlich gekränkt reagieren oder sie mit Liebesentzug bestrafen.

Die Summe dieser positiven kindlichen Erfahrungen bietet die gedeihlichste Grundlage, um ein gesundes Selbstwertgefühl zu entwickeln.

Die unsichere Bindung

Kinder, die mit ihren Müttern sehr wechselhafte Erfahrungen machen, entwickeln keine sichere, sondern eine unsichere Bindung an ihre Mutter. Dies kann entweder dazu führen, dass sich die betroffenen Kinder zu viel an ihre Mutter anklammern oder dass sie ihrer Mutter aus dem Weg gehen, also die Nähe zu ihr vermeiden. Deswegen unterscheidet man zwischen der *unsicher-anklammernden* und der *unsicher-vermeidenden* Bindung (für die Fachleute unter den Lesern und Leserinnen: Ich richte mich in meiner Terminologie nach Kim Bartholomew und nicht nach Ainsworth oder Bowlby).

Menschen, die als Kinder einen unsicheren Bindungsstil erworben haben, sei er anklammernd oder vermeidend, haben in der Regel Probleme mit ihrem Selbstwertgefühl. Ihnen fehlt es an Urvertrauen und an der Sicherheit, dass sie auf menschliche Beziehungen Einfluss nehmen können. Zudem fühlten sie sich als Kinder durch das problematische Verhalten ihrer Mutter/Eltern nicht so angenommen, wie sie sind, weswegen sie auch in späteren Lebensjahren das grundlegende Gefühl haben, dass sie – so wie sie *wirklich* sind – nicht liebenswert wären. Die Liebe der Eltern bei diesen Kindern war zumeist an gewisse Bedingungen geknüpft. Im günstigen Fall waren diese Bedingungen für das Kind vorhersehbar und somit potenziell erfüllbar, wie beispielsweise: »Du musst fleißig sein und gute Noten nach Hause bringen.« Im ungünstigen Fall variierten die Bedingungen mit der jeweiligen Laune und Tagesform der Mutter und/oder des Vaters und waren somit für das Kind wenig vorhersehbar und folglich bedrohlich. In beiden Fällen lautet die unterschwellige Botschaft der Eltern: »Wenn du willst, dass wir dich lieb haben, dann verhalte dich so, wie wir es von dir erwarten!« Diese Eltern bestrafen das Kind gern durch Liebesentzug. Deswegen haben die betroffenen Kinder später als Erwachsene ein Problem damit, mit den Erwartungen ihrer Mitmenschen umzugehen. Dies führt entweder zu einer Überanpassung an die Wünsche der anderen oder zu einer radikalen Abgrenzung. Im ersten Fall sind diese Menschen sehr harmonieliebend und bestrebt, es allen recht zu machen. Im zweiten Fall reagieren die Menschen recht phobisch auf die Erwartungen ihrer Mitmenschen und tun bewusst und unbewusst viel dafür, um diese *nicht* zu erfüllen, weil sie sich auf keinen Fall von anderen Menschen dominieren lassen möchten. In beiden Fällen haben sie es nicht gelernt, sich auf eine angemessene Weise selbst zu behaupten.

Diejenigen, die sich gegen die Erwartungen ihrer Mitmenschen auflehnen, sind dann Menschen, denen man, bildlich gesprochen, sagen muss: »Ich hätte gern, dass du die Vase links hinstellst«, wenn man tatsächlich möchte, dass sie rechts steht. Zu den Erwartungsphobikern gesellen sich auch die von mir so benannten Zicken. Sie haben – zumeist unbewusst – einen überwertigen Drang, unabhängig von anderen Menschen zu sein und sich von keinem bevormunden zu lassen. Schon eine harmlose Bitte kann von ihnen als ein »Befehl« missverstanden werden, gegen den sie sich auflehnen müssen. Was die Erwartungsphobiker antreibt, ist eine knallharte Abgrenzung von der elterlichen Gängelei ihrer Kinderjahre. Anders als die Harmonieliebenden haben sie sich also nicht auf die Seite der Anpassung, sondern auf die Seite der Rebellion begeben.

Manche unsicher gebundenen Menschen pendeln auch zwischen widerstrebender Anpassung und trotziger Verweigerung. In den meisten Situationen – zumindest, wenn es um wichtige Entscheidungen geht – können sie weder mit einem guten Gefühl Ja noch mit einem guten Gefühl Nein sagen.

Wie ist Mama heute gelaunt? Die anklammernde Bindung

Menschen, die einen anklammernden Bindungsstil erwerben, machen mit ihrer Mutter sehr wechselhafte Erfahrungen. Das Verhalten der Mutter scheint von deren jeweiliger Laune abzuhängen. Sie verhält sich für diese Kinder nicht zuverlässig, nicht vorhersehbar. Mal ist sie liebevoll und einfühlend, dann wieder zurückweisend, kalt oder wütend. Das Kind kann sehr schwer einschätzen, wie sich die Mutter in einer bestimmten Situation verhalten wird. Das Verhalten der Mutter oder des Vaters scheint von deren jeweiliger Tageslaune abzuhängen.

Die Kinder sind deswegen ständig damit beschäftigt, die Stimmung ihrer Mutter einzuschätzen und zu erspüren, was die Mutter von ihnen erwartet, was sie braucht, damit sie sich liebevoll verhält oder wenigstens nicht straft. Sie entwickeln feinste Antennen für die Stimmung der Mutter und ordnen sich ihren Erwartungen unter. Das Interesse dieser Kinder für ihre Umgebung ist eingeschränkt – anders als bei sicher gebundenen Kindern ist die Mutter keine sichere Basis, von der aus sie sich vertrauensvoll wegbewegen können. Sie behalten die Mutter lieber im Blickfeld, um deren Stimmungslage kontrollieren zu können. Diese Kinder entwickeln deshalb eine geringe Fähigkeit zur Autonomie und Eigenständigkeit und stattdessen ausgeprägte Abhängigkeitsgefühle.

Auch das Selbstwertgefühl dieser Kinder ist niedrig, weil sie sich selbst die Schuld für die Stimmungsschwankungen der Mutter geben. Alle Kinder neigen dazu, den Fehler bei sich zu suchen, wenn die Eltern böse zu ihnen sind, sind doch die Erwachsenen aus ihrer Perspektive »groß« und unfehlbar. Die unsicher-anklammernd gebundenen Kinder fühlen sich verantwortlich für die Launen der Mutter und gewinnen die innere Überzeugung, dass sie einfach nicht gut genug sind. Das sehr ambivalente Verhalten der Mutter wird auf das eigene Versagen zurückgeführt. Die Mutter hingegen stellen sie auf eine Art Podest. Sie ist unangreifbar. Oft wird diese Anbetung noch durch die Mutter oder beide Eltern verstärkt, indem diese dem Kind signalisieren, dass sie unfehlbar sind, das Kind aber noch sehr viel lernen müsse. Hierdurch entwickelt es ein inneres Programm, das mit *Ich bin nicht okay, aber du bist okay* zusammengefasst werden kann. Diese Programmierung wirkt in ihrem Leben als Erwachsene weiter. Auch später sind diese Menschen ständig damit beschäftigt, die Zustimmung und Anerkennung anderer Menschen zu erlangen. Sie sind permanent auf Empfang geschaltet für die unausgesprochenen Erwartungen ihrer Mitmenschen und erfüllen diese in vorauseilendem Gehorsam. Zurückgewiesen oder gar verlassen zu werden ist eine Katastrophe für sie – ist es doch die Bestätigung für ihre tief verwurzelte Überzeugung, nicht gut genug zu sein. Hier sei angemerkt, dass natürlich auch sicher gebundene Menschen nicht frei von Selbstzweifeln sind. Auch sie überlegen sich, wo sie den Ansprüchen ihrer Mitmenschen nicht genügt haben mögen, wenn sie einen Misserfolg erleiden. Auch sicher gebundene Menschen sind natürlich in ihrem Selbstwert kränkbar. Den Unterschied machen eher das Ausmaß und die Intensität der Verzweiflung und der Selbstwertkränkung.

Mama ist so kühl! Die vermeidende Bindung

Menschen, die das vermeidende Bindungsmuster verinnerlicht haben, wurden als Kinder in ihrem Bedürfnis nach Bindung reichlich frustriert. Anstatt anzuklammern, gingen sie ihrer Mutter lieber aus dem Weg. Auch im Leben als Erwachsener fällt es diesen Menschen schwer, sich auf nahe Beziehungen einzulassen.

Ihre Mütter waren kühl und zurückweisend, wenn nicht gar sarkastisch, demütigend oder misshandelnd. Ihre frühe Kindheit ist dominiert von der Erfahrung, zurückgewiesen zu werden. Sie konnten als Babys und Kleinkinder nicht das Gefühl entwickeln, in dieser Welt willkommen zu sein. Und das bestimmt auch ihr späteres Leben. Deswegen entwickeln sie eine massive Angst vor Ablehnung. Sie leiden sowohl unter einem schlechten Selbstwertgefühl als auch unter einem tiefen Misstrauen in zwischenmenschlichen Beziehungen. Ihr inneres Programm lautet: *Ich bin nicht okay, und du bist nicht okay!* Gleichsam arbeitet in ihnen der Wunsch nach Bindung und Nähe. Sie tragen eine unerlöste Sehnsucht nach Angenommensein in sich. Da sie jedoch zutiefst davon überzeugt sind, dass sie früher oder später zurückgewiesen werden, schrecken sie davor zurück, sich wirklich auf vertrauensvolle Beziehungen einzulassen. Sie sind sehr misstrauisch. Vor allem in Liebesbeziehungen führt dies zu einem fortwährenden Annäherungs-Vermeidungs-Konflikt: Sie tänzeln vor und zurück, innerlich zerrissen zwischen ihrer Hoffnung auf ein Happy End und ihrer gleichzeitigen Gewissheit, dass es für *sie* kein Glück gibt. Sie kommen weder mit noch ohne einen Partner gut zurecht.

Der Selbstwert dieser Menschen ist sehr labil, und sie sind leicht kränkbar.

Mama erdrückt mich!

Auch Mütter, die ihr Kind zu viel verzärteln und es zu stark an sich binden, schwächen dessen Selbstwert. Durch die erdrückende Liebe der Mutter wird das Kind zu wenig in seiner Selbstständigkeit gefördert. Die Mütter oder beide Eltern dieser Kinder haben Angst, dass das Kind sich zu weit von ihnen entfernen könnte. Sie brauchen es, um ihr eigenes Bedürfnis nach Nähe zu stillen. Bestrebungen des Kindes nach Selbstständigkeit und Eigenleben werden von der Mutter als persönliche Zurückweisung erlebt. Die Mutter reagiert traurig und enttäuscht, wenn das Kind sich von ihr entfernt. Dies wiederum löst im Kind starke Schuldgefühle aus, und es kommt »freiwillig« zurück. Manche Mütter stellen auch offene Forderungen und sprechen Verbote aus, um das Kind in die exklusive Zweisamkeit zu drängen. Andere agieren mit einer Mischung aus beiden Maßnahmen. So oder so lernt das Kind, dass es sich nicht von seiner Mutter entfernen darf, ohne dass diese mit Enttäuschung oder Ärger reagiert. Das Bedürfnis dieser Kinder nach Autonomie, nach einem eigenständigen Ich, das unabhängig von der Mutter existieren darf, wird stark frustriert. Dies hat zur Folge, dass diese Kinder nur begrenzt lernen, ihre eigenen Bedürfnisse wahrzunehmen und auszudrücken. Sie können sich nicht gegen ihre Mutter behaupten. Die Unterdrückung der eigenen Wünsche in Verbindung mit der geringen Fähigkeit, sich für die eigenen Wünsche und Bedürfnisse einzusetzen, führt zu einem schwachen Selbstbewusstsein.

Mama, du kannst mich mal!

Es gibt aber auch Kinder, die auf die elterlichen Erwartungen und Liebeserpressungen nicht mit Anpassung oder Abstandhalten reagieren, sondern mit Trotz. Sie stemmen sich gegen die elterlichen Forderungen und lösen sich so früh wie möglich ab. Oder sie sind daheim gehorsam, weil die Mutter eindeutig am längeren Hebel sitzt, leben aber außerhalb von zu Hause Trotz und Widerstand in extremem Maße. Ob das Kind sich eher in Richtung Anpassung oder in Richtung Widerstand entwickelt, hängt sowohl vom Temperament des Kindes als auch von der familiären Konstellation ab. Ein Kind, das mit seiner Mutter allein aufwächst, kann es sich – zumindest in jungen Jahren – nicht erlauben, sich gegen seine Mutter zu stellen, weil es dann ja gar keinen mehr hätte. Es ist als Einzelkind einer Alleinerziehenden abhängiger als ein Kind, das in einer Familie mit Geschwistern aufwächst. Bei Geschwisterkindern ist es ja auch nicht selten so, dass das eine Geschwister die Rolle des Angepassten und Braven und das andere die Rolle des Rebellen übernimmt, die Kinder teilen sich also unbewusst die Rollen innerhalb ihrer Familie auf.

Die Kinder, die ihre persönlichen Grenzen durch Auflehnung verteidigen, entwickeln sich später in Richtung der von mir so benannten Zicken. Sie beobachten ihre Mitmenschen immer mit einem gewissen Argwohn und treten recht energisch, teilweise aggressiv auf. Damit verhalten sie sich häufig genauso, wie sie selbst nicht behandelt werden möchten. Das große Problem bei den Zicken ist, dass sie aufgrund ihrer Unterlegenheitsgefühle (die sie sich selbst jedoch nicht unbedingt eingestehen) den anderen als überlegen wahrnehmen und somit leicht geneigt sind, ihm Dominanz und böse Absichten zu unterstellen. Zwar fühlen sich auch die Selbstwertgeschädigten von der Harmoniefraktion vielen ihrer Mitmenschen unterlegen und sind somit ebenfalls gefährdet, ihrem Gegenüber fälschlicherweise Machtbestrebungen zu unterstellen, aber sie leben dies nicht so aggressiv aus und sind aufgrund ihres Harmoniebedürfnisses auch nicht so misstrauisch und argwöhnisch wie die Zicken. Sie neigen sogar eher dazu, tatsächlich vorhandene Konflikte zu verdrängen und zu verharmlosen, um nicht in die Nähe einer Auseinandersetzung zu geraten. Die Zicken hingegen suchen geradezu die Auseinandersetzung.

Mama ist enttäuscht!

Ein Erziehungsstil, der mit großer Wahrscheinlichkeit zu Selbstwertproblemen führt, ist jener, dass die Mutter oder die Eltern enttäuscht reagieren, wenn das Kind ihre Erwartungen nicht erfüllt. Die Mutter signalisiert dem Kind, dass sein Verhalten sie traurig macht. Dies ist für Kinder in der Regel schlimmer, als wenn die Mutter wütend wird, weil eine traurige Mutter im Kind Schuldgefühle hervorruft. Schuldgefühle sind für Kinder schwerer zu ertragen, als ab und zu eine »Abreibung« verpasst zu bekommen, sofern diese nicht allzu drastisch ausfällt. Zudem verbleibt dem Kind bei der wütenden Mutter noch die Möglichkeit, selbst wütend auf die Mutter zu sein und sich somit von ihr abzugrenzen. Ein Kind hingegen, das mit Schuldgefühlen erzogen wird, kann sich nur schwer von seiner Mutter lösen. Es fühlt sich für das Glück seiner Mutter verantwortlich. Zudem fühlen sich diese Kinder eng an ihre Mutter gebunden, weil sie die Mutter als schwach erleben und sie ihnen leidtut. Diese Kinder lernen ein Beziehungsmuster, durch das sie sich extrem verantwortlich für das Wohlbefinden ihrer Mitmenschen fühlen. Sie haben auch als Erwachsene ständig das Gefühl, sich entschuldigen zu müssen, und sie schämen sich schnell für ihr Verhalten. Das Selbstwertgefühl der Betroffenen ist niedrig, weil sie als Kinder zu oft die Botschaft erhalten haben, dass sie enttäuschen oder anders formuliert: dass sie nicht genügen.

Mama ist so ängstlich!

Es gibt aber auch ganz liebe und wohlwollende Eltern, die ihre Kinder erheblich verunsichern, indem sie ein schlechtes Vorbild abgeben. So zum Beispiel eine Mutter, die selbst sehr ängstlich durchs Leben geht. Das Kind kann hier – unbewusst – die Ängste seiner Mutter übernehmen, weil diese ihm – ungewollt – ein schlechtes Vorbild ist. So erlebt das Kind beispielsweise, dass seine Mutter sehr schüchtern und gehemmt in sozialen Kontakten ist. Zudem möchte diese Mutter ihr Kind vielleicht vor Enttäuschungen beschützen und warnt es deshalb davor, anderen Menschen zu sehr zu vertrauen, und rät ihm, vorsichtig zu sein. Hierdurch werden die übertriebenen Ängste der Mutter auf das Kind übertragen. Wenn Sie also über die Ursachen Ihres niedrigen Selbstwertgefühls nachdenken, dann überlegen Sie bitte auch, welches Vorbild Ihnen Ihre engsten Bezugspersonen gegeben haben.

Mama findet mich immer toll!

So wie ein Zuwenig an Lob und Zuwendung Kinder tief verunsichern kann, so kann auch ein Zuviel an elterlicher Anerkennung zu einem fragilen Selbstwertgefühl führen. Eltern, die in der gut gemeinten Absicht, ihr Kind zu einem selbstbewussten Menschen zu erziehen, dieses ständig und auch für vergleichsweise geringe Leistungen loben, können es auch tief verunsichern. Das Kind dieser Eltern ist gefährdet, sich zu wichtig zu nehmen, weil es gewohnt ist, sehr viel Aufmerksamkeit und Anerkennung zu erhalten. Dies kann zu Anpassungsschwierigkeiten in seiner außerfamiliären Umwelt führen. Dort erfährt das Kind andere Maßstäbe und spürt, dass das Lob seiner Eltern übertrieben ist. Es ist verunsichert und weiß nicht, woran es sich orientieren soll. Was ist denn jetzt tatsächlich gut, und was ist schlecht? Das Selbstwertgefühl dieser Menschen pendelt oft zwischen Selbstüberschätzung und Selbstunterschätzung.

Exkurs: Ich bin der Größte! Der Narzisst

Manche Menschen haben sich schon in ihrer Kindheit unbewusst eine Strategie zurechtgelegt, um ihre Selbstzweifel zum Schweigen zu bringen: Sie streben nach Höchstleistung. Unbewusst haben sie in sich ein »Größenselbst« entwickelt, das die Aufgabe hat, das »Kleinselbst« zu unterdrücken. Das Kleinselbst ist ihr niedriges Selbstwertgefühl. Um das niedrige Selbstwertgefühl jedoch möglichst nicht spüren zu müssen, muss das Größenselbst für Perfektion sorgen. Damit soll es dem Kleinselbst beweisen, dass es doch etwas wert ist. Ein Narzisst kennzeichnet sich folglich hinsichtlich seines Selbstwerterlebens durch eine doppelte Buchführung: Im Innersten fühlt er sich wertlos und klein (Kleinselbst). Sein Größenselbst arbeitet jedoch mit aller Kraft dagegen, sodass der Narzisst seine Unsicherheit meist gar nicht spürt.

Um den Kontakt mit dem Kleinselbst zu vermeiden, streben Narzissten danach, etwas Besonderes zu sein. Mittelmaß ist ihnen zuwider. Für Exzellenz sorgt ihr Größenselbst auf zwei Wegen: Zum einen wird dieser Mensch nicht müde, an seinen Fähigkeiten und häufig auch an seiner äußeren Erscheinung bis zur Brillanz zu schleifen. Zum anderen wertet er andere Menschen ab. Genauso wie der Narzisst seine eigenen Schwächen bekämpft, bekämpft er diese auch bei anderen. Er kann weder bei sich noch bei seinen Mitmenschen – geschweige denn bei seinem Partner – Schwächen tolerieren. Die Abwertung, die er im tiefsten Inneren gegen sich selbst verspürt, überträgt er auch auf andere Menschen, vor allem dann, wenn sie ihm nahestehen. So hat beispielsweise der Partner eines Narzissten den Auftrag, den Narzissten aufzuwerten. Der Partner ist der verlängerte Arm seiner Selbstdarstellung. Deswegen darf er den Narzissten auf keinen Fall blamieren. Schwächen seines Partners fallen letztlich auf ihn selbst zurück.

Narzissten verachten Schwäche. Sie macht sie wütend. Das Problem ist, dass Narzissten sowohl ihre eigenen Schwächen als auch jene ihres Partners unter dem Vergrößerungsglas wahrnehmen. Wenn sie in diese Wahrnehmung hineingeraten, verlieren sie jegliches Maß. Da die Schwäche des Partners (oder auch einer anderen wichtigen Bezugsperson) in ihrer lupenhaften Wahrnehmung riesig ist, leiten die Narzissten hieraus innerlich das Recht ab, ihr Gegenüber intensiv zu kritisieren. Das Gegenüber bekommt dann die Wucht der narzisstischen Aggression zu spüren. Diese Aggression resultiert, psychologisch gesehen, aus der zutiefst verächtlichen Haltung, die der Narzisst sich selbst gegenüber einnimmt. Da er seine Autoaggression weitgehend aus seinem Bewusstsein verdrängt, ändert sie die Richtung und zielt auf sein Gegenüber. Ausgeprägte Narzissten können ihre Mitmenschen maßlos beleidigen, wenn sie sich im Wutschub befinden. Die Kränkung, die ihr Gegenüber dann verspürt, ist im Grunde genommen genau jene tiefe Kränkung, die der Narzisst in sich selbst abwehrt. Er fügt also seinem Gegenüber unbewusst jene Schmerzen zu, die er selbst nicht verspüren möchte.

Die abwertende Haltung, die der Narzisst gegenüber seinen Mitmenschen einnimmt, dient aber noch einem weiteren Zweck, nämlich seiner eigenen Aufwertung. Narzissten sind äußerst bestrebt, sich anderen Menschen überlegen zu fühlen. Anerkennung reicht ihnen deshalb nicht, sie sehnen sich nach Bewunderung. Letztlich haben sie Angst vor der vernichtenden Kritik ihres Kleinselbst. Unbewusst richten sie deshalb ihre ganzen Energien darauf aus, ihr Kleinselbst unter Kontrolle zu halten. Aus strategischen Gründen müssen sie sich anderen Menschen überlegen fühlen. Nur in der Überlegenheit fühlt der Narzisst sich wirklich sicher. Hier ist auch der enge Zusammenhang zum Perfektionsstreben zu sehen: Perfektion macht überlegen.

Der Narzisst kämpft gegen sich und andere: Er muss sein Kleinselbst und andere Menschen unterdrücken, damit sie nicht zu groß werden. Fähigkeiten anderer Menschen bedrohen ihn, vor allem dann, wenn sie in seine eigenen Gebiete fallen. Narzissten vergleichen sich ständig und verspüren viel Konkurrenzdruck.

Ausgeprägte Narzissten sind leider ziemlich unangenehme Zeitgenossen. Es ist sehr schwer, mit ihnen auszukommen. Als Partner oder als Vorgesetzte sind sie geradezu unerträglich. Ständig müssen sie ihre Grandiosität und Überlegenheit zur Schau stellen und gleichzeitig ihrem Gegenüber vorführen, wie klein und unterlegen es ist. Nur wenn man sich immer wieder bewusst macht, dass sich hinter dieser allmächtigen Fassade ein kleines, verunsichertes und gedemütigtes Kind versteckt, kann man Verständnis, vielleicht sogar Mitgefühl für Narzissten aufbringen. Im Umgang mit ihnen sollte man sich diese Zusammenhänge immer wieder vor Augen führen und seinen inneren »Aufprallschutz« aktivieren (siehe im Kapitel »Ich will da raus!« unter der Überschrift »Nutzen Sie Ihre Vorstellungskraft«).

In die Krise gerät der Narzisst, wenn sein Größenselbst versagt. Erleidet der Narzisst einen Misserfolg oder eine schwere Niederlage, dann bricht sein Größenselbst zusammen, und sein geknebeltes Kleinselbst kommt endlich zu Wort: »Du bist ein Versager! Ich habe das immer schon gewusst. Haha, da liegst du auf der Schnauze, du Wurm! Hättest mal die Klappe besser nicht so weit aufgerissen, du verdammter Angeber. Ich habe dir immer gesagt, dass du das nie packst. Du bist Dreck, und du bleibst Dreck …« Der Narzisst ist verzweifelt. Seine Angst, total zu versagen, hat ihn eingeholt. Sein ansonsten sorgfältig verdrängtes Kleinselbst schlägt zu. Um sich wieder aufzubauen, greift der Narzisst auf seine altbewährten Strategien zurück: Sein Größenselbst wird wieder mobilisiert, um für neue Erfolge zu sorgen, die die erlebte Niederlage verdrängen.

Die aufmerksamen Leser und Leserinnen werden festgestellt haben, dass in uns allen ein kleiner Narzisst beheimatet ist. Wer freut sich nicht über Anerkennung und Erfolg? Wer ist nicht niedergeschlagen, wenn er einen Misserfolg erlebt? Wer, der noch nicht komplett resigniert hat, versucht nicht, einen Misserfolg durch einen Erfolg wettzumachen? Wer schämt sich nicht ein bisschen für seinen Partner, wenn dieser sich danebenbenimmt oder schlecht angezogen ist? Wer ist nicht bemüht, seine Selbstzweifel in Schach zu halten? Wer hat noch nie taggeträumt, er sei außergewöhnlich schön und/oder hochbegabt? Narzissmus ist eigentlich nur eine Höchstdosis an Selbstaufwertung, die sich ein im Inneren zutiefst verunsicherter Mensch verschafft. In kleineren Dosen wenden wir eigentlich fast alle narzisstische Strategien an, um unseren Selbstwert in der Balance zu halten.

Was die ausgeprägten Narzissten so unsympathisch macht, ist ihre schlechte Angewohnheit, ihre Mitmenschen abzuwerten. Ein mittelgradiger oder kleiner Narzisst hingegen begnügt sich im Wesentlichen mit dem Einheimsen von Erfolg und Anerkennung. Zwar wertet er auch ganz gern seine Mitmenschen ab. Diese Abwertung ist jedoch nicht so drastisch und fundamental wie bei einem ausgeprägten Narzissten. Zudem verspürt der kleine Narzisst nicht ständig den Drang, seine Abwertung laut kundzutun, was den Umgang mit ihm wesentlich angenehmer macht.

Das Problem bei narzisstischen Menschen ist, dass sie mehr mit ihrem Image beschäftigt sind als mit dem, was sie wirklich sind und wollen. Ihre Außendarstellung nimmt diesen hohen Stellenwert in ihrem Leben ein, weil ihr persönlicher Wert sehr stark von der Bewertung anderer Menschen abhängt.

Ausgeprägte Narzissten sind, falls ihre psychische Abwehr zusammenbricht, besonders selbstmordgefährdet. Sie sind aufgrund ihres Ehrgeizes im Leben häufig sehr erfolgreich. Liest man in der Zeitung, dass ein Wirtschaftsboss, der in einen Skandal verwickelt ist, oder eine Schauspielerin, die mit dem Altern nicht klarkommt, Selbstmord begangen hat, dann sind narzisstische Strukturen oft die Ursache. Naturgemäß kränkt ein Misserfolg den narzisstischen Menschen zutiefst in seinen Grundfesten.

Streng genommen haben Menschen mit einem geringen Selbstwertgefühl immer auch narzisstische Tendenzen. Dies liegt in dem Umstand begründet, dass sie aufgrund ihrer Ängste zu viel um sich selbst kreisen. Sie versuchen ihre Ängste mit tendenziell narzisstischen Strategien in Schach zu halten. Wie ich bereits erwähnt habe, sind die meisten Menschen bemüht, sich in ihrer Außendarstellung aufzuwerten und ihre Fehler und Schwächen nicht zu zeigen. Die ständige Sorge um sich selbst und die damit einhergehende Bestrebung sich zu schützen ist im Kern narzisstisch.

Wie man sich von seinen narzisstischen Strukturen distanzieren kann, beschreibe ich im Kapitel »Ich will da raus!« unter der Überschrift »Was tun, wenn ich ein Narzisst bin?«. Davon abgesehen dürften sowohl den »kleinen« wie auch den »großen« Narzissten all jene Strategien helfen, die ich im Kapitel »Ich will da raus!« vorstellen werde.

Mama und Papa, ich brauche euch so sehr!

Kinder sind von ihren Eltern existenziell abhängig. In den ersten Lebensjahren bestimmen die Eltern über Leben und Tod des Kindes. Die Eltern haben alle Macht, und das Baby ist ihnen komplett ausgeliefert. Aber auch das vierjährige oder zehnjährige Kind hat noch ein großes Schutzbedürfnis. Die Bindung zu den Eltern ist überlebenswichtig, das fühlt das Kind unbewusst: Wenn meine Eltern nicht gut sind und mich nicht beschützen, wer dann? Dann wäre ich doch der einsamste Mensch der Welt.

Kinder sind psychisch darauf angewiesen, ihre Eltern als gut und richtig zu empfinden. Insbesondere dann, wenn sie keine anderen Menschen haben, zum Beispiel liebevolle Großeltern, auf die sie mit ihrem Bindungsbedürfnis ausweichen können. Deswegen neigen Kinder dazu, auch schlechte Eltern zu idealisieren und sich dann selbst die Schuld für das Geschehen zu geben. Diese Idealisierung erhält ihnen innerlich die lebensnotwendige Elternbindung. Wenn das Kind nämlich das Unrecht, das seine Eltern ihm zufügen, erkennen würde, dann müsste es eine geradezu überwältigende Wut auf sie verspüren. Diese Wut wäre zerstörerisch, würde das Kind von seinen Eltern trennen und die Bindung lösen. Diese Vorstellung erzeugt jedoch eine abgrundtiefe Existenzangst und massive Schuldgefühle im Kind. Kinder brauchen Bindungen, um psychisch zu überleben. Also richten sie die Wut gegen sich selbst oder auch auf andere Kinder, aber nicht, auch nicht ansatzweise, auf ihre Eltern.

Menschen, die von ihren Eltern auf einer sehr tiefen Ebene gekränkt und gedemütigt worden sind, empfinden, wie bereits erwähnt, häufig Selbsthass. Sie haben die Abwertung ihrer Eltern in ihr Selbstbild integriert. Um diesen Selbsthass aufzulösen, müssten sie erkennen, dass ihre Eltern ihnen tiefes Unrecht zugefügt haben. Diese Erkenntnis ist jedoch bedrohlich, weil sie eine Abkehr von den eigenen Eltern zur Folge hätte. Also halten sie lieber an ihrem Selbsthass fest, um die Beziehung zu ihren Eltern zu schützen. Sie geben ihren Eltern also recht und nehmen die Schuld auf sich, nach dem Motto: Mein Vater hat mich zwar windelweich geprügelt, aber schließlich hatte ich es ja auch oft genug verdient! Hierdurch vermeiden sie, dass sich die Wut, die sie gegen sich selbst verspüren, auf ihre Eltern richtet. Der Preis für den Erhalt der Elternbeziehung ist jedoch enorm hoch: lebenslanger Selbsthass mit all seinen selbstzerstörerischen Folgen.

Hinzu kommt, dass die wenigsten Eltern *nur* schlecht sind. Man hat ihnen ja auch Gutes zu verdanken. Immerhin haben sie einen großgezogen. Auch wenn sie sehr streng waren, so wollten sie doch nur mein Bestes! Das Empfinden einer gewissen Dankbarkeit macht es den Betroffenen zusätzlich schwer, sich einzugestehen, was ihre Eltern tatsächlich auch in ihnen angerichtet haben.

Die Loslösung von den Eltern wird häufig auch durch die unerschütterliche Hoffnung der Betroffenen verhindert, dass doch noch einmal alles gut wird. Sie werden nicht müde, um die Liebe und Anerkennung ihrer Eltern zu kämpfen. So wie der 60-jährige Manager, der immer noch darauf wartet, von seiner 85-jährigen Mutter endlich ein Wort der Anerkennung zu erfahren.

Diese verzerrte Wahrnehmung der eigenen Eltern rastet vor allem dann ein, wenn die Beziehungen zu beiden Elternteilen sehr frustrierend sind. Ist nur die Beziehung zu einem Elternteil sehr belastet, so verbleibt dem Kind ja noch der andere, gute Elternteil, an den es sich enger binden kann. Dies gibt dem Kind eine gewisse Sicherheit, und somit kann es sich dann erlauben, den anderen Elternteil – zumindest innerlich – abzulehnen. Wenn das Kind zum Beispiel eine liebevolle Mutter hat, den Vater hingegen als sehr bedrohlich erlebt, so hat es durch seine Mutter eine sichere Basis, von der aus es sich von seinem Vater distanzieren kann. Ein Kind eines alleinerziehenden Elternteils hat diese Ausweichmöglichkeit nicht, es sei denn, es sind noch andere nahe Bezugspersonen vorhanden.

Menschen, die auf einer tiefen, selbstzerstörerischen Ebene in ihrem Selbstwert gekränkt sind, sind manchmal aber auch noch aus einem Motiv der Rache an ihre Eltern gebunden (auch wenn diese schon verstorben sind). Unbewusst agieren sie ihre Wut auf ihre Eltern aus, indem sie den lebenslangen Beweis dafür antreten, dass sie, die Eltern, versagt haben. Sie gestalten ihr Leben unglücklich und erfolglos, um es ihren Eltern (unbewusst) heimzuzahlen. Hierdurch demonstrieren sie ihnen ihr Erziehungsversagen. Diese sollen keinerlei Anlass haben, ihre Erziehungsmaßnahmen zu rechtfertigen, indem das Kind erfolgreich wird. Aufgrund des Selbsthasses, den die Betroffenen in sich verspüren, erfüllt ihr Selbstboykott jedoch noch einen weiteren Zweck, nämlich jenen der Selbstbestrafung.

Sind die Kindheitserfahrungen wirklich so prägend?

In den Gesprächen mit meinen Klienten stelle ich immer wieder fest, dass viele sich mit der Vorstellung schwertun, dass die Kindheitserfahrungen tatsächlich einen so weitreichenden Einfluss auf das spätere Leben haben sollen. Sie möchten mit ihrer Kindheit abschließen und nicht ihre Eltern für ihre Probleme verantwortlich machen. Sie sagen: »Ich bin doch jetzt erwachsen und kann meine eigenen Entscheidungen treffen!« Das ist zwar völlig richtig, aber unsere Kindheitserfahrungen beeinflussen ganz wesentlich, welche Entscheidungen wir treffen und wie wir denken und fühlen. Die Kindheitserfahrungen sind so prägend, weil sie die ersten Lernerfahrungen sind, die wir machen, während sich unser Gehirn noch entwickelt. Sie prägen sich tief in unsere Hirnstruktur ein. So hat man zum Beispiel in wissenschaftlichen Studien festgestellt, dass Babys, die eine wenig einfühlsame Mutter haben, weniger Spiegelneuronen ausbilden als Kinder mit einer einfühlsamen Mutter. Die Spiegelneuronen sind entscheidend für die Fähigkeit, sich in einen anderen Menschen einzufühlen. Je mehr Spiegelneuronen ein Mensch hat, desto einfühlsamer kann er sich verhalten. Menschen, die also verhältnismäßig wenige Spiegelneuronen ausgebildet haben, fällt es schwer, sich in andere einzufühlen, und somit fällt es ihnen auch schwer, ihr Gegenüber richtig einzuschätzen. Dieser Mangel an natürlichem Einfühlungsvermögen kann in späteren Jahren eigentlich nur durch den Verstand kompensiert werden. Das heißt, die Betroffenen müssen ihr mangelndes Einfühlungsvermögen durch ein kopfgesteuertes Verstehen der Situation ausgleichen, weil ihnen schlichtweg die Gehirnstruktur, also die Spiegelneuronen, für ein einfühlendes Verstehen fehlt. Die frühen Lernerfahrungen prägen also unsere Gehirnstruktur und somit unsere psychische Hard- und Software.

Ihre Eltern hatten es selbst nicht leicht!

Es ist mir ein Anliegen, an dieser Stelle zu sagen, dass »schwierige« Eltern eigentlich auch immer selbst in sehr problematischen Verhältnissen groß geworden sind. Die wenigsten Eltern machen aus Bösartigkeit Fehler, sondern meist sind Überforderung und Unwissenheit die Ursache. Um ein besseres Verständnis für die eigenen kindlichen Prägungen zu entwickeln, ist es wichtig, die Rolle seiner Eltern zu beleuchten. Ich finde es aber auch wichtig, dass man bemüht ist, Kindheitsprägungen der Eltern zu beachten, um für deren Schwächen ein wenig Verständnis aufzubringen. Ich möchte hier erwähnen, dass die persönliche Reflexion, also die Selbsterkenntnis seiner Schwächen und Stärken mir deshalb – in all meinen Büchern – so wichtig ist, weil ich der tiefen Überzeugung bin, dass in erster Linie diese zum richtigen Handeln führen kann. Nur durch eine ehrliche Auseinandersetzung mit mir selbst kann ich mich verstehen lernen. Erst im Anschluss daran kann ich Verständnis für andere entwickeln – also auch für das Verhalten meiner Eltern.

Biografisches Selbstbewusstsein

Neben dem Erziehungsstil prägen auch das Umfeld und der Lebensstil, in dem wir aufwachsen, unser Selbstbewusstsein. Diesen Einfluss bezeichne ich als das »biografische Selbstbewusstsein«. Häufig sind hier eher spezielle Teilbereiche unseres Selbstwertgefühls betroffen. Wenn ein Mensch beispielsweise in eine Handwerkerfamilie hineingeboren wird, dann bekommt er in der Regel die innere Überzeugung in die Wiege gelegt, dass auch er über ein handwerkliches Talent verfügt. Er kann sich in Sachen Handwerk mit seiner Familie identifizieren. Schwieriger wird es, wenn bislang keiner in der Familie Abitur gemacht hat, er aber das Gymnasium besucht. Er wird mehr Selbstzweifel an seinen intellektuellen Fähigkeiten aufweisen als sein Mitschüler, dessen Eltern Akademiker sind.

Für das biografische Selbstbewusstsein kann es ausreichen, wenn auch nur *ein* Verwandter bestimmte Fähigkeiten aufweist oder einen gewissen Lebensstil führt, an dem man sich orientiert. So gibt es Menschen, die sich hinsichtlich ihres Werdegangs zum Beispiel nicht mit ihren Eltern, sondern mit einem Onkel oder einer Tante in ihrer Familie identifiziert haben.

Die Identifikation mit der eigenen Herkunftsfamilie, die normalerweise ganz unbewusst vollzogen wird, hat zumeist einen großen Einfluss auf unsere persönliche Selbsteinschätzung. Sie beeinflusst, was wir uns zutrauen. Diesen Einfluss sollte man sich bewusst machen, wenn man sich mit seinem Selbstwertgefühl auseinandersetzt. Denn je mehr Zutrauen wir in uns haben, desto leichter lernen wir, weil Selbstzweifel nicht unser Lernen blockieren. Es ist in der Tat schwieriger, ein Instrument zu erlernen, wenn sonst keiner in der Familie ein musikalisches Talent aufweist. Es fehlt das Vorbild, das einem Selbstvertrauen einflößt. Hinzu kommt, dass die Eltern auch häufig nicht die Fähigkeiten in ihren Kindern fördern, die sie selbst nicht aufweisen. Zum einen, weil sie diese Fähigkeiten, wie zum Beispiel ein künstlerisches Talent, gar nicht vermuten würden, und zum anderen denken: Wo soll er oder sie das denn herhaben?

Menschen, die in positiver Richtung eine Entwicklung nehmen, die sich stark von ihrem Elternhaus abhebt, benötigen in der Regel sehr viel mehr Erfolgserlebnisse, um an ihre Fähigkeiten zu glauben, als Menschen, denen diese Entwicklung durch ihr Elternhaus bereits vorgezeichnet war.

Andere Einflüsse und Ursachen für ein niedriges Selbstwertgefühl

Sie werden sich jetzt vielleicht auch fragen, ob denn alle Einflüsse in der Kindheit auf den Erziehungsstil der Eltern zurückzuführen sind und nicht auch andere Ursachen, die mit der Familie gar nichts zu tun haben, für die Ausbildung eines geringen Selbstwertgefühls verantwortlich sein können. Natürlich ist es so, dass sehr viele Entwicklungseinflüsse eine Rolle spielen, wie die genetischen Anlagen, der Einfluss von Mitmenschen und Lehrern, die Umgebung, in der man aufwächst und so weiter. Es ist jedoch so, dass die Eltern einen wesentlichen Anteil haben. Ein Kind zum Beispiel, das in der Schule gehänselt wird, wird in einem guten Elternhaus ganz anders aufgefangen und beraten als ein Kind, das wenig verständnisvolle Eltern hat. Das Hänseln also, als ein negativer Einfluss, der nicht durch die Eltern, sondern durch Mitschüler verursacht wurde, kann durch verständnisvolle Eltern erheblich gemildert werden.

Umgekehrt kann man sagen, dass andere Entwicklungseinflüsse als der elterliche Erziehungsstil im positiven Sinne das elterliche Verhalten kompensieren können. So gibt es nicht wenige Menschen, für die nicht die Eltern, sondern zum Beispiel die Großmutter der Wärmespender in der Kindheit war und vieles, was die überforderte Mutter nicht leisten konnte, durch ihre liebevolle Zuwendung abgefedert wurde. Auch der Zuspruch von Gleichaltrigen, Lehrern oder anderen Bezugspersonen kann hier viel Gutes bewirken. In diesem Zusammenhang kommt es besonders auf das angeborene Naturell des Kindes an. Hier haben extravertierte Kinder eindeutig die besseren Karten, weil sie sich aktiver Hilfe suchen und ihr Herz eher auf der Zunge tragen als Introvertierte, sprich: Sie suchen sich eine Vertrauensperson und reden mit dieser über ihre häuslichen Probleme. Introvertierte Kinder neigen hingegen dazu, ihre Probleme für sich zu behalten. Reden und aktives Hilfesuchen ist aber in jedem Fall die bessere Problembewältigungsstrategie als Grübeln und Schweigen.

Insgesamt kann man jedoch sagen, dass liebevolle Eltern quasi wie ein Schutzmantel sind, den man sein Leben lang behält. Entsprechend sind schwierige Elternbeziehungen leider eine Hypothek, die ein Leben lang auf einem lasten kann, sofern man sich nicht mit ihr auseinandersetzt.

Allerdings können auch Erfahrungen im Erwachsenenalter das Selbstwertgefühl eines Menschen noch stark labilisieren. So kann eine Extrembelastung, wie zum Beispiel ein Berufsunfall mit Todesnähe, das Selbstwertgefühl eines Menschen sehr beschädigen, dies belegt die Forschung zur Posttraumatischen Belastungsstörung, PB. Die PB ist eine lang anhaltende psychische Reaktion auf ein schwer belastendes Erlebnis. Die Betroffenen leiden unter anderem unter Ängsten, Depressionen und einer erhöhten Reizbarkeit. Traumatische Erfahrungen haben, auch wenn sie dem Menschen erst im Erwachsenenalter widerfahren, häufig einen sehr negativen Effekt auf dessen Selbstwertgefühl, da sie in dem Betroffenen die Erfahrung hinterlassen, tief verwundbar zu sein. Zudem ist bei Traumatisierten das Vertrauen, dass diese Welt ein sicherer Aufenthaltsort ist, zutiefst erschüttert.

Das innere Kind

Die Summe der Kindheitserfahrungen und unsere angeborenen Eigenschaften bilden unseren Wesenskern, und dieser ist durch das »innere Kind« in uns bestimmt. Wenn ich von dem »inneren Kind« spreche, dann ist dies eine Metapher, die in der Psychologie gern verwendet wird. Am besten stellen Sie es sich tatsächlich wie ein Kind vor. Man könnte auch von seinem gefühlten Alter sprechen. Die meisten Menschen können, wenn sie in sich hineinspüren, ihrem Wesenskern ein Alter zuordnen, und wenn sie ehrlich zu sich sind, dann liegt dieses irgendwo zwischen drei und sechs Jahren. Mein inneres Kind ist beispielsweise vier Jahre alt. Dieses innere Kind ist wie eine Art Selbstgefühl, es ist also ein Grundlebensgefühl, auf dessen Frequenz wir, mit Ausschlägen nach oben und nach unten, schwingen. Mein inneres Kind ist zum Beispiel fröhlich, voller Tatendrang und sehr gesellig. Traurig ist es eigentlich nur dann, wenn es einen konkreten Anlass hierfür hat. Es hat Vertrauen in sich selbst und in andere. Allerdings ist es nicht gern allein, und es hat Angst davor, dass es selbst oder ein geliebter Mensch stirbt. Die grundsätzlich positive und optimistische Grundstimmung, die ich in mir trage, kommt von meiner glücklichen Kindheit und von meinem angeborenen Naturell. So bin ich genetisch bedingt extravertiert, was meine Geselligkeit, Risikobereitschaft, meinen Tatendrang und auch meine gute Laune mitbestimmt. Die glückliche Kindheit hat mir zu einem sicheren Bindungsstil verholfen, also denke ich grundsätzlich: Ich bin okay, du bist okay.

Ein Mensch nun, der eine schwierige Kindheit hatte und möglicherweise zudem mit einer genetischen Disposition zu Grübelei und Ängstlichkeit ausgestattet ist, wird ein inneres Kind in sich beheimaten, das sich unsicher in der Welt fühlt, weil es ständig mit Ablehnung rechnet. Die Grundstimmung dieses Kindes ist eher gedrückt, und es ist leicht zu kränken. Es geht nur zögerlich auf andere zu und traut sich nicht, sich selbst zu behaupten. Als Erwachsener wird dieser Mensch immer wieder in Situationen geraten, in denen er, beziehungsweise sein inneres Kind, sich fühlt wie damals: klein, unbedeutend und abgewiesen.

Es ist sehr wichtig, diesen inneren Anteil, also das innere Kind in uns, zu erkennen und ihn von jenem inneren Anteil zu unterscheiden, der erwachsen ist und der als der »innere Erwachsene« bezeichnet wird. Wie man das macht, darauf werde ich im nächsten Abschnitt zu sprechen kommen.

Ich will da raus!

Warum hilft Psychotherapie? In der Psychotherapie geht es darum, das individuelle Programm eines Menschen gemeinsam mit diesem zu erkennen, um dann wiederum gemeinsam mit dem Klienten die Schwächen dieses Programms durch eine Korrektur zu beheben oder zumindest zu verringern. Diese Korrektur ist in der Regel durch eine Mischung verschiedener Maßnahmen möglich: einer veränderten Selbst- und Fremdwahrnehmung, damit einhergehend veränderter Gefühle und Denkweisen und hieraus resultierend neuer Entscheidungen. Diese Lernschritte – von der Selbsterkenntnis angefangen – versuche ich auch mit den Lesern und Leserinnen dieses Buches zu vollziehen.

In den folgenden Kapiteln werden Sie viel über sich erfahren – und die Gelegenheit haben, Ihre Selbstwahrnehmung zu verändern. Zusätzlich biete ich Ihnen häufig kleine Übungen an. Wenn Sie sich die Zeit nehmen, sie ernsthaft zu machen, dann werden Sie nach einiger Zeit eine Veränderung spüren. Aber nicht nur Ihre Selbstwahrnehmung, sondern auch die Wahrnehmung Ihrer Mitmenschen und des Miteinanders dürfte sich beim Weiterlesen verändern. Durch die veränderte Selbst- und Fremdwahrnehmung können sich bei Ihnen andere Gefühle und Denkweisen einstellen, die Ihnen letztlich neue Entscheidungen ermöglichen. Unsere Wahrnehmung, unser Fühlen, unser Denken und daraus resultierend: Unsere Handlungen bedingen sich wechselseitig. Je besser wir diese Zusammenhänge in uns durchschauen, desto leichter können wir sie beeinflussen und somit zu einem stärkeren Selbstwertgefühl gelangen.

So werde ich selbstbewusster

Auf den folgenden Seiten möchte ich Ihnen konkrete Hilfestellungen geben, wie Sie Ihr Selbstwertgefühl stärken können. Diese Hilfen setzen auf vier unterschiedlichen Ebenen an. Auf jeder einzelnen Ebene geht es darum, 1. sich selbst zu erkennen, 2. sich selbst anzunehmen, 3. handlungsfähiger zu werden, 4. besser mit seinen Emotionen umzugehen.

Zuerst werde ich auf die Ebene der *Selbstannahme* zu sprechen kommen. Hier möchte ich Ihnen zeigen, wie Sie Freundschaft mit sich selbst schließen können. Oder mit anderen Worten ausgedrückt: wie Sie in sich selbst Heimat finden.

Auf der zweiten Ebene gehe ich auf das Thema *Kommunikation* ein. Hier möchte ich Ihnen helfen, sich angemessen gegenüber anderen Menschen zu behaupten. Gleichzeitig möchte ich Sie aber auch auf mögliche blinde Flecken in Ihrer Kommunikation aufmerksam machen, damit Sie auch ein besseres Gespür für Ihre eigenen Anteile entwickeln, die Ihnen so manche zwischenmenschliche Beziehung erschweren.

Auf der dritten Ebene geht es um das *Handeln*. Hier möchte ich Ihnen helfen, Ihr Leben noch aktiver und eigenverantwortlicher zu gestalten.

Auf der vierten Ebene geht es schließlich um das *Fühlen*. Hier möchte ich erklären, wie Sie Ihre Emotionen noch besser verstehen und regulieren können.

Bei den Hilfestellungen werde ich auch immer wieder auf die körperliche Ebene eingehen, sei es auf die Atmung, die Körperhaltung oder die körperliche Wahrnehmung von Gefühlszuständen.

Zwischen der Psyche und dem Körper bestehen sehr enge Zusammenhänge. Wenn wir zum Beispiel im Zustand der Angst wie gelähmt sind, dann hat dies eine enorme Auswirkung auf unser Denken. Spätestens, wenn wir uns wie gelähmt fühlen, denken wir: »Jetzt geht gar nix mehr!« Andererseits gehen diesen starken körperlichen Empfindungen Gedanken voraus, die uns eben in jenen körperlichen Zustand hineinführen. Zum Beispiel können wir denken: »Mein Chef wird mich gleich zur Schnecke machen!« Und schwupp, fängt das Herz an zu rasen.

Wenn ein Mensch unter chronischem Stress leidet, kommt sein seelisches und körperliches Gleichgewicht aus dem Lot. Das dauergestresste Gehirn tickt anders. Menschen, die unter andauerndem Stress leben, weisen eine erhöhte Bereitschaft zur chronischen Ausschüttung von Stresshormonen wie zum Beispiel Cortisol auf. Normalerweise helfen uns Stresshormone, besser mit Herausforderungen fertigzuwerden, indem sie den Körper in die Lage versetzen, kurzfristig aktiv zu werden. Weil der Dauergestresste aber immer unter Strom steht, springt gerade dann, wenn er ihn braucht, der »Notfallschalter« nicht richtig an, weil er quasi immer aktiv ist. Die Daueranspannung sorgt also dafür, dass man Stress noch weniger ertragen kann als andere. Durch die andauernde Aktivierung von Stresshormonen erlebt der Betroffene quasi alles als Stress – ein Teufelskreis, der bewirkt, dass der Körper unter einer ständigen Anspannung bleibt. Der Betroffene ist hoch aktiviert und zappelig, kommt nicht zur Ruhe und fühlt sich permanent getrieben, etwas zu tun – bis irgendwann vielleicht gar nichts mehr geht. Das Zusammen- und Wechselspiel von Fühlen, Denken und körperlicher Reaktion ist also eng miteinander verflochten. Hierbei hat man in vielen psychologischen Studien nachgewiesen, dass man psychische Veränderungen auch über körperliche Veränderungen erreichen kann, sei es über die Körperhaltung, die Atmung oder auch einfach durch Sport. Allein durch eine bewusste Atmung können wir beispielsweise lernen, uns selbst zu beruhigen.

Im Zusammenhang der Körper-Seele-Reaktionen ist es allerdings wichtig zu wissen, dass der Körper langsamer lernt als der Verstand. Nehmen wir das Beispiel mit den Stresshormonen: Wenn der Betroffene beschließt, sein Leben ruhiger anzugehen, und lernt, sich zu entspannen, dann dauert es rein körperlich etwa sechs Wochen, bis der Körper verstanden hat: Hier hat sich etwas geändert. Das zu wissen kann uns bei Veränderungsprozessen helfen, weil unser Körper uns hier auch manchmal foppen kann.

Eine Klientin von mir, die lange unter Angstattacken litt, hatte gut gelernt, diese zu beherrschen. Allerdings kam es noch längere Zeit zu körperlichen Reaktionen wie zum Beispiel Herzrasen. In diesen Momenten beruhigte sie sich mit dem Gedanken, dass ihr Körper noch etwas Zeit braucht, um zu verstehen, dass keine Angst mehr da ist. Hierdurch unterbrach sie den Teufelskreis von körperlicher Reaktion, also Herzklopfen, und dem darauf folgenden Gedanken »Ich habe Angst«.

Wenn Sie sich auf den Weg der Veränderung begeben, ist es wichtig, dass Sie viel Geduld, Verständnis und auch Mitgefühl für sich selbst aufbringen. Wie ich bereits erwähnt habe, ist der Selbstwert das Epizentrum der Psyche. Er sitzt also auf einer sehr tiefen Ebene und ist nicht mit schnellen und oberflächlichen Maßnahmen, wie dreimal täglich »Tschaka, Tschaka« rufen, zu beeindrucken. Dieser Prozess erfordert Ausdauer. Es ist jedoch möglich, sein Selbst zu stärken. Es lohnt sich!

Selbstannahme

Eingangs habe ich bereits erwähnt, dass der wesentliche Unterschied zwischen Menschen mit einem geringen und einem hohen Selbstwertgefühl darin besteht, dass letztere sich *mit* ihren Schwächen akzeptieren, während erstere einem unerreichbaren Idealbild hinterherlaufen. Hierbei vergleichen sie ihr Ideal-Selbst mit dem, was sie als ihr Realselbst empfinden, und fühlen sich mies, weil sie die Soll-Vorgabe nicht erfüllen. Viele Selbstunsichere meinen, sie müssten schöner, intelligenter, schlagfertiger und in vielerlei Hinsicht kompetenter sein. Aber darum geht es nicht – oder wenigstens nur bedingt. Wichtiger, als schöner und fähiger zu werden, ist, sich selbst anzunehmen, und zwar *mit* seinen Problemen und Schwächen. Was Selbstunsichere in der Regel am meisten an sich ablehnen, ist, *dass sie selbstunsicher sind.* Ich habe in meinen psychotherapeutischen Gesprächen schon oft festgestellt, dass das Akzeptieren der eigenen Unsicherheit ein wichtiger Schritt für die Selbstheilung ist.

Akzeptieren Sie Ihre Unsicherheit!

Die Botschaft lautet also: Akzeptieren Sie Ihre Unsicherheit! Sagen Sie sich: »Ja, so ist es!« Hören Sie also bitte auf, gegen sich selbst zu kämpfen. *Sie dürfen ruhig unsicher sein.* Es ist nicht schlimm, unsicher zu sein. Ein unsicheres Auftreten hat auch einen gewissen Charme. Wahrscheinlich haben Sie beziehungsweise das innere Kind in Ihnen auch genügend frustrierende Erlebnisse in der eigenen Kindheit gesammelt, um heute so verunsichert zu sein. Haben Sie bitte Verständnis für sich.

Es ist nicht schlimm, unsicher zu sein, sondern sich selbst etwas vorzumachen und hierdurch, sei es bewusst oder unbewusst, sich selbst und anderen zu schaden. Schlimm ist, wenn man seine Unsicherheit mit den falschen Methoden bekämpft, indem man beispielsweise andere abwertet, nur um sich besser zu fühlen, oder wenn man sich aus lauter Angst, Fehler zu machen, gar nicht erst auf den Weg begibt.

Wie ich immer wieder erwähne, sind unsere Empfindungen körperlich spürbar, auch wenn uns das meistens nicht bewusst ist. Diese körperlichen Empfindungen sind sehr mächtig. Sie steuern uns und bestimmen unseren inneren Zustand. Die meisten Leser und Leserinnen kennen dies wahrscheinlich sehr gut: Wenn sie in den

Zustand der Unsicherheit geraten, dann fühlen sie dies auch körperlich. Schwitzen, Herzklopfen, Händezittern sind nur einige der typischen körperlichen Symptome, die uns wissen lassen, dass wir gerade Angst haben.

Deshalb möchte ich Sie an dieser Stelle zu einer kleinen Übung ermuntern: Schließen Sie die Augen und richten Sie Ihre Wahrnehmung auf Ihre Körpermitte, also den Brust-Bauch-Raum. Nehmen Sie Ihre Atmung wahr – ohne sie korrigieren zu wollen. Einfach nur wahrnehmen, wie tief Ihr Atem geht. Stockt er irgendwo? Im nächsten Schritt versuchen Sie, Ihre Unsicherheit zu spüren. Sie können hierfür an eine konkrete Situation denken, in der Sie sich unsicher fühlen. Wie empfindet dies Ihr Körper? Gemeint ist jetzt eine Empfindungsebene, die sich in solchen Worten beschreiben ließe: Es kribbelt in der Magengegend; in der Brust wird es eng; mein Herz klopft; es zieht sich alles zusammen und Ähnliches. Verweilen Sie hier etwas. Und dann sagen Sie sich innerlich: Ja, so ist es. Das gehört zu mir. Versuchen Sie diese Sätze in Ihrer Körpermitte zu spüren. Atmen Sie tief ein und aus und spüren Sie, wie entspannend es ist, einfach zu sagen: »Ja, so ist es!«.

Bei vielen Klienten, mit denen ich diese Übung mache, kommen während des inneren Fokussierens weitere Selbstzweifel auf wie: »Ich kann nichts«, »Ich bin einfach nicht gut genug«, »Ich bin nichts wert« und so weiter. Dann bitte ich meine Klienten, diese inneren Stimmen freundlich zu begrüßen mit: »Ja genau, das ist das, was du über dich denkst. Es ist deine Unsicherheit. Es ist deine Unsicherheit, die dich zu einer falschen Selbsteinschätzung bringt. Das ist deine Unsicherheit. So redet sie, so fühlt sie sich an.«

Sie brauchen diese Formulierungen nicht wörtlich zu übernehmen, es geht darum, dass Sie das Prinzip verstehen: nämlich mit Ihrer Unsicherheit innerlich in Kontakt zu treten und sie anzunehmen.

Im Alltag sollten Sie versuchen, Ihr Handeln an den Fragen »Was ist sinnvoll?« und »Was ist anständig?« auszurichten und nicht daran, wie Sie sich am besten vor Verletzungen schützen können. Es geht darum, dass Sie Ihren Blick von sich selbst wegwenden und auf die Sache beziehungsweise auf Ihr Gegenüber richten – einerseits. Andererseits geht es darum, dass Sie sich selbst gegenüber ehrlich sind. Dies betrifft Ihre Schwächen und Ihre Stärken. Es ist nicht schlimm, neidisch zu sein – das passiert jedem. Mir auch. Schlimm ist, wenn ich mir diesen Neid nicht eingestehe und ihn unreflektiert auslebe und hierdurch bewusst oder unbewusst anderen schade. Also seien Sie im ersten Schritt aufmerksam für sich selbst, Ihre Gedanken und Gefühle. Im zweiten Schritt denken Sie darüber nach, wie Sie richtig im Sinne der Sache und der Gemeinschaft handeln. Dieses Fokussieren auf höhere Werte statt auf den Selbstschutz ist sehr befreiend und stärkt den Selbstwert auf eine gesunde Weise. Ich werde hierauf in den folgenden Abschnitten noch konkreter eingehen. Zunächst einmal sollte Ihnen lediglich die Richtung klar sein.

Atmen gegen die Angst

Die westliche Kultur unterscheidet zwischen Körper und Psyche und meint mit Psychosomatik, dass ein psychischer Zustand sich körperlich äußert, zum Beispiel kann die Einladung vom Chef Magenschmerzen bereiten. In anderen Kulturen macht man keinen Unterschied zwischen körperlichen und psychischen Beschwerden. So sagt meine kurdische Klientin, dass ihr Herz brennt, wenn sie Liebeskummer hat. Tatsächlich zeigen neuere Forschungen, dass sowohl körperlicher als auch seelischer Schmerz im Schmerzzentrum des Gehirns Aktivität hervorruft. Somit unterscheidet auch unser Gehirn nicht wirklich zwischen körperlichen und seelischen Schmerzen, und wir wissen heute, dass Menschen tatsächlich an gebrochenem Herzen sterben können, und zwar im wahrsten Sinne des Wortes. Aus unseren Alltagserfahrungen wissen wir, dass uns körperliches Unwohlsein auch psychisch stark belasten kann. Wer will schon tanzen, wenn der Zahnschmerz pocht?

Bestimmte Gefühle schließen einander eben aus. So können wir auch nicht gleichzeitig ängstlich und entspannt sein: Zusammen geht das nicht. Eine ängstliche Grundhaltung verspannt die Nackenmuskulatur, was zu Spannungskopfschmerz führt. Ist der Nacken hingegen entspannt, kann kein Spannungskopfschmerz entstehen. Deswegen kann es uns gelingen, über Körperübungen auch unser seelisches Wohlbefinden deutlich positiv zu beeinflussen. Wer kennt nicht das angenehme Gefühl, nach ausreichend Bewegung völlig ausgepowert, aber glücklich zu sein? Es gibt viele Möglichkeiten, über körperliche Übungen die Psyche positiv zu beeinflussen. Besonders effektiv ist die Arbeit mit der Atmung.

Ich denke an eine Klientin mit Panikattacken, die mir sagte:

»Mithilfe der richtigen Atemtechnik und der positiven Anregungen der Psychotherapie habe ich meine Panikattacken wegbekommen.« Was war geschehen? Immer, wenn die Klientin Angst bekam, begann sie flach zu atmen, nur mit der oberen Brust. Das ist grundsätzlich ein kluger Reflex des Körpers, weil eine oberflächliche Atmung uns hilft, unangenehme Gefühle nicht so intensiv wahrzunehmen. Ich empfehle daher beim Zahnarzt: Bitte nicht tief durchatmen, wenn die Wurzelbehandlung läuft. Ist die Angst jedoch groß, dann neigen wir nicht nur zu oberflächlicher Atmung, sondern auch dazu, schnell ein- und auszuatmen. Es wird weniger Sauerstoff verbraucht, wenn wir hecheln. Im Blut beginnt es zu sprudeln, die Finger kribbeln, und es wird einem ganz schummerig. Dieses Gefühl erhöht die Angst, was wiederum die Panikattacke anheizt. Die schnelle Atmung signalisiert dem Gehirn »Gefahr im Verzug«, das aktiviert das sogenannte sympathische Nervensystem, und wir kommen gar nicht mehr zur Ruhe. In diesen Situationen verlor die Klientin die Kontrolle über ihre Atmung, der Puls schnellte hoch, die Atmung blockierte, und das klassische Panikgefühl: Jetzt ist alles vorbei! machte sie handlungsunfähig.

Die Klientin hat in der Therapie gelernt, in den Bauch zu atmen. Das können Sie leicht selbst üben: Legen Sie Ihre Hände auf den

Bauch. Beim Einatmen wölbt er sich nach vorne. Beim Ausatmen zieht er sich wieder ein. Diese Atmung hat viele positive Auswirkungen auf den Körper. Die wesentlichen sind: das Sichaufrichten des Körpers, eine verbesserte Durchblutung der Bauchorgane, Entspannung der Nackenmuskulatur, was die Angsthaltung des Körpers auflöst, Sauerstoffzufuhr in benötigtem Maße. Das Zusammenspiel von Muskelentspannung, Durchblutung und Haltung setzt im Gehirn Botenstoffe frei, die das sogenannte parasympathische Nervensystem aktivieren. Dieses ist zuständig für Schlaf, Regeneration, Verdauung und Erholung. Wie ich bereits erwähnte, können gewisse Gefühle nicht gemeinsam auftreten. Zum Beispiel Entspannung und Angst. Richtige Atmung löst Spannungen auf und entspannt. Entspannung löst Angst auf. Das ist das Ergebnis des Zusammenspiels von Nerven, Botenstoffen und Hormonen in unserem Gehirn.

Meine Klientin erklärte: »Die Atmung kontrollieren zu können heißt für mich, das Leben im Griff zu haben.« Wichtig ist, dass Sie die Übungen mit Freude machen und dass Sie regelmäßig üben, immer wieder, ob in der U-Bahn oder am Küchentisch: Bauch raus beim Einatmen und Bauch rein beim Ausatmen, das reicht.

Schäme dich nicht, lebe!

In diesem Abschnitt möchte ich auf den Teufelskreis zu sprechen kommen, den die Scham darüber, dass man ein bestimmtes Problem hat, auslösen kann. Psychische Probleme haben eigentlich immer zwei Anteile. Zunächst das Problem als solches, zum Beispiel: »Ich habe Angst, mich unter fremden Menschen zu bewegen.« Dieses Problem für sich genommen wäre schon belastend genug. Aber die meisten Menschen machen es sich noch schwerer, indem sie sich schämen und selbst abwerten, *weil* sie dieses Problem haben. Das ist sozusagen der zweite Teil des Problems. In meinen Gesprächen mit meinen Klienten stelle ich häufig fest, dass dieser zweite

Anteil sogar oft belastender ist als das eigentliche Problem. Ich möchte sogar so weit gehen zu behaupten, dass nicht selten die Scham über ein Problem das eigentliche Problem ist. Die Scham blockiert auch häufig sinnvolle Lösungen, weil diese voraussetzen würden, dass man zu seinem Problem steht. Ein Teufelskreis entsteht.

Norbert, ein 35-jähriger Mann, hat Angst vor Frauen. Diese rührt aus seinen Minderwertigkeitskomplexen. So ist er tief überzeugt, keiner Frau zu genügen. Sobald er sich einer Frau nähern will, steigt Panik in ihm auf, und er kehrt um. Er hat noch nie Sex mit einer Frau gehabt. Er will auch nicht zu Prostituierten gehen, weil er sich bei diesen genauso für sein Problem schämt. Vollkommen unerträglich ist ihm auch die Vorstellung, sich mit seinem Problem Freunden anzuvertrauen. Somit behält er es für sich und leidet darunter, dass er seine Nöte mit niemandem teilen kann. Norbert steckt im Teufelskreis der Scham fest. Die Scham verhindert die Lösung des Problems. Denn um dieses zu lösen, müsste er dazu stehen. Das wäre die Voraussetzung, um auf eine Frau zuzugehen. Er müsste den Mut haben, sich mit seiner Angst zu zeigen.

Zu seinem Problem zu stehen kann in manchen Fällen schon die ganze Heilung sein. Das Problem kann sich in Luft auflösen, wenn ich es akzeptiere. Wenn ich zum Beispiel dazu stehe, dass ich leicht erröte, werde ich wahrscheinlich kaum noch erröten, weil mir das dann ja nicht mehr peinlich ist. Und so verhält es sich mit vielen Problemen, die an Selbstunsicherheit geknüpft sind. Deswegen empfehle ich Ihnen ja auch so dringend, Ihre Unsicherheit als solche anzunehmen.

Um zu seinem Problem zu stehen, muss man seine innere Haltung zu diesem verändern. Das bedeutet, dass man seinem Problem freundlich und verständnisvoll begegnet. Ein wichtiger Schritt auf diesem Weg ist die bereits erwähnte Übung, das Problem in seiner Körpermitte zu spüren und sich zu sagen: Ja, so ist es!

Wenn man für sich selbst und seine Probleme Verständnis aufbringen will, kann es sehr hilfreich sein zu verstehen, woher das Problem rührt. Wenn sich Norbert beispielsweise verdeutlicht, dass er eine extrem strenge und an sehr engen Normen ausgelegte Erziehung erfahren hat, die dazu führte, dass er sich schon als Kind und Jugendlicher unzulänglich fühlte, dann kann er seine Komplexe besser verstehen und ihnen mit mehr Milde und Verständnis begegnen.

Der Kern der Selbstannahme ist, sich als unzulängliches Wesen mit Güte zu begegnen. Denken Sie darüber nach, welchen Menschen, welches Tier oder auch welchen Gegenstand Sie zutiefst mögen, obwohl oder gerade weil er nicht perfekt ist. Dann versuchen Sie, diese Gedanken und Gefühle auf sich selbst zu übertragen.

Akzeptieren Sie Ihre Schwächen und sehen Sie Ihre Stärken!

Was mir bei selbstunsicheren Menschen immer wieder auffällt ist, dass sie ihre Schwächen überbewerten und ihre Stärken unterschätzen. Ihre Selbstwahrnehmung ist verzerrt. Eine Klientin von mir, die unter einem schlechten Selbstbewusstsein litt, fokussierte ihr Problem fast ausschließlich auf ihre etwas unruhige Gesichtshaut. Als Jugendliche hatte sie eine starke Akne. Zu jener Zeit traute sie sich kaum aus dem Haus. Als Erwachsene war ihre Haut wesentlich besser, aber innerlich fühlte sie sich immer noch wie damals, als sie ein 14-jähriges Mädchen mit Pickelgesicht war.

Von ihren Hautproblemen abgesehen hatte sie viele Vorzüge, so zum Beispiel eine sehr gute Figur. Ihre Vorzüge, sowohl äußerlich als auch hinsichtlich ihrer sonstigen Fähigkeiten und Stärken, nahm sie jedoch kaum wahr oder wertete sie ab, indem sie zum Beispiel ihre Figur als »einfach nur dürr« bezeichnete (in meinen Augen und wahrscheinlich in den Augen vieler Frauen wäre »Topmodel« die weitaus treffendere Bezeichnung gewesen). Ihr Blick verengte sich also auf ihre tatsächlichen und vermeintlichen Schwächen. Diese einseitige und verzerrte Wahrnehmung ist typisch für unsichere Menschen.

Ich habe mit dieser Klientin daran gearbeitet, dass sie erstens ihre Schwächen realistisch einschätzt. So war ihre Bewertung ihrer Haut übertrieben schlecht und stark überlagert von ihren Gefühlen, die sie als Jugendliche aufgrund ihrer damals starken Akne hatte. Zweitens habe ich mit ihr daran gearbeitet, dass sie akzeptiert, dass sie keine Pfirsichhaut hat und lernt, mit dieser Schwäche zu leben. Hier gilt es, das eigene Schicksal auch im Vergleich mit anderen Schicksalen zu relativieren. So gibt es wesentlich schlimmere Schicksale als eine unruhige Gesichtshaut. Drittens habe ich mit ihr daran gearbeitet, dass sie auch ihre Stärken wahrnimmt und in ihr Selbstbild integriert.

Das Ziel dieser Maßnahmen ist, ein vollständiges und angemessenes Selbstbild zu entwickeln und dieses zu verinnerlichen, um *mit* seinen Schwächen und nicht gegen seine Schwächen zu leben. Zuallererst sollte man jedoch seine Schwächen einem Realitätscheck unterziehen: Viele Selbstunsichere bewerten ihre (vermeintlichen) Schwächen übertrieben negativ. Hier kann es sehr hilfreich sein, sich mit guten Freunden über seine Selbstwahrnehmung auszutauschen, um eine Einschätzung von außen über deren Realitätsgehalt zu bekommen. Zudem sollten Sie versuchen, eine Beweisführung anzutreten. Wenn Sie zum Beispiel meinen, Sie seien ein Versager, dann konkretisieren Sie dies bitte! Wann genau und in welcher Form haben Sie versagt? Und wann und wo haben Sie nicht versagt beziehungsweise sogar Erfolg gehabt? Und was, bitte schön, hat Ihr Versagen in einer Aufgabe konkret mit dem Wert Ihrer Person zu tun? Was hat Ihr Versagensgefühl überhaupt mit Ihrer heutigen Realität zu tun? Denken Sie darüber nach, ob dieses Gefühl nicht eher aus Ihren Kindheitserfahrungen resultiert als aus Ihren objektiven Leistungen als Erwachsener. Häufig überbewerten Selbstwertgeschädigte ihre Versagenserlebnisse.

Eine meiner Klientinnen hatte beispielsweise ein Studium als Grundschullehrerin absolviert. Ihre Referendariatszeit war für sie die Hölle gewesen. Ihre Ausbilder waren sehr streng, und sie hatte ständig Angst zu scheitern. Durch ihre Ängste blockierte sie sich beim Unterrichten, was dazu führte, dass sie ihr Referendariat tatsächlich mit schlechten Noten abgeschlossen hat. Hierfür schämte sie sich so sehr, dass sie mit keinem darüber reden wollte. Sie schlug sogar einen anderen Berufsweg ein. Tatsächlich resultierten ihr geringes Selbstwertgefühl und ihre Schamgefühle jedoch aus ihrer Kindheit. Ihr Vater wandte demütigende und extrem autoritäre Erziehungsmethoden an, und ihre schwache Mutter bot ihr hinsichtlich ihres Selbstbewusstseins keinerlei Vorbild. Dieses Grundgefühl von Minderwertigkeit brachte sie in ihre Ausbildung mit ein, und durch ihr Versagen in derselben wurde es noch weiter zementiert. Die Klientin hatte vermeintlich einen weiteren Beweis dafür, dass sie unfähig ist. Meine Sicht auf ihre Situation war hingegen wesentlich undramatischer: Verständlicherweise hatte sie durch ihre Kindheit ein niedriges Selbstwertgefühl erworben, das sie in Kombination mit ihren strengen und pädagogisch wenig fähigen Ausbildern in die Blockade führte. Das kann man doch verstehen. Das ist zwar sehr bedauerlich, aber muss sie sich deswegen schämen? Wenn eine Freundin von ihr über sich dieselbe Geschichte erzählt hätte, dann hätte sie hierfür auch Verständnis gehabt und würde deswegen nicht auf ihre Freundin herabschauen. Nur mit sich selbst ging sie so gnadenlos ins Gericht. Das ist übrigens ein Phänomen, das viele Betroffene aufweisen: Dasselbe Verhalten, das sie bei sich ganz schlimm finden, beurteilen sie bei anderen recht milde. Viele formulieren auch: »Bei anderen finde ich das gar nicht so schlimm, aber bei *mir* finde ich das ganz schlimm!« Versuchen Sie also bitte, Ihre Kindheits- und Ihre Lebenserfahrungen mit in Ihre Betrachtungen über sich selbst aufzunehmen. Und bringen Sie so viel Verständnis für sich auf, wie Sie auch für einen guten Freund aufbringen würden.

Wenn wir uns unseren Schwächen zuwenden, ist es aber auch wichtig, unsere Grenzen zu akzeptieren. Ein todsicheres Rezept, sich unglücklich zu machen, ist der ständige Vergleich mit Menschen, die etwas besser können, begabter und schöner sind. Mit falschen Vergleichsmaßstäben kommen wir keinen Schritt weiter. Es geht darum, sich *innerhalb seiner Möglichkeiten* zu bewerten. Die meisten Menschen verfügen über kein herausragendes Talent, sie sind weder besonders intelligent noch besonders schön. Ein gutes Selbstwertgefühl strebt danach, die Realität anzuerkennen und diese zu akzeptieren, und nicht danach, falschen Idealen hinterherzulaufen. Man muss nicht perfekt sein, es reicht, wenn man sich anstrengt. Das ist die Kunst. Weder die Unterschätzung der eigenen Fähigkeiten noch die Selbstüberschätzung ist gesund und dem Selbstwert dienlich. Sich selbst anzunehmen setzt voraus, dass ich den Mut aufbringe, mich der Realität zu stellen. Auch der Realität meiner Fehler, Grenzen und Schwächen. Wenn ich mir zum Beispiel nicht eingestehe, dass ich öfter zu aggressiv reagiere, dann kann ich hieran auch nichts verändern. Wenn ich mir nicht eingestehe, dass ich mich um Verantwortung in meinem Leben drücke, dann wird dies so bleiben. Wenn ich mir die Grenzen meiner Begabung nicht eingestehe, dann werde ich nie mit meinen Leistungen zufrieden sein.

Ein Hinweis für sehr unsichere Menschen

Das ehrliche Bestreben um eine möglichst tiefe Selbsterkenntnis kann jedoch nur erfolgen, wenn ich nicht so abgrundtief verunsichert bin, dass ich einfach nur Angst habe, der Realität ins Auge zu schauen. Ein Mensch, der sich sehr geschwächt fühlt, ist mit der Aufgabe überfordert, sich mit seinen Schwächen zu beschäftigen. Zu sehr kämpft er um sein psychisches Überleben. Dieses Überleben gelingt ihm dann nur durch Verdrängung von vergangenen Ereignissen und früheren Verletzungen sowie dadurch, dass er die Augen vor sich selbst verschließt. Nathaniel Branden schreibt in seinem

Buch »Die 6 Säulen des Selbstwertgefühls«, dass es unter dem Selbstwertgefühl noch eine existenziellere Ebene gebe, nämlich jene der Selbstannahme. Auf dieser Ebene geht es um den positiven, angeborenen Egoismus, um das Recht, am Leben zu sein und für sein Leben zu kämpfen. Hier geht es um den grundsätzlichen Respekt, den man sich selbst entgegenbringt. Wenn dieser fehle, so Branden, würden alle anderen Interventionen nichts bewirken. Er empfiehlt deswegen den Betroffenen, sich selbst gegenüber die folgende Erklärung abzugeben: »Ich beschließe, mich selbst wertzuschätzen, mich selbst mit Respekt zu behandeln und für mein Existenzrecht einzutreten.« Es geht hier also darum, sich ein Recht an der eigenen Existenz einzuräumen. Menschen mit sehr tief sitzenden Selbstwertproblemen hadern nämlich mit dieser grundsätzlichen Bejahung ihres Seins. Diese sehr tief sitzenden Zweifel resultieren aus frühen Kindheitserfahrungen, des Sich-nicht-angenommen-Fühlens. Es ist ja leider so, dass nicht alle Mütter froh sind, Mutter zu sein, und Probleme haben, ihr Kind anzunehmen. Dies spürt das Kind auf einer ganz tiefen Ebene, und es übernimmt die Ablehnung seiner Mutter beziehungsweise seiner Hauptbezugsperson in sein Lebensgefühl. Die Betroffenen lehnen ihr Da-Sein auf einer ganz tiefen Ebene ab. Eine weitere Intervention neben der obigen Absichtserklärung, wie Sie sich besser selbst annehmen lernen, zeige ich Ihnen noch im nächsten Abschnitt.

Nehmen Sie Ihr inneres Kind an die Hand!

Unter der Überschrift »Ursachen für ein geringes Selbstwertgefühl« habe ich Ihnen bereits jenen Persönlichkeitsanteil in uns vorgestellt, den Psychologen als das »innere Kind« bezeichnen. Dieses innere Kind bestimmt in den meisten Fällen, wie wir uns fühlen und wie wir handeln. Wie bereits erwähnt ist dieses innere Kind geprägt durch unsere Kindheitserfahrungen und durch jene Persönlichkeitsanteile, die wir schon mit auf die Welt gebracht haben.

Neben diesem inneren Kind gibt es aber auch den erwachsenen Anteil in uns. Dieser »innere Erwachsene« weiß zumeist ziemlich genau, was für ihn richtig und was falsch ist. Er weiß auch ganz genau, dass viele seiner Ängste, die er (beziehungsweise das innere Kind in ihm) verspürt, unnötig und übertrieben sind. Es ist der innere Erwachsene, der sich häufig denkt: »Rational ist mir das ja alles klar. Nur kann ich es trotzdem nicht ändern!« Das Problem ist, dass sich das innere Kind und der innere Erwachsene sozusagen vermischen, denn die wenigsten Menschen denken in den Kategorien »inneres Kind« und »innerer Erwachsener«, sondern sie sind davon überzeugt, dass das, was sie da spüren, quasi »alles eins« ist, dass *sie* das sind.

Wenn Sie also in den Zustand der Unsicherheit und Angst geraten, dann machen Sie sich bewusst, dass es sich hierbei nur um einen *Teil* von Ihnen handelt – nämlich um das verunsicherte innere Kind – und dass ein anderer Teil von Ihnen durchaus rational denken kann und, ganz wichtig, *handlungsfähig* ist. Nehmen Sie also bewusst eine Art Bewusstseinsspaltung vor: 1. Da ist das innere Kind, das sich immer wieder unsicher, abgelehnt und unzulänglich fühlt. 2. Da gibt es auch den inneren Erwachsenen, der zumindest theoretisch weiß, dass seine Ängste übertrieben sind und dass er *handeln* kann.

Falls Sie nun zu jenen Menschen gehören, die sich noch nicht einmal auf einer theoretischen Ebene vorstellen können, dass ihre Ängste und ihre gefühlte Minderwertigkeit übertrieben sind, sondern rundum davon überzeugt sind, dass dies die Wahrheit ist, dann kann ich Ihnen sagen, dass das nicht stimmt, sondern dass Sie sich zu stark von Ihrem inneren Kind beherrschen lassen. Falls sich also Ihr innerer Erwachsener, wenn es um Ihre Ängste geht, nicht zu Wort meldet, weil er von Ihrem inneren Kind übertönt wird, dann nehmen Sie bitte mich, Steffi Stahl, vorübergehend als Ihren »Hilfserwachsenen« und vertrauen Sie mir bitte, wenn ich Ihnen sage, dass Ihre Ängste irrational und übertrieben sind.

Was macht man mit Kindern, die sich unsicher und ängstlich fühlen? Stellen Sie sich vor, Sie hätten einen Vierjährigen an Ihrer Seite, der Angst davor hätte, in den Kindergarten zu gehen. Schimpfen Sie mit ihm? Stoßen Sie ihn weg? Sagen Sie ihm, wie lächerlich und dumm er sich verhält? Das würden Sie wahrscheinlich nicht tun. Stattdessen würden Sie ihn trösten, ermuntern und ihm erklären, warum er keine Angst zu haben braucht. Und wie gehen Sie mit Ihrem eigenen inneren Kind um, wenn es sich gerade wieder kläglich fühlt? Sind Sie lieb zu ihm, oder sagen Sie sich Sätze wie »Stell dich nicht so an!«, »Reiß dich gefälligst zusammen!«, »Ich wusste, dass du ein Versager bist!« und so weiter? Wahrscheinlich Letzteres. Und was hilft Ihnen das? Vermutlich wenig. Sowohl die realen als auch die inneren Kinder benötigen Zuwendung und nicht Ablehnung. Sie benötigen Zuspruch und keine Demütigung. Jedes Kind, also auch Ihr inneres, will angenommen werden, und zwar so, wie es ist: mit seinen Stärken und seinen Schwächen. Also nehmen Sie mit Ihrem inneren Kind Kontakt auf und sprechen Sie mit ihm. Hören Sie sich seine Nöte an und trösten Sie es.

Hierzu ein Beispiel: Der 50-jährige Kemal ist Produktionsleiter in einer Fabrik und ein gestandener Mann. Er macht seinen Job gut und gern. Er hat nur ein Problem, wenn er sich mit seinem Vorgesetzten unterhalten muss, vor allem dann, wenn er anderer Auffassung ist als dieser. Dann wird Kemal innerlich klein, und sein Herz rutscht ihm in die Hose. Kemal hasst diesen Zustand. Dieses Gefühl passt so gar nicht in sein männliches Selbstbild. Er schimpft dann mit sich, sagt sich, dass er gefälligst »die Eier haben soll«, seinem Chef gegenüberzutreten. Aber das hilft nichts. Im Gegenteil, er fühlt sich dann noch erbärmlicher, eben weil er »die Eier« nicht hat. Kemal ist hierbei nicht bewusst, dass sein inneres Kind seinen Chef mit seinem Vater assoziiert. Kemal hatte einen sehr autoritären Vater, dessen Wort in der Familie Gesetz war. Kemal hatte als Kind keine Chance, seinen Vater mit Argumenten zu überzeugen, selbst dann nicht, wenn er, Kemal, im Recht und der Vater im Unrecht war. Als Kind blieb Kemal nichts

Anderes übrig, als sich seinem Vater zu beugen, weil dieser eindeutig die Macht über ihn hatte und der Stärkere war. Dies hat das innere Kind von Kemal geprägt, bis heute hat es Angst vor männlichen Autoritäten. Anstatt nun mit sich – beziehungsweise hierdurch unbewusst mit seinem inneren Kind – zu schimpfen, wäre es für Kemal viel hilfreicher, wenn er im ersten Schritt erkennen würde: Das ist mein inneres Kind, das Angst vor seinem Vater hatte und diese Angst nun auf seinen Chef überträgt. Im zweiten Schritt nähme er sein inneres Kind an die Hand und sagte ihm in der Rolle als guter, innerer Erwachsener in etwa Folgendes: » Deine Ängste kommen von Papa. Das war ja auch schlimm damals. Keine Chance hat er dir gegeben, auch mal deine Meinung durchzusetzen. Aber dein Chef ist nicht dein Vater – und außerdem bin ich ja hier. Ich bin der Erwachsene und werde mit dem Chef sprechen. Du musst dich darum gar nicht kümmern.« So würde sich das innere Kind in Kemal in seinen Ängsten verstanden und akzeptiert fühlen, was an sich schon beruhigend wirkt. Zudem könnte Kemal das innere Kind in sich durch eine solche Ansprache überzeugen. Seine Angst würde hierdurch vielleicht nicht ganz verschwinden, aber weniger werden und er bliebe in der Situation handlungsfähiger.

Machen Sie sich also bewusst, dass ein Großteil Ihrer Ängste auf kindlichen Prägungen beruht beziehungsweise dass das innere Kind agiert, wenn Sie in einen Zustand der inneren Unsicherheit geraten. Bleiben Sie in Kontakt mit ihm und gehen Sie freundlich und verständnisvoll mit ihm um. Allerdings sollten Sie seinen Ängsten nicht nachgeben: *Ängste lassen sich nur durch Handeln überwinden und nicht durch Vermeidung.* Das innere Kind darf also seine Ängste ruhig vortragen, aber letztlich bestimmen Sie, also der Erwachsene, was gemacht wird! Letztlich muss der innere Erwachsene in Ihnen die Erziehungsarbeit leisten, die Ihre Eltern versäumt haben. Er hat die Aufgabe, das innere Kind in Ihnen zu lenken und ihm die Anteilnahme und Unterstützung zukommen zu lassen, die es benötigt. Das will ich Ihnen noch genauer erklären.

Es gibt in der Psychologie einen Begriff, der heißt »Containing« (in sich aufnehmen). Containing findet statt, wenn ein Baby schreit und die Mutter, die es im Arm hält, in sich den Stress und Schmerz spürt, den ihr Baby gerade empfindet. Die Mutter fühlt mit, sie nimmt den Schmerz des Babys in sich auf. Aber dann »reinigt« sie ihn sozusagen, indem sie zum Beispiel liebevoll sagt: »Oje, du Armes, hast du Wehweh?« Sie begegnet dem Stress ihres Kindes liebevoll. Hierdurch verwandelt sie ein an sich negatives Gefühl in ein positives. Zwar mag das Baby immer noch Schmerzen fühlen, aber es fühlt sich liebevoll geborgen durch die Reaktion seiner Mutter. Würde die Mutter hingegen mit dem Baby schimpfen, dann würde sie seinen Stress noch erhöhen, und das Baby würde, wenn das häufig vorkommt, erfahren und lernen, dass man aus negativen Gefühlszuständen nicht herauskommt, dass es keine Rettung gibt. Durch ihre liebevolle Reaktion nimmt die Mutter dem Baby jedoch einen Teil seines Stresses ab. Würde sie das Kind ausschimpfen, würde sie den Stress erhöhen. Verstehen Sie? Wenn Sie die Position des liebevollen Erwachsenen einnehmen, beruhigen und trösten Sie Ihr inneres Kind. Sie nehmen ihm Stress ab.

Falls Sie auf einer ganz tiefen Ebene verunsichert sind, also gänzlich an sich zweifeln und an Ihrem Recht, in dieser Welt zu sein und für sich eintreten zu dürfen, dann stellen Sie sich bitte einmal selbst als kleines Baby vor und fragen Sie sich, ob dieses Kind tatsächlich kein Recht auf Leben, kein Recht auf ein gutes Leben hat. Versuchen Sie die Einstellung Ihrer Mutter, Ihrer Hauptbezugsperson zu entkoppeln von dem grundsätzlichen Recht auf Leben, von Ihrem Lebensrecht. Ihre Mutter mag sehr überfordert gewesen sein, sie mag selbst wahrscheinlich nicht die Erfahrung gemacht haben, dass sie von ihrer Mutter angenommen und geliebt wurde. Jedoch machen Sie sich bewusst klar: *Ihre Mutter* hat versagt und nicht Sie. Sie sind unschuldig auf diese Welt gekommen. Sie werden zwar Geduld brauchen, Ihr inneres Kind hiervon zu überzeugen, aber der Weg lohnt sich.

Schreiben Sie sich einen Brief

Ich rate meinen Klienten, ein Therapiebuch zu führen, in dem sie ihre Gedanken, Gefühle, Sorgen, Freuden und Erkenntnisse notieren. Beim Schreiben sind wir genötigt, die Dinge zu Ende zu denken. Das verhilft uns zu Präzision und Tiefe. Zudem verankern wir neue Erkenntnisse besser, wenn wir sie aufschreiben. Denn so manche kluge Einsicht kann im Alltag auch schnell wieder versanden. Außerdem konnte in psychologischen Studien herausgefunden werden, dass es unser Immunsystem stärkt, wenn wir unsere Gefühle und Gedanken zu Papier bringen, weil Schreiben sehr entlasten kann. So räumt man seine Sorgen aus dem Kopf auf ein Stück Papier.

Manchmal ermuntere ich meine Klienten auch, sich selbst einen Brief zu schreiben. Dieser Brief sollte in einem Stil gehalten sein, wie man einem guten Freund, um den man sich Sorgen macht, schreiben würde. Der Schreiber geht in einem freundlichen Ton auf seine Probleme ein, formuliert aber auch seine Stärken und zeigt wenn möglich ein paar Lösungswege auf. Dies könnte dann so aussehen:

Lieber Karl,
oft mache ich mir Gedanken um dich, weil ich sehe, wie du dir selbst im Wege stehst. Anstatt einfach zu handeln, grübelst du und grübelst du, und schließlich ist die Gelegenheit mal wieder verpasst. Dabei hast du doch viel drauf: Du bist ein guter Handwerker, ein toller Koch, ein liebevoller Vater, ein guter Freund und nicht zuletzt ein verdammt guter Skatspieler. Du kannst doch wirklich zufrieden mit dir sein. Deine ganze Unsicherheit hat eigentlich nichts mit dem zu tun, was du kannst und was du bisher schon erreicht hast, es sind vielmehr so alte Geschichten, die du nicht loswirst. Damals die Scheidung von Mama und Papa und dann noch das Mobbing in der Schule.

Das mit Mama und Papa war eine üble Geschichte. Mama war immer so schlecht drauf, hat nur geweint und auf Papa geschimpft. Du konntest sie nicht trösten. Und Papa zurückholen konntest du auch nicht. Aber das war doch nicht deine Schuld! Als Kind hast du immer gedacht, du müsstest Mama glücklich machen. Hast immer versucht, ihr keinen Kummer zu bereiten, brav zu sein und gute Noten nach Hause zu bringen. In der Schule haben sie dich deswegen als Streber abgestempelt. Aber den Kummer hast du für dich behalten, um Mama nicht noch mehr Sorgen zu machen. Ganz schön einsam hast du dich damals oft gefühlt. Mit Papa konntest du auch nicht reden, der hatte, genau wie Mama, seine eigenen Sorgen.

Und irgendwie denkst du heute immer noch, du müsstest alles mit dir abmachen, dürftest keinem zur Last fallen. Und dann ist da immer noch diese alte Kinderangst, der Streber zu sein, Neid auf dich zu ziehen, anstatt einfach mal zu zeigen, was du wirklich draufhast.

Aber am schlimmsten ist diese blöde Eifersucht. Hast immer Angst, deine Frau könnte weglaufen. Unter deiner Eifersucht leidest du am meisten. Du Armer. Da kann ich dir zwar auch keinen richtigen Rat geben, wie man die abstellt, aber ich kann dir sagen, dass ich dich zumindest verstehe: Du willst halt nie wieder erleben, dass deine Familie zerbricht.

Versuche doch einfach mal, dir bewusst zu machen, dass deine ganzen Ängste mit früher zu tun haben. Als Kind hattest du ja kaum Chancen, in dein Leben einzugreifen – Mama und Papa wieder zusammenzubringen. Aber heute bist du erwachsen, da sieht die Welt doch ganz anders aus. Heute liegt dein Schicksal doch viel mehr in deiner Hand als früher. Da fällt mir übrigens ein, dass du als Kind immer sehr mutig warst. Bist auf jeden Baum geklettert, vom Zehnmeterbrett gesprungen und hast deine Freunde sogar mit Fäusten verteidigt, wenn es sein musste. Der Mut steckt doch noch in dir, zapf ihn doch einfach wieder an …

Der Brief kann beliebig lang und detailliert sein. Wichtig ist allein, dass Sie sich mit Verständnis begegnen.

Was tun, wenn ich ein Narzisst bin?

Menschen mit ausgeprägt narzisstischen Strukturen weisen im Unterschied zu den anderen Selbstwertgeschädigten das Problem auf, dass sie sich ihrer Problematik nicht wirklich bewusst sind (siehe auch Exkurs »Ich bin der Größte! Der Narzisst«). Zu gut hält das Größenselbst das Kleinselbst unter Verschluss. Zwar gelangen immer mal Blitze von schmerzhaften Selbstzweifeln an die Oberfläche des Bewusstseins, jedoch werden diese schnell wieder in den Untergrund verbannt, weil der narzisstische Mensch sie als extrem bedrohlich erlebt.

Will man die narzisstische Struktur verstehen, dann muss man sich vor Augen führen, dass der Betroffene vor sich selbst und vor der Außenwelt eine Lebenslüge aufgebaut hat. Dies unterscheidet ihn maßgeblich von anderen Menschen mit einem niedrigen Selbstwertgefühl. Menschen, die unter einem geringen Selbstbewusstsein *leiden,* tun dies bewusst. Im Unterschied zu Narzissten empfinden sie ihre Schwäche. Sie empfinden diese sogar sehr stark – viel zu stark, das ist ja gerade ihr Problem. Der Narzisst hingegen macht unbewusst genau das Gegenteil: Er verdrängt seine Schwächen und klammert sich an sein Größenselbst. Deswegen hat er unterbewusst existenzielle Ängste vor der eigenen Desillusionierung. Hier befindet er sich in einem Teufelskreis: Um sich seinem Problem zu stellen, müsste er seine Abwehr aufgeben. Dann drohte ihm jedoch der Zusammenbruch seines Größenselbst. Es ist aber genau jenes Größenselbst, das ihm Halt im Leben gibt. Die verdrängte Selbstverachtung könnte aufbrechen, ihn geradezu überschwemmen und in unglaubliche seelische Tiefen ziehen.

Alle Menschen mit Selbstwertproblemen benötigen sehr viel Geduld und Mitgefühl mit sich selbst. Der Narzisst braucht allerdings ganz besonders viel Geduld und Mitgefühl mit sich selbst. Diese Forderung steht jedoch seiner tief sitzenden Selbstverachtung entgegen. Wie soll man für sich Verständnis aufbringen, wenn man sich zutiefst ablehnt? Ich empfehle deswegen stark narzisstischen Menschen, sich ihrem Problem langsam und im ersten Schritt von einer sehr rationalen Seite zu nähern. Es ist wichtig, dass sie ihre innere Struktur zunächst rational erfassen, damit sie nicht in ihren Selbstzweifeln ertrinken und den Halt verlieren.

Wenn Sie den Verdacht haben, Sie könnten ein narzisstisches Problem haben, dann legen Sie zunächst einen intellektuellen Abstand zwischen sich und dieses Problem. Betrachten Sie Ihr Problem wenn möglich zunächst nur von außen. Für Sie ist es von enormer Bedeutung, dass Sie Ihren inneren Stimmen, die Ihnen einreden wollen, dass Sie wertlos und nichtig seien, keinen Glauben schenken. Bevor Sie Ihre enormen Ängste und Selbstzweifel in Ihr bewusstes Empfinden hineinlassen, analysieren Sie bitte Ihre Kindheit. Dies ist wichtig, damit Sie verstehen, woher Ihr Selbstwertproblem rührt. Sie dürfen sich nicht mit Ihrer Selbstverachtung identifizieren. Sie dürfen nicht zu tief in sie hineinrutschen, bevor Sie eine *Sicherung* eingebaut haben. Diese Sicherung ist Ihr Verstand. Er muss zunächst auf einer theoretischen Ebene erkennen, dass Sie als Kind zutiefst verletzt wurden und dass diese Verletzung Ihnen von *außen* zugefügt wurde. Nicht Sie sind schlecht, sondern Ihr inneres Kind *glaubt* fälschlicherweise, es sei schlecht. Sie sind ein Opfer Ihrer Erziehung und Ihrer Kindheitserfahrungen. Versuchen Sie eine persönliche Bestandsaufnahme zu machen, wie ich sie im gleichnamigen Abschnitt weiter unten beschreibe.

Oberste Priorität ist für Sie, dass Sie Ihre Schwächen und Ihre Stärken in Ihrem Selbstbild vereinen. Als Narzisst sind Sie nämlich besonders anfällig für Schwarz-Weiß-Denken. Das heißt, entweder identifizieren Sie sich mit Ihrem Größenselbst und meinen, Sie seien »der Größte«, oder Sie rutschen in Ihr Kleinselbst ab und meinen dann, Sie seien »eine Null«. Weder die Glorifizierung Ihres Selbst noch die Verdammnis Ihres Selbst ist realistisch. Sie können sich Ihr Kleinselbst und Ihr Größenselbst wie zwei innere Räume vorstellen: Entweder halten Sie sich innerlich in Ihrem goldenen

Salon (Ihr Größenselbst) oder in Ihrer Dunkelkammer (Ihr Kleinselbst) auf. Im goldenen Salon sind Sie geblendet, und in der Dunkelkammer sehen Sie nur noch schwarz. Versuchen Sie diese Räume aufzulösen und in eine gemütliche Wohnung umzuwandeln, in der Sie sich als der, der Sie sind, beheimaten können. Für Sie ist es entscheidend, zu einer maßvollen und angemessenen Einschätzung Ihrer Fähigkeiten zu gelangen. Dies gilt sowohl für Ihre Stärken als auch für Ihre Schwächen. Wenn Sie sich zum Beispiel mit Ihrem Größenselbst auseinandersetzen, dann demontieren Sie es bitte nicht vollständig. Es hat ja in vielen Punkten recht, auch wenn es zur Übertreibung neigt. Sie haben tatsächlich viele Stärken und schon einiges in Ihrem Leben erreicht. Sie dürfen ruhig stolz auf sich sein. Auch wenn Sie sich Ihren Schwächen zuwenden, versuchen Sie bitte das richtige Augenmaß zu halten. Falls Sie meinen, Sie seien im Grunde genommen »ein Nichts« und ein »Versager«, dann stimmt das nicht. Machen Sie sich immer wieder bewusst, dass Ihre tiefe Verunsicherung, wie bei allen Selbstwertgeschädigten, auf falschen Überzeugungen beruht, die Ihnen als schweres Gepäck in der Kindheit mitgegeben wurden.

Ihre Sicherung sollten Sie auch körperlich verankern, damit es nicht zu theoretisch bleibt. Und dies geht gut über die Atmung. Ziel ist es, Ihr Kleinselbst und Ihr Größenselbst zu einem angemessenen »Das-bin-ich-Selbst« zu vereinen. Stellen Sie sich hierfür vor, wenn Sie tief einatmen, dass Sie ganz oben sind (Größenselbst), und wenn Sie ausatmen, ganz unten (Kleinselbst). Beim Ein- und Ausatmen pendeln Sie zwischen diesen beiden Zuständen und verbinden sie. Diese Übung können Sie immer und überall machen, das ist ihr großer Vorteil. Ihr Körper lernt hierdurch ein neues Lebensgefühl in sich zu verankern: Ein ganzheitliches Empfinden für sich selbst statt des Schwankens zwischen den Extremen.

Eine der schwierigsten Aufgaben auf Ihrem Weg wird es sein zu akzeptieren, dass Sie nicht etwas Besonderes sind. Wenn Sie den Weg der Selbsterkenntnis beschreiten, müssen Sie sich an den Gedanken gewöhnen, dass ein Leben im Mittelmaß ein durchaus lohnenswertes Ziel sein kann. Dies heißt nicht, dass Sie nicht tatsächlich auf dem einen oder anderen Gebiet herausragend sind, aber es bedeutet, dass Sie gleichzeitig auch Ihre Begrenzungen im Auge behalten.

Sich von seinen narzisstischen Strukturen zu distanzieren ist ein langer und mühsamer Weg. Auf diesem werden Sie immer wieder in tiefe Abgründe blicken, die Ihnen Ihr Kleinselbst zeigt. Gerade weil Sie Ihre Selbstzweifel immer recht gut verdrängen konnten, erschüttert Sie der Kontakt mit diesen Selbstzweifeln mehr als einen Menschen, der sich ihrer schon immer bewusst war. Je mehr Sie bislang vor Ihrem Kleinselbst davongelaufen sind, desto mehr kann Sie dessen nähere Bekanntschaft schockieren. Und noch einmal: Es ist von größter Bedeutung für Sie, dass Sie sich nicht mit diesem Kleinselbst identifizieren. Ihr Kleinselbst ist Ihr inneres gedemütigtes Kind, das Sie bislang sehr vernachlässigt haben. Aber es macht nur einen Teil Ihrer Persönlichkeit aus. Dieses Kind braucht von Ihrem »inneren Erwachsenen« sehr viel Mitgefühl, Anteilnahme und Verständnis: *Sie* sind nicht schlecht und wertlos, sondern Ihr inneres Kind *meint* dies nur.

Wenn Sie in Kontakt mit Ihrem Kleinselbst sind und sich fühlen wie in einer Dunkelkammer, dann können Sie diese tiefen Gefühle aus Ihrer Kindheit ruhig zulassen, um sie näher kennenzulernen. Begegnen Sie ihnen mit Mitgefühl. Begegnen Sie dem gedemütigten Kind in Ihnen mit Mitgefühl. Hören Sie ihm zu, was es zu sagen hat, und versuchen Sie es als »guter Erwachsener« zu trösten. Düstere Einbrüche, in denen Sie Ihre Selbstzweifel spüren, werden dann auch wieder vergehen. Keine Sorge, Sie werden nicht in ihnen ertrinken. Wichtig ist, dass Sie Ihre innere Sicherung haben. Ihre innere Sicherung ist Ihr Verstand beziehungsweise der Erwachsene in Ihnen, der weiß, dass es sich nur um einen *inneren Zustand* handelt, in dem Sie sich befinden, und dass dieser innere Zustand nicht gleichzusetzen ist mit der Realität, dem, was Sie tatsächlich ausmacht.

Diese innere Sicherung bewahrt Sie davor, in einen Zustand der intensivsten Selbstabwertung zu geraten. Zugleich sollten Sie aber immer auch im Auge behalten, dass Narzissten ihr Problem verdrängen, indem sie andere Menschen massiv abwerten. Auf dieses Thema gehe ich näher unter der Überschrift »Vom Zauber der Selbstregulation« ein.

Das Epizentrum des geringen Selbstwertgefühls: Ich bin schlecht!

Es ist so schwierig, sein Selbstwertgefühl auf einer tiefen Ebene zu verändern, weil das Selbstbild, also die eigene Überzeugung, was und wer man sei, so tief im Unbewussten verankert ist. Dies stelle ich in der Arbeit mit meinen Klienten immer wieder fest. Viele von ihnen tragen unbewusst (fast) unerschütterliche Glaubensbekenntnisse in sich, die vernünftige Überlegungen und neue Erfahrungen wie ein Guerillakämpfer aus dem Hinterhalt abschießen. Wenn ein Mensch im tiefsten Inneren und ganz fundamental davon überzeugt ist: »Ich bin schlecht!«, dann durchdringt diese Überzeugung sein Dasein. Alle Erfahrungen, die er macht, sind quasi von dieser Überzeugung eingefärbt – wie ein schwarzes Hemd in der Waschmaschine die gesamte Weißwäsche grau verfärbt.

Es ist deshalb wichtig, dass man tief in sich drin seine Kernüberzeugung, bildlich gesprochen das schwarze Hemd, dingfest macht. Häufig ist es eigentlich nur ein Satz. Dieser Satz ist die Essenz aus all jenen Selbstabwertungen, die einem ansonsten so durch den Kopf schwirren. Die inneren Glaubenssätze, die wir aus unserer Kindheit übernommen haben, werden nach meiner Erfahrung von unserem Unbewussten komprimiert in einen Leitsatz. Unser Unbewusstes arbeitet mit Stichwörtern und einfachen Bildern. Es arbeitet blitzschnell und kann darum keine komplizierten Sachinformationen verwalten – das tut unser Verstand. Unser Verstand arbeitet langsamer, aber dafür präziser. Unser Unbewusstes hat genau deshalb einen erheblichen Einfluss auf unser Verhalten und steuert es letztlich, weil es so viel schneller arbeitet als das Bewusstsein. Es drängelt sich vom Verstand häufig unbemerkt vor.

Versuchen Sie bitte, tief in sich hineinzufühlen und diese Überzeugung aus den Tiefen Ihres Unbewussten in Ihr Bewusstsein zu bergen. Dies tun Sie am besten, indem Sie Ihre innere Aufmerksamkeit auf Ihre Körpermitte, also auf den Brust-Bauch-Raum lenken und spüren, was Sie im tiefsten Inneren eigentlich von sich halten. Lassen Sie die Antwort einfach kommen, suchen Sie sie bitte nicht in Ihrem Kopf. Da das Unbewusste schnell und effizient arbeitet, wird es Ihnen wahrscheinlich auch zügig antworten. Die erste Antwort ist häufig auch die richtige. Wie gesagt, diese wird nicht kompliziert ausfallen. Es handelt sich normalerweise um einen ganz einfachen Satz, wie zum Beispiel »Ich bin schlecht«, »Ich bin nichts wert«, »Ich bin dumm!«, »Schäm dich!«, »Ich bin scheiße«. Die darin eingepackte Botschaft ist: Die anderen sind besser! Ihre Grundüberzeugung suggeriert Ihnen fälschlicherweise, dass Sie weniger wert seien als Ihre Mitmenschen. Dass Sie *unterlegen* seien. Darauf läuft letzten Endes alles hinaus. So einfach ist das. Und so schwer ist es zu korrigieren.

Diese Grundüberzeugung ist falsch. Sie ist das schwarze Hemd. Man könnte auch sagen, sie ist ein Fehler im Programm Ihrer Seele. Es obliegt nun Ihrem Verstand zu begreifen, dass es sich hierbei um eine Fehlprogrammierung handelt und nicht um die Wahrheit. Bislang haben Sie geglaubt, dass diese tiefe Überzeugung wahr sei – einfach, weil sie so tief sitzt. Jetzt müssen Sie verstehen lernen, dass es sich lediglich um einen Programmierfehler in Ihnen handelt, der Ihre Sicht auf sich und die Welt grau einfärbt. Sie haben diese Überzeugung in Ihrer Kindheit erworben. Sie ist falsch. Sie ist ein Erziehungsfehler. Sie ist ein sinnloses Geschwür in Ihrer Psyche, das entfernt werden muss.

Möglicherweise haben Sie aufgrund dieser Überzeugung in Ihrem Leben Dinge getan oder unterlassen, die diese Annahme weiter bestätigt haben. Sie hat Sie vielleicht an verschiedenen Stationen Ihres Lebens ins Scheitern, ins Versagen geführt. Diese Überzeugung könnte zu Teufelskreisen in Ihrem Leben geführt haben, weil Sie an sie geglaubt, sich an ihr ausgerichtet haben. Es ist von enormer Bedeutung, dass Sie dies erkennen. Dabei reicht es schon, wenn Sie Ihre Annahmen als Fehlprogrammierung erkennen, denn hierdurch wird der Fehler isoliert, inaktiv und harmlos. Um dies zu erkennen, müssen Sie sich fragen, wie er entstanden ist. Machen Sie sich klar, wo Sie diese Überzeugung aufgeschnappt haben, wer Sie Ihnen fälschlicherweise nahegebracht hat. Reflektieren Sie Ihre persönliche Lebensgeschichte und Ihre Kindheit, damit Sie verstehen, woher dieses falsche Programm kommt. Dies ist deshalb wichtig, weil Ihr Verstand, man könnte auch sagen der innere Erwachsene in Ihnen, Argumente braucht, damit er sich von dieser Überzeugung lösen kann. Deswegen muss Ihr innerer Erwachsener verstehen, dass nicht er selbst diese Überzeugung entwickelt hat, sondern dass er nur an sie glaubt, weil sie ihm so vertraut ist. Gefühlt gehört diese falsche Überzeugung schon so lange zu ihm wie seine Nase, und dies führt zu dem Trugschluss, die Überzeugung habe, ebenso wie seine Nase, eine Existenzberechtigung. Das ist die Krux: Dadurch, dass tief verunsicherte Menschen ihre falsche Sicht von sich selbst zumeist schon in den frühesten Kindheitsjahren erworben haben, also in jener Zeit, an die sie sich selbst nicht mehr erinnern können, erleben sie diese falsche Sicht als zu ihnen gehörig, als wahr. Zudem ist diese Überzeugung mehr als ein Gedanke oder eine Sichtweise, sie ist ein körperlich empfundenes Lebensgefühl, das dem Betroffenen tief in den Knochen sitzt.

Ich hasse lieber mich als meine Eltern

Auf einer tiefen Ebene tun sich manche Menschen schwer, ihr Selbstbild zu verändern, weil dies ihre Beziehung zu ihren Eltern zu sehr belasten würde, selbst wenn diese schon verstorben sind. Im

Abschnitt »Mama und Papa, ich brauche euch so sehr!« habe ich bereits geschrieben, wie die Bindung an die Eltern der eigenen Veränderung im Weg stehen kann. Das innere Kind hat Angst, seine Familie zu verlieren, wenn es sich der Wirklichkeit seiner Entwicklungsbedingungen stellt. Denn dann müsste es seine Wut auf seine Eltern zulassen. Jene Wut, die es zum Schutz seiner Elternbeziehung lieber gegen sich selbst richtet. Die Loyalität, die Kinder gegenüber ihren Eltern verspüren, ist ein schützendes Band der Liebe, das sie nicht opfern können, wenn sie ihre Kindheit mit ihren Eltern überleben oder auch nur ertragen wollen. Die Eltern müssen deshalb idealisiert werden, zumindest partiell. Diese Loyalität, dieser Schutz der eigenen Eltern bleibt nicht selten im Leben als Erwachsener erhalten.

Eine Klientin von mir, die sich auf einer tiefen Ebene selbst hasste und hieran scheinbar gar nichts verändern konnte, erklärte auf meine Frage, was der Nutzen ihres Selbsthasses wäre, spontan: »Ich behalte meine Familie!« Sie spürte eine selbstzerstörerische Wut, die ihr Angst machte. Sie ahnte jedoch, dass diese Wut eigentlich ihren Eltern gebührte. Wenn sie diese Wut auf ihre Eltern zuließe, dann müsste sie die Beziehung zu ihnen zerstören. Aber wen hätte sie dann noch? Da sie als Folge ihres geringen Selbstwertes auch unter starken Bindungsängsten litt, hatte sie keine eigene Familie, in der sie ihr Bindungsbedürfnis hätte ausleben können. Bei dieser Klientin, wie bei vielen verunsicherten Menschen, mündete ihre Elternbindung in einem Teufelskreis: Da die Klientin Angst hatte, sich emotional von ihren Eltern zu lösen, hielt sie an ihrem negativen Selbstbild fest, um ihre Elternbeziehung zu schützen.

Wenn die Selbstabwertung also sehr tief sitzt, sollten Sie sich die Frage vornehmen, inwieweit sie Ihre zwischenmenschlichen Beziehungen beschützt. Vielleicht nicht nur jene zu Ihren Eltern, sondern auch jene zu einem aktuellen Beziehungspartner, der Ihnen nicht viel Gutes tut. So gibt es möglicherweise, gegen alle rationalen Argumente, starke emotionale Gründe, an Ihrem schlechten Selbstbild festzuhalten. Beschäftigen Sie sich also mit den Vorteilen, die Ihre Selbstabwertung Ihnen bieten könnte. Versuchen Sie diese zu identifizieren und konstruktive Wege zu finden, diesen Nutzen zu erhalten. So konnte meine Klientin, als sie erkannte, dass ihre Elternbindung ihr den Weg zur Veränderung versperrte, ihre Wut auf ihre Eltern zum ersten Mal zulassen und hierdurch auch allmählich verarbeiten. Dies tat sie, indem sie ihre Wut akzeptierte und sich mit ihr beschäftigte. Hierdurch legte sich ihre Wut mit der Zeit, weil sie, die Wut, nämlich endlich einmal »gehört« wurde und sich sozusagen verstanden fühlte. Solange man seine Gefühle unterdrückt, kann man sie auch nicht verarbeiten. Mit der Verarbeitung ihrer Wut vermochte die Klientin auch ihren Blick für die tragische Lebensgeschichte ihrer Eltern zu öffnen, und so konnte sie ihnen schließlich sogar vergeben. Hierdurch verwandelte sie nicht nur ihre Beziehung zu ihren Eltern grundlegend, sondern auch ihre Beziehung zu sich selbst.

Ja, aber …

Eine meiner Klientinnen brachte das »Ja, aber…«, das vermutlich beim Lesen der vorherigen Seiten vielen Menschen mit niedrigem Selbstwert auf der Zunge brennt, so auf den Punkt: »Es mag ja sein, dass meine Kindheit, konkret: meine Eltern, dazu beigetragen haben, dass ich nicht viel von mir halte, *aber* wenn ich mir mein Leben so vor Augen führe, inklusive meiner Fähigkeiten und meiner äußeren Erscheinung, da kann ich mich nicht der Erkenntnis verschließen, dass ich – Eltern hin oder her – *tatsächlich nicht genüge!* Frau Stahl, Sie haben ja gut reden. Sie haben studiert und schreiben Bücher und Sie sind auch noch attraktiv! Aber gucken Sie *mich* mal an! Da können Sie mir doch jetzt nicht allen Ernstes einreden wollen, dass meine Überzeugungen falsch sind! Wozu habe ich es denn gebracht? Und jetzt erklären Sie mir doch mal bitte, wie ich mich überzeugen soll, dass ich okay wäre?! Ich bin nicht okay, das denkt mein »inneres Kind«, das weiß mein »innerer Erwachsener«, und das sieht überhaupt jeder, der mich kennt! Was Sie von mir verlangen ist, die Augen vor der Realität zu verschließen und mir etwas schönzureden, was *definitiv nicht* schön ist!«

Das waren die Worte von Anja, einer 30-jährigen Klientin. Von ihrem Standpunkt aus gesehen konnte ich sie sogar verstehen: Sie hatte die Schule abgebrochen und keine Ausbildung gemacht. Ihre Ehe war gescheitert, und ihre zwei Kinder waren vom Jugendamt in einer Pflegefamilie untergebracht worden.

Ich will auf Anjas Kindheitsgeschichte nicht im Einzelnen eingehen. Es genügt zu sagen, dass ihre Kindheit miserabel war. Als Kind war sie noch bemüht, ihren Eltern alles recht zu machen. Als Teenager rebellierte sie, rutschte in der Schule ab, hatte »keinen Bock auf gar nichts« und tat sich schließlich, um ihrem Elternhaus zu entfliehen und weil sie keine Lust hatte, eine Ausbildung zu machen, mit dem erstbesten Mann zusammen, in der vagen Hoffnung, er würde sie retten. Sie wurde jung Mutter und fühlte sich mit der Verantwortung vollkommen überfordert. Die Ehe hielt nicht lange. Ihr Mann machte sich aus dem Staub und überließ ihr die Kinder, zu denen er auch noch den Kontakt abbrach. Mit 30 Jahren meinte Anja, ihr Leben bereits verpfuscht zu haben. Sie lebte von »Harz IV«, und ihre Kinder durfte sie lediglich einmal im Monat besuchen. In ihren Augen hatte sie als Mensch, als Frau und als Mutter versagt.

Anjas Geschichte ist ein gutes Beispiel dafür, wie ein geringes Selbstwertgefühl, das bereits in der Kindheit erworben wurde, zu Fehlentscheidungen im Leben führen kann und sich hierdurch immer weiter verfestigt. Ein niedriges Selbstwertgefühl kann zu einer Art Kettenreaktion und somit in die Resignation führen.

Der schmale Grat zwischen eigener Verantwortung und Opfersein

Wie kann Anja nun aus diesem Teufelskreis herauskommen? Wie kann sie ihrem Leben noch eine positive Wendung geben? Entscheidend für ihre weitere Entwicklung ist, wie sie ihre bisherige Lebensgeschichte reflektiert und bewertet.

Grob unterteilt kann man seine Lebensgeschichte aus zwei Blickwinkeln betrachten: Man kann sich entweder als Opfer seiner Umstände sehen oder sich selbst für seine Taten verantworten. Selbstverantwortung klingt erst einmal gut und ist auch richtig. Aber sie kann auch zu einem Übermaß an Selbstbezichtigung führen, was dann nicht mehr konstruktiv ist.

Wenn Anja sich als Opfer ihrer Umstände wahrnähme, dann gäbe sie allen anderen, aber nicht sich selbst die Schuld. Dann wäre ihre Sicht, sehr verkürzt formuliert, in etwa die folgende:

»Meine Eltern haben total versagt. Die Lehrer in meiner Schule waren vollkommen daneben, und mein Ehemann war ein Riesen-A… Zudem war die Tussi vom Jugendamt von vornherein gegen mich eingestellt und hat mir die Kinder grundlos weggenommen.« Würde Anja hingegen die Fehler nur bei sich sehen, dann würde sie in etwa erklären: »Ich habe alles falsch gemacht. Schon meine Eltern kamen mit mir nicht klar. In der Schule war ich dumm und faul, und schließlich hat es auch mein Mann nicht mehr mit mir ausgehalten. Als Mutter bin ich sowieso eine komplette Null.«

Sowohl die eine wie die andere Sichtweise wäre übertrieben und falsch. Wenn man sich selbst nur als Opfer wahrnimmt, dann kann man an seiner Situation kaum etwas verändern, weil man gemäß der eigenen Wahrnehmung ja nichts falsch gemacht hat. Wenn ich mir also nicht eingestehe, inwieweit ich mich bislang in meinem Leben um Verantwortung gedrückt habe, dann werde ich hieran nichts verändern. Diese Opferhaltung treffe ich häufig bei Menschen an, die ähnlich wie Anja schon ziemlich viel Unglück in ihrem Leben angerichtet haben. Ihr Selbstwertgefühl ist häufig so fragil, dass sie das Eingeständnis eigener Verantwortung und mithin auch eigener Schuld überfordert. Sie schützen sich vor einem totalen Einbruch ihres Selbstwertes, indem sie die Verantwortung auf andere abwälzen. Ansonsten, so spüren sie es unbewusst, drohte ihnen ein psychischer Zusammenbruch. So viel Schuld und Versagen könnten sie nicht aushalten.

Ein Übermaß an Selbstbezichtigung erlebe ich hingegen häufig bei Menschen, die sich mit sich und ihrem Leben kritisch auseinandersetzen. Sie sind häufig intelligent und um Reflexion bemüht. Einige von ihnen gehen jedoch zu gnadenlos mit sich ins Gericht. Das Übermaß an Selbstabwertung lähmt sie: Zu groß und zu zahlreich erscheinen ihnen ihre eigenen Schwächen, als dass sie überwunden werden könnten. Sie bleiben in der Selbstabwertung stecken.

Beide Einstellungen, also sowohl ein unrealistisches Opferdenken als auch eine überzogene Selbstbeschuldigung, führen mithin zum Selbstboykott. Natürlich gibt es auch Menschen, die sich sowohl als Opfer wahrnehmen als auch sich selbst bezichtigen. Wichtig ist allein, dass man eine möglichst realistische Einschätzung sowohl der eigenen Verantwortung als auch der unverschuldeten äußeren Bedingungen vornimmt. Denn nur dann kann man den Hebel zur Veränderung an der richtigen Stelle ansetzen.

Vor Anja lag die schwierige Aufgabe:

1. Eine realistische Einschätzung ihrer eigenen Verantwortung zu gewinnen.
2. Den Beitrag ihrer frühen Bezugspersonen zu erkennen, den sie nicht selbst verschuldet hat.
3. Für sich selbst, beziehungsweise für das innere Kind in ihr, Verständnis aufzubringen.
4. Ihr Selbstbild zu verändern, und
5. darauf aufbauend, neue Entscheidungen zu treffen.

Dieser Weg erscheint natürlich erst einmal mühsam und lang. Für manche erscheint der Weg zu lang, sodass sie ihn gar nicht erst antreten und stattdessen ihr Leben »irgendwie so herumkriegen«. Da sollte man es doch besser halten wie der Straßenfeger in Michael Endes Roman »Momo«. Der Straßenfeger hatte den Job, eine unendlich lange Straße zu fegen. Momo fragte ihn, woher er die Kraft nehme für diese Aufgabe, und der Straßenfeger antwortete: »Das ist ganz einfach: Ich mache einfach einen Schritt nach dem anderen.«

Anja wollte sich auf den Weg machen. Im Verlauf unserer Gespräche wurde ihr immer deutlicher, welche falschen Überzeugungen sie in ihrer Kindheit von ihren Eltern übernommen und was für ein verzerrtes Selbstbild sie hierdurch entwickelt hatte. Sie identifizierte ihre tiefe und ihr bis dahin unbewusste Grundüberzeugung »Ich tauge nix!« und erkannte, wie diese sie bei wichtigen Entscheidungen hatte verzagen lassen. Ihr wurde bewusst, dass sie aus Versagensangst die Schule abgebrochen und eine Ausbildung gar nicht erst begonnen hatte. Sie reflektierte ihren tiefen Wunsch nach einer väterlichen Figur, die sie durch ihr Leben führt, und erkannte, dass sie sich deshalb einen sehr dominanten Mann ausgesucht hatte, der sie aber letztlich unterdrückte. Hierbei wurde sie auch gewahr, wie sehr sie sich hatte unterdrücken *lassen*. In Bezug auf ihre Kinder musste sie schmerzlich erkennen, dass sie unbewusst ihren Mangel an Eigenliebe auf diese übertragen hatte. So, wie sie sich damals selbst vernachlässigt hatte, so gleichgültig war sie auch mit ihren Kindern umgegangen. Unbewusst hatte sie ihre Kinder so behandelt, wie ihre Mutter sie behandelt hatte.

All diese Einsichten kosteten Anja viele Tränen und Schmerzen. Sie schufen jedoch Raum für neue Erkenntnisse. Mit der Zeit konnte Anja für sich Verständnis aufbringen. So konnte sie das verunsicherte, gedemütigte Kind in sich erkennen, das aus Überforderung eine Serie von falschen Entscheidungen getroffen hatte. Ebenso konnte sie ihre gesunden und starken Anteile entdecken und sie wertschätzen lernen, etwa ihren Kampfgeist, ihre Fähigkeit, sich selbst zu reflektieren, ihren Wunsch nach Nähe und Geborgenheit und ihre hohe Intelligenz.

Je mehr sie zu sich selbst fand, desto leichter gelang es ihr auch, ihre Kinder anzunehmen. Die Erkenntnis, dass sie aus Angst zu scheitern vieles nicht versucht hatte, führte sie zu der Entscheidung, nunmehr zu handeln. Sie holte ihren Schulabschluss nach und machte eine Ausbildung zur Altenpflegerin. Sie suchte den Kontakt zum Jugendamt und führte mit der Mitarbeiterin offene Gespräche. Ihrem Wunsch nach vermehrten Besuchskontakten mit ihren Kindern wurde aufgrund ihrer veränderten Einstellung stattgegeben. Anja entschuldigte sich bei ihren Kindern für ihre früheren Versäumnisse und Ungerechtigkeiten. Die Kinder schöpften wieder Vertrauen zu ihrer Mutter, und Anja, die inzwischen einen friedvollen Kontakt zu ihrem eigenen inneren Kind gefunden hatte, konnte sich auf eine ganz neue Weise auf ihre Kinder einlassen. Hierbei akzeptierte und respektierte sie auch die Bindungen, die ihre Kinder inzwischen zu ihrer Pflegefamilie entwickelt hatten. Dies konnte sie, weil sie sich selbst verziehen hatte und weil sie deshalb die Pflegeeltern nicht mehr als Konkurrenz sah, sondern sie als liebevolle Bezugspersonen für ihre Kinder anerkennen konnte.

Einige Jahre nach unserem ersten Gespräch hatte sich Anjas Sicht auf sich und ihr Leben drastisch verändert: Sie war stolz auf sich.

Ich bin gut!

Eine weitere Maßnahme, die ich Ihnen empfehlen möchte, um Ihrer Fehlprogrammierung entgegenzutreten, ist, sich ein Gegenprogramm zu installieren. Dies kann auf zwei Wegen geschehen:

Erster Weg: Wie ich bereits am Anfang dieses Buches erwähnt habe, weisen viele Selbstwertgeschädigte auch einige Bereiche auf, in denen sie nicht an sich zweifeln, sondern sich selbstbewusst und gut fühlen. So wie Frau Maler, die meint, eine graue Maus zu sein, die sich aber in ihrem Beruf sicher und kompetent fühlt. Wenn Sie zu jenen gehören, die nicht grundsätzlich an sich zweifeln, sondern auch innere Zustände und Phasen kennen, in denen Sie zufrieden und selbstsicher sind, dann empfehle ich Ihnen, sich in dieses Gefühl hineinzuversenken und von innen heraus einen Satz zu finden, der diesen Zustand zusammenfasst.

Also konzentrieren Sie sich auf eine Situation, wo Sie sich gut und sicher fühlen und lassen Sie Ihr Unbewusstes aus dem Bauch-Brust-Raum einen Satz finden, der genau das ausdrückt. Hier kann Ihnen auch die Übung »Moment der Könnerschaft« im Abschnitt »Nutzen Sie Ihre Vorstellungskraft« dienlich sein. Wichtig ist, dass Sie diesen Satz, wie zum Beispiel: »Ich bin gut!«, nicht nur denken, sondern ihn auch körperlich erleben. Nehmen Sie bewusst wahr, wie Ihr Körper und Ihre Atmung diesen Satz, diesen guten Zustand, verspüren.

Wenn Sie dann mal wieder in Ihrem »Ich-bin-schlecht-Gefühl« feststecken, versuchen Sie ganz bewusst, per Willenskraft und Entscheidung, in Ihr »Ich-bin-gut-Gefühl« zu wechseln. Ich verweise auch auf den Abschnitt »Mama ist lieb! Wie Urvertrauen und Bindung entstehen«. Dort habe ich über das Belohnungs- und Bestrafungssystem in unserem Gehirn geschrieben. Denn genau darum geht es hier. Sie können ganz bewusst lernen, aktiv von Ihrem Bestrafungssystem auf Ihr Belohnungssystem umzuschalten.

Zweiter Weg: Falls Sie hingegen zu jenen gehören, denen es ganz schwer fällt, bei sich noch etwas Gutes zu entdecken, dann setzen Sie Ihrer Programmierung ein Lebensmotto oder eine Affirmation entgegen. (Dies können diejenigen, die den ersten Weg gehen, übrigens noch zusätzlich tun – doppelt hält besser!) Zunächst zum Lebensmotto: Dieses Motto soll eine gedankliche Stütze sein, an der Sie sich festhalten können, um Ihrer Angst entgegenzutreten. Auch durch die Orientierung an einen höheren Sinn können wir Angst überwinden. Lebensweisheiten beziehungsweise Lebensmottos verdichten einen höheren Sinn in einem Satz. Solche Sätze kann man verinnerlichen, um sich von ihnen leiten und lenken zu lassen anstatt von seinen selbstabwertenden Glaubenssätzen.

Lebensmottos finden Sie unter diesem Stichwort in Hülle und Fülle im Internet oder auch in Büchern zu diesem Thema. Möglicherweise hatte aber auch schon Ihre Großmutter oder ein anderer Verwandter einen oder mehrere schöne Sprüche, die Sie sich zu eigen machen können. Sie können aber auch selbst welche erfinden.

Hier nur ein paar Beispiele:

- »Wer kämpft, kann verlieren, wer nicht kämpft, hat schon verloren.« (Bertolt Brecht)
- Im Leben kommt es nicht darauf an, gute Karten zu haben, sondern auch mit schlechten zu spielen. (Quelle unbekannt)
- Es kommt nicht darauf an, wo man herkommt, sondern wohin man will. (Quelle unbekannt)
- »Das Große ist nicht, dies oder das zu sein, sondern man selbst zu sein.« (Søren Kierkegaard)
- »Der beste Weg, andere an uns zu interessieren, ist der, an ihnen interessiert zu sein.« (Emil Oesch)

Heilsam können aber auch sogenannte Affirmationen sein. Eine Affirmation ist ein selbstbejahender Satz, der durch stetige Wiederholung unser Denken und somit auch unser Fühlen und Verhalten beeinflusst. Eine Affirmation ist ein klarer Befehl an das Unbewusste. Im Negativen arbeiten Sie unbewusst ständig mit Affirmationen, so ist beispielsweise der Glaubenssatz »Ich bin schlecht!« auch nichts anderes. Nutzen Sie die Kraft der Affirmation im Positiven.

Ich kenne viele Menschen, die mit Affirmationen ihr Selbstwertgefühl erfolgreich verändert haben. Affirmationen helfen, wenn sie nicht allzu platt konstruiert sind und man gewisse Regeln befolgt. Diese möchte ich Ihnen jetzt an die Hand geben.

1. Identifizieren Sie ein Thema, an dem Sie arbeiten möchten. So möchten Sie zum Beispiel selbstbewusster werden. Dann konstruieren Sie sich einen Satz dazu, wobei der Satz »Ich bin selbstbewusst!« zu platt wäre. Diese Formulierung würde eher Ihre Selbstzweifel verstärken. Sie würde sofort Widerspruch in Ihnen wecken, wie bei: »Wer's glaubt, wird selig …«, »Was für ein Unsinn«, »Was willst du dir denn da einreden!«
2. Deswegen wählen Sie eine Formulierung, die konkret und annehmbar ist, wie beispielsweise: »Jeden Tag habe ich, Johanna, das Recht, mich zu behaupten!« Oder: »Ich, Hans, respektiere mich.« Wichtig ist, dass die Sätze immer *bejahend* und in der *Gegenwart* formuliert sind und das Pronomen *»ich«* enthalten. Verneinungen, wie zum Beispiel »Keiner darf mich respektlos behandeln!«, funktionieren nicht, weil das Unterbewusstsein die Verneinung nicht versteht. Wenn ich Sie zum Beispiel auffordere, jetzt *nicht* an eine blaue Wolke zu denken, was passiert dann? Sie denken unweigerlich an eine blaue Wolke.
3. Wenn Sie eine Affirmation gefunden haben, spüren Sie in sich hinein, ob sie auch zu Ihnen passt. Wählen Sie nur Sätze, die sich gut anfühlen. Wenn sich innerlich zu viel Widerspruch regt, funktioniert es nicht.
4. Schreiben Sie die Affirmation mindestens 15 Mal auf. Sofern das in Ihrer Wohnsituation möglich ist, notieren Sie sich die Affirmation in Ihrer Lieblingsfarbe auf ein Blatt Papier und hängen Sie dieses an einer gut sichtbaren Stelle in Ihrer Wohnung auf. Sagen, denken oder flüstern Sie die Affirmation möglichst oft. Wichtig ist, dass Sie auch gefühlsmäßig beteiligt sind. Versuchen Sie, den Zustand, den Sie herbeiführen möchten, innerlich zu fühlen.
5. Sehr wirksam ist es auch, wenn Sie sich immer wieder vorstellen, jemand anders, zum Beispiel eine Freundin, würde diesen Satz über Sie sagen. Zum Beispiel können Sie sich eine Freundin vorstellen, die im Gespräch mit einer anderen Person Ihre

Affirmation als Feststellung sagt: »Ja, die Johanna hat jeden Tag das Recht, sich selbst zu behaupten!« Wichtig ist, dass Ihr Vorname dabei fällt.

Gut ist auch, wenn Sie Ihre Affirmation direkt gegen Ihre negativen Glaubenssätze einsetzen. Wenn Sie zum Beispiel im tiefsten Inneren überzeugt sind: »Ich bin nichts wert«, dann trifft eine positive Affirmation hierzu in das Zentrum Ihrer Unsicherheit. Wie gesagt würde eine entgegengesetzte Affirmation wie: »Ich bin wertvoll!« wahrscheinlich zu viel inneren Widerstand hervorrufen, also versuchen Sie auch hier, ein annehmbares Gegenprogramm zu finden, wie beispielsweise: »Für meine Kinder bin ich sehr viel wert!« Oder: »Mit jedem Tag erkenne ich meinen Wert mehr!«

Zum Thema Affirmationen gibt es viel Literatur sowie zahlreiche Internetseiten, auf denen Sie auch viele Beispiele für wirksame Affirmationen finden.

Vom Zauber der Selbstregulation

An dieser Stelle möchte ich noch einmal zusammenfassen, worum es im Kern bei Veränderungsprozessen geht: *Es geht darum, seine innere psychische Programmierung zu erkennen und einen inneren Abstand zu ihr zu schaffen.* Das Verstehen seiner eigenen Programmierung versetzt einen in die Lage, diese zu verändern, indem man neue Entscheidungswege installiert. Ansonsten läuft das Programm automatisch ab, weil unerkannt und somit unbewusst.

Einige Menschen meinen nun, sie seien sich ihrer Programmierung durchaus bewusst, aber sie könnten trotzdem nichts an ihr verändern. Diesen sei gesagt, dass sie sich irren. Wäre ihnen ihr Programm nämlich gänzlich bewusst, dann könnten sie auch etwas daran verändern. Nur weil ich meine, mir sei alles klar, muss das noch lange nicht so stimmen. Die eigene Analyse kann durchaus fehlerhaft sein.

Im Grundsatz müssen Menschen, die unter einem geringen Selbstwertgefühl leiden, begreifen lernen, dass nicht *sie selbst* schlecht, hässlich, dumm und dämlich sind, sondern ihr niedriges Selbstwertgefühl sie das *glauben* lässt – das ist ihre Programmierung. Sie müssen einen Abstand zwischen ihrem Selbstwertgefühl und ihrem Verstand schaffen. Nichts anderes bewirkt auch das Gespräch mit dem »inneren Kind«. Auch hier wird eine bewusste Trennung vorgenommen zwischen dem kindlichen, irrationalen Anteil unserer inneren Programmierung und dem erwachsenen, rationalen Anteil in uns. Technisch formuliert: Man muss den Schaltplan seiner Psyche vor sich liegen haben, um die richtigen Hebel zu bewegen und die Verschaltungen zu verändern.

Diese Zusammenhänge möchte ich am Beispiel einer narzisstischen Persönlichkeitsstruktur verdeutlichen (siehe auch Exkurs »Ich bin der Größte! Der Narzisst«). Wenn der Narzisst seine Programmierung erkennt, dann weiß er unter anderem, dass er eine geringe Toleranz für die Schwächen seines Partners (und anderer Menschen) aufbringt. Schwächen machen ihn wütend. Wenn der Narzisst sich nun aber dessen bewusst ist, dass er ein solcher ist, dann kann er mithilfe seines Verstandes einen Abstand zwischen sich und seinem automatischen Programm schalten. Das sieht dann so aus: Wenn sein Partner ihn nervt, weil er ein Verhalten zeigt, das der Narzisst als Schwäche empfindet, kann er sich nun selbst regulieren. Er könnte sich dann beispielsweise sagen: »Du siehst die vermeintliche Schwäche deiner Frau jetzt wieder überlebensgroß, weil das dein narzisstisches Programm ist. Überlege doch bitte einmal, welche Stärken sie hat, und vergiss nicht, dass du selbst genügend Schwächen aufweist, über die deine Frau sich umgekehrt genauso aufregen könnte!« Durch diese Korrektur seiner Wahrnehmung erweitert er seinen Blick, anstatt, wie es eigentlich seinem Programm entspräche, diesen auf die Schwäche seiner Frau zu verengen. Hierdurch verändert sich seine Sicht auf seine Frau: Die wahrgenommene Schwäche schrumpft im Verhältnis zu ihren Vorzügen, und er relativiert ihre Schwäche an seinen eigenen Schwächen. Dies verhindert, dass er sich emotional in seinen Unmut hineinsteigert und wütend wird. Er bleibt besonnen. Darüber hinaus kann dieser Narzisst sich auch selbst verbieten, seiner Frau Vorwürfe zu machen, denn er weiß, dass er sie nur unnötig verletzen würde. Schließlich ist ihm bewusst, dass die Schwächen, die ihm übergroß erscheinen, in Wirklichkeit sehr wahrscheinlich klein sind. Durch diesen kleinen Akt der Wahrnehmungskorrektur und Selbstbeherrschung verzieht sich sein aufkeimender Unmut schnell, und er erspart sich und seiner Frau eine unschöne Auseinandersetzung. Weil er wusste, dass er eine narzisstische Struktur hat, hat er seiner eigenen Wahrnehmung nicht getraut und diese kraft seines Verstandes korrigiert. Für Narzissten, aber auch für alle anderen Menschen gilt: *Ich muss nicht immer glauben, was ich denke!*

Wenn der Narzisst sich hingegen seines Musters nicht bewusst gewesen wäre, dann hätte er geglaubt, was er wahrnimmt. Unbewusst hätte er die Schwäche seiner Frau unter die Lupe genommen, ihre Vorzüge vollkommen ausgeblendet, ebenso seine eigenen Fehler. Diese Betrachtung hätte ihn sehr wütend gemacht, und er hätte die vermeintlichen Schwächen seiner Frau als Fehler vorgeworfen. Er hätte sich im Recht gefühlt.

Die Kunst ist also zu lernen, wo man seiner eigenen Wahrnehmung trauen darf und wo nicht.

Finden Sie zu sich selbst!

Viele unsichere Menschen haben ein Problem damit zu definieren, wer sie überhaupt sind beziehungsweise was ihre Persönlichkeit ausmacht. Sie sind sich ihrer Identität nicht sicher. Dieses Problem geht auf die eigenen Kindheitserfahrungen zurück. Sie mussten sich (zumindest teilweise) verbiegen, um den Eltern zu gefallen. Dies ist insbesondere dann der Fall, wenn die Erwartungen der Eltern am Charakter und an den Fähigkeiten des Kindes vorbeigingen. Wenn Eltern zum Beispiel erwarten, dass ihr Kind artig sein muss und es keine Wut zeigen darf, so lernt das Kind, seine natürlichen Aggressionen zu unterdrücken. Dieser Mensch hat dann auch als Erwachsener Schwierigkeiten im Umgang mit seinen Aggressionen.

So kommen seine Aggressionen möglicherweise nur zum Vorschein, wenn er Alkohol trinkt, weil er dadurch die Kontrolle über sie verliert. Wenn er getrunken hat, schlägt er seine Frau und lässt seine ganze aufgestaute Wut (auf seine Mutter) an ihr aus. Sobald er wieder nüchtern ist, schämt er sich sehr und schwört seiner Frau, dies nie wieder zu tun – bis zum nächsten Mal. Dieser Mensch hat seine Kindheitserfahrungen und seine Aggressionen nicht in sein Selbstbild integriert. Da er als Kind nicht wütend sein durfte, lernte er, seine Aggression wegzudrücken, aber nicht, mit dieser angemessen umzugehen. (Auf das Thema »Aggression« werde ich noch näher unter der Überschrift »Aggression« im Kapitel »Fühlen« eingehen.)

Wenn die Eltern also, ausgesprochen oder unausgesprochen, Erwartungen an das Kind herantragen, die nur partiell zu seinen natürlichen Bedürfnissen, zu seinem Charakter und seinen Fähigkeiten passen, dann lernt das Kind, sich für die Zuwendung seiner Eltern selbst zu verleugnen. Es lernt, gegen seine eigentlichen Bedürfnisse, gegen sein Wesen zu leben. Die Persönlichkeitsentwicklung des Kindes wird gehemmt. Es weiß dann auch als Erwachsener nicht so genau, was seine eigentlichen Bedürfnisse, Eigenschaften, Werte, Stärken und Schwächen sind.

Dieser Prozess kann auf unterschiedliche Verhaltensweisen der Eltern zurückgeführt werden, beispielsweise auf wenig Einfühlungsvermögen für das Kind. Durch das geringe Einfühlungsvermögen der Eltern oder eines Elternteils lernt das Kind vielleicht nicht nur einen unangemessenen Umgang mit seinen Aggressionen, sondern auch mit Gefühlen der Trauer, der Angst, der Freude und so weiter. Wenn es den Eltern schwerfällt, ihr Kind richtig wahrzunehmen, dann reden und handeln sie an dessen Gefühlen und dessen Bedürfnissen oft vorbei. Kinder lernen sich selbst anzunehmen, indem sie von ihren Eltern angenommen werden. Wenn die Eltern jedoch Schwierigkeiten haben, ihr Kind mit seinen Stärken, Problemen, Gefühlen und mit seinem Wesen anzunehmen, kann das Kind sich auch selbst nicht so annehmen, wie es ist. Das Kind lernt, dass es falsch ist, was es fühlt, denkt und will. Es lernt, dass seine Gefühle und seine Wünsche keine Berechtigung haben. Es lernt, dass es, so wie es ist, nicht okay ist. Deswegen gilt das Einfühlungsvermögen eines Elternteils auch als das zentrale Kriterium für Erziehungskompetenz. Für Kinder ist es sehr wichtig, dass sie mit ihren Gefühlen, Wünschen, Sorgen und Ängsten verstanden werden. Verstehen heißt dabei nicht unbedingt, dass die Eltern die Kinder in all ihren Gefühlen und Bedürfnissen unterstützen sollten. Kinder müssen natürlich auch lernen, sich anzupassen. Aber zunächst ist es wichtig, dass das Kind sich selbst verstehen lernt. Dies geschieht, indem ihm seine Eltern seine Gefühle spiegeln, also das Kind zum Beispiel darauf hinweisen, dass es wohl gerade traurig ist, weil es Streit mit einem Freund hatte. Dann können sie dem Kind sowohl dabei helfen, seinen eigenen Beitrag zu dem Streit zu erkennen, als auch dabei, eine Lösung zu entwickeln, wie man sich wieder vertragen kann. Hierdurch lernt das Kind mehrere Dinge:

1. Das, was ich da fühle, heißt »traurig«.
2. Ich darf traurig sein.
3. Ich verstehe, warum ich traurig bin.
4. Ich verstehe, was ich zu der Situation beigetragen habe.
5. Ich kann das Problem lösen.

Wenn Kindern Raum für ihre Erfahrungen und für ihre Empfindungen gegeben wird, dann erwerben sie hierüber ein stabiles Identitätsgefühl. Sie lernen, mit ihren Gefühlen und ihren Bedürfnissen umzugehen. Wenn dies wegen wenig verständnisvoller Eltern nicht der Fall ist, dann entwickelt sich beim Kind ein brüchiger Kontakt zu seinen inneren seelischen Vorgängen. Als Erwachsener ist der Betroffene sich häufig unsicher, was er gerade empfindet, ob er überhaupt gerade so empfinden darf und was er tun soll.

Mit einem geringen elterlichen Einfühlungsvermögen gehen häufig elterliche *Standardsätze* einher, die dann von den Kindern bis in das Leben als Erwachsene als sogenannte Glaubenssätze verinnerlicht werden. Solche Standardsätze sind beispielsweise:

»Nimm dir mal ein Beispiel an deinem Bruder«, »Du bringst es zu nichts, wenn du so weitermachst«, »Du machst dich lächerlich«, »Du bist zu dick, peinlich, zu dumm …«, »Was sollen denn die Leute von dir denken?«, »Bilde dir bloß nichts auf dein Aussehen/dein Talent ein«, »Hochmut kommt vor dem Fall« und so weiter. Viele unsichere Menschen tragen zahlreiche solcher verinnerlichten Glaubenssätze in sich, die wie Endlosschallplatten von ihrem Gehirn abgespielt werden. Die Sprüche ihrer Eltern sind zu ihrer *eigenen* Überzeugung geworden.

Auch falsche Wertvorstellungen der Eltern können bei Menschen zu einer brüchigen Identität führen, beispielsweise wenn religiöse Werte sehr rigide gelebt werden oder wenn nur Geld und Erfolg im Bewertungssystem der Eltern eine Rolle spielen. Das Hineinzwängen eines Kindes in strenge, einseitige und moralisch zweifelhafte Werte und Normen kann dessen Persönlichkeitsentwicklung ebenfalls behindern.

Falls Sie Probleme haben, ein klares Selbstbild von sich zu entwickeln, empfehle ich Ihnen, sich mit Ihrer Erziehung und Ihren Kindheitserfahrungen auseinanderzusetzen. Dies gilt auch für andere prägende Einflüsse als die der Eltern, so wie zum Beispiel die Einflüsse von Lehrern oder anderen Kindern.

Machen Sie eine persönliche Bestandsaufnahme

Ich lade Sie ein, zunächst eine Bestandsliste über Ihre Person zu erstellen, damit Sie überhaupt die Basis dafür bekommen, sich ein klares Bild von sich selbst, Ihren Fähigkeiten, Stärken und auch Schwächen zu machen. Diese sollte die folgenden Themen beinhalten:

Meine Gefühle
Welche Emotionen sind in meinem Gefühlsrepertoire? Wut, Freude, Stolz, Trauer, Mitleid, Liebe, Angst, Enttäuschung ... Erlaube ich mir, diese Empfindungen zu haben? Wie gehe ich mit ihnen um?

Meine Charaktereigenschaften
Es gibt so viele Eigenschaften, die ein Mensch haben kann, dass ich hier nur einige nennen möchte, um Sie für die Beantwortung dieser Frage zu inspirieren: aufrichtig, hilfsbereit, ungeduldig, schüchtern, gesellig, offen, ängstlich, intelligent, gutmütig, faul, geizig, humorvoll, angepasst, rebellisch, aggressiv, ehrgeizig, durchsetzungsschwach ...

Meine Werte
Welche Werte sind Ihnen in Ihrem Leben wichtig? Solche Werte könnten zum Beispiel sein: Nächstenliebe, Selbstliebe, Gerechtigkeit, Bildung, Leistung, Aufrichtigkeit, Freundschaft, Fürsorge, Verantwortung, Zivilcourage, Toleranz, Authentizität, Autonomie, Erkenntnis, Weisheit, Zuverlässigkeit, Loyalität, Treue, Mut und so weiter.

Meine Interessen und Hobbys
Listen Sie auf, was Ihnen wichtig ist und was Ihnen Spaß macht.

Meine Schwächen und meine Stärken
Versuchen Sie, Ihre Schwächen und Ihre Stärken möglichst realistisch einzuschätzen. Und zwar sowohl für Ihre Charaktereigenschaften als auch für Ihre Fähigkeiten.

Meine Glaubenssätze
Hier geht es um negative innere Überzeugungen, die Sie mit sich herumschleppen. Überlegen Sie sich, welche Sprüche Sie immer wieder daheim zu hören bekommen haben. Sie sollten sich zusätzlich Ihre positiven Überzeugungen notieren, um diese den negativen entgegenzuhalten.

Nun gehen Sie Ihre Notizen noch einmal durch und fragen Sie sich dabei: Was habe ich von meinen Eltern übernommen? Bei den Gefühlen überlegen Sie sich, welche Gefühle in Ihrem Elternhaus erwünscht, welche unerwünscht waren und wie Ihre Eltern mit diesen Gefühlen umgegangen sind. Überlegen Sie sich, so gut Sie können, was *Sie* für richtig und angemessen halten. Mir ist klar, dass es vielen Lesern und Leserinnen schwerfallen wird, diese Fragen zu entscheiden, aber allein der Versuch kann hilfreich sein, um mehr Einsicht in sein eigenes Gefühlsleben zu bekommen.

Fragen Sie sich auch bei Ihren Charaktereigenschaften, welchen Einfluss Ihr Elternhaus genommen hat. Wurden bestimmte Eigenschaften besonders gefördert und gelobt? Oder hat man Ihnen gewisse Eigenschaften – schlechte wie gute – wiederholt nachgesagt? Haben Sie sich Eigenschaften von Ihren Eltern abgeguckt oder sie geerbt?

Auch Ihre Werte gleichen Sie mit jenen in Ihrem Elternhaus ab. Was war Ihren Eltern wichtig? Worauf haben sie Wert gelegt?

Ebenso schauen Sie, welchen Einfluss Ihre Eltern auf Ihre Interessen und Hobbys genommen haben.

Dann untersuchen Sie Ihre Stärken und Schwächen auf Ihre Erziehung hin. Welche Schwächen wurden Ihnen möglicherweise daheim oder auch von anderen Kindern oder Lehrern eingeredet? Woraus resultieren Ihre Stärken?

Schließlich identifizieren Sie die Glaubenssätze, die Ihre Eltern (oder andere Bezugspersonen) in Sie hineinversenkt haben.

Ziel all dieser Überlegungen ist es, eine innere Renovierung vorzunehmen. *Etwa so, als ob Sie ein altes Haus geerbt hätten. Sie gehen durch das Gebäude und überlegen sich, was schön ist und bleiben kann und was entsorgt, repariert oder auch verändert werden muss. In diesem Sinne geht es um eine Bestandsaufnahme Ihres Selbst und gegebenenfalls um eine Entrümplung Ihrer Einstellungen, Emotionen und Werte, die Sie nicht als zu sich gehörig und authentisch, sondern als von Ihren Eltern übernommen erleben. Hierbei soll klargestellt werden, dass nicht alles, was Sie von Ihren Eltern übernommen haben, schlecht sein muss. Wichtig ist nur, dass Sie feststellen, ob der Einfluss Ihres Elternhauses* auf Ihr Selbstbild auch *Ihnen* gefällt, ob Sie dem zustimmen können. Wenn ja, kann er bleiben, wenn nein, dann sollten Sie sich von ihm verabschieden und etwas anderes an seinen Platz stellen.

Ich weiß, dass diese Übung keine leichte ist, aber es kann enorm hilfreich sein, zumindest einmal darüber nachzudenken, was Sie so alles aus Ihrer Kindheit in Ihrem Gepäck mitgenommen haben. Versuchen Sie diese Übung einfach nur so gut, wie sie Ihnen gelingt, zu machen und sich weder in Perfektionsansprüchen noch in massiven Grübeleien zu verrennen.

Abschließend möchte ich Ihnen noch den Tipp geben, den Persönlichkeitstest aus meinem Buch *»So bin ich eben!«* durchzuführen. Sie finden ihn auch auf meiner Homepage www.stefanie-stahl.de. Mit diesem Test können Sie Ihr angeborenes Persönlichkeitsprofil erstellen. Das Ergebnis kann sehr hilfreich sein, um sich selbst besser zu verstehen und sich mithin besser annehmen zu können. Falls Sie Ihr Wissen über sich und auch über Ihre Mitmenschen vertiefen wollen, so empfehle ich Ihnen, das Buch zu lesen.

Ihr Selbstbild als Mann und als Frau

In diesem Abschnitt möchte ich noch auf die geschlechtsspezifischen Selbstbilder zu sprechen kommen. Diese unterscheiden sich nämlich zum Teil erheblich von dem allgemeinen Selbstbild, das man »als Mensch« von sich hat. So frage ich meine Klienten immer gern, wie sie sich selbst »als Mensch« beschreiben würden, und schließe dann die Frage an, wie sie sich »als Mann« oder »als Frau« beschreiben würden.

Für männliche Leser: Immer wieder stelle ich fest, dass diese zwei Selbstbilder weit auseinanderklaffen können. So beschrieb sich beispielsweise ein männlicher 38-jähriger Klient als Mensch wie folgt: »Ich bin ehrlich und ein loyaler Freund. Ich mache mir viele Gedanken um meine Mitmenschen und um philosophische Fragen. Ich bin kompromissfähig – kein Macho. Ich bin intelligent und auch fleißig. Ich neige zwar zu Grübeleien, und meine Stimmung ist häufig gedrückt, aber insgesamt, glaube ich, bin ich ganz okay.« Dann fragte ich ihn nach seinem männlichen Selbstbild, und da kam es: »Von mittelmäßigem Aussehen, ein Weichei, unselbstständig!« Der Grund, warum er zu mir in die Therapie kam, war, dass er viel Pech mit Frauen und Beziehungen hatte. Die Ursache war sein männliches Selbstbild. Er hatte seine femininen, aber nicht seine männlichen Eigenschaften kultiviert. Das machte ihn für viele Frauen uninteressant, er war einfach nicht sexy. So war er im Beisammensein mit seinen »Angebeteten« immer viel zu unterwürfig und angepasst. Auch wenn er anderer Meinung war, widersprach er nicht, aus Angst, es könnte zum Streit kommen und die Frau würde ihn dann nicht mehr haben wollen. Er traute sich auch nicht, einfach mal »ranzugehen«. Er vermochte nicht in sein Selbstbild zu integrieren, dass er sowohl emanzipiert und verständnisvoll {»kein Macho«) sein kann als auch im richtigen Moment der Frau »an die Wäsche« gehen darf. Ich arbeitete also mit ihm an seinem männlichen Selbstvertrauen, seiner Durchsetzungsfähigkeit und daran, dass er sich die Erlaubnis gab, auch ein sexuelles Wesen zu sein. Hintergrund seines Problems war seine schwierige Beziehung zu seinem Vater. Der Vater war daheim ein schlimmer Despot gewesen, der sowohl die Kinder als auch seine Frau schlug. Mein Klient wuchs also mit dem festen Vorsatz auf, bloß nicht so zu werden wie sein Vater. Leider schüttete er das Kind mit dem Bade aus, so verbot er sich – unbewusst – quasi jegliches Mannsein. Diese Entwicklung kommt übrigens auch bei Männern vor, deren Mutter sie in die Koalition gegen den Vater gezogen hat. So zum Beispiel Mütter, die sich bei ihren Söhnen über den »bösen Vater« ausheulen. Der Sohn lernt hierdurch, dass Männer nicht in Ordnung sind und dass sie Frauen wehtun. Dies kann erhebliche Folgen für ihr männliches Selbstbild haben. Sie kastrieren sich quasi selbst, um kein »böser Mann« zu sein.

Auch der umgekehrte Fall ist häufig anzutreffen, also Männer, die ein übertriebenes männliches Selbstbild haben. Diese sind sehr standpunktsicher, sexuell selbstbewusst und von ihren gesamten Attributen her – auch äußerlich – sehr männlich. Was sie hingegen wenig können, ist, ihre Gefühle differenziert wahrzunehmen, geschweige denn über sie zu reden. Zudem fällt es ihnen schwer, sich einzugestehen, dass sie auch Bedürfnisse nach Anlehnung und zärtlicher Nähe in sich beheimaten. Während der erste Typus sich nicht traut, einfach mal hart zu sein, traut sich dieser nicht, einfach mal weich zu sein. Diese Männer kommen zum Beispiel zu mir in Psychotherapie, weil sie unter Bindungsängsten leiden: Sie können sich auf Dauer einfach nicht auf eine nahe Liebesbeziehung einlassen – sie haben zu viel (unbewusste) Angst, ihre persönliche Autonomie hierdurch zu verlieren. Mit diesen Männern arbeite ich – verkürzt gesagt – an ihren weichen Seiten und ihren Gefühlen.

Wenn Sie ein Mann sind, denken Sie also bitte über Ihr männliches Selbstbild nach und überlegen Sie, welche Seite – die maskuline oder die feminine – Sie vielleicht zu stark in sich unterdrücken.

Versuchen Sie ein möglichst vollständiges Selbstbild zu entwickeln, das heißt, Sie dürfen als Mann sowohl durchsetzungsfähig, sexuell selbstbewusst, zielstrebig und mutig sein als auch verständnisvoll, mitfühlend, zärtlich und anlehnungsbedürftig. Das passt alles unter einen Hut.

Männern, die an Ihrem Mannsein arbeiten möchten, kann ich die Bücher von Björn Süfke empfehlen: »*Männerseelen*« und »*Männer – Was es heute heißt, Mann zu sein*«.

Für weibliche Leser: Legen Sie sich bitte die Frage vor, wie Sie sich als Frau wahrnehmen. Manche Frauen unterdrücken die weibliche Seite in sich zu sehr, andere überbetonen sie. Erstere sind häufig recht unscheinbar und machen wenig aus ihrem Typ. Sie finden sich als Frau unattraktiv und verdrängen das Thema Aussehen und Frausein ziemlich aus ihrem Bewusstsein. Andere Frauen hingegen definieren sich zu stark über Äußerlichkeiten und darüber, wie gut sie bei Männern ankommen. Bei Frauen spielt hinsichtlich ihres Selbstbildes das Aussehen eine größere Rolle als bei Männern. Es ist nach wie vor so, dass Männer sich eher über ihre Fähigkeiten und Frauen sich eher über ihr Aussehen definieren, zumindest was ihr Selbstbild als Mann beziehungsweise als Frau anbelangt. In meinem Freundeskreis ging eine Zeit lang die Frage um, wann man sich selber sexy findet. Die Frauen nannten ausschließlich äußerliche Attribute wie: Wenn ich eine braune Haut habe; wenn ich mich mit meiner Figur wohlfühle; wenn ich sexy Klamotten trage und so weiter. Die Männer erklärten hingegen, sie fühlten sich sexy, wenn sie ein Kopfballtor schießen; wenn sie viel Geld verdienen; wenn sie ein cooles Auto fahren; wenn sie einen dicken Vertrag an Land gezogen haben und so weiter. Dass Frauen sich stark über ihr Aussehen definieren, hängt natürlich auch erheblich mit den Ansprüchen der Männer zusammen. So haben psychologische Studien ergeben, dass das Aussehen der Frau für den Mann das zentrale Kriterium bei der Partnerwahl darstellt. (Frauen wollen bei einem Mann hingegen alles: Er soll gut aussehen, einen guten Job haben, Geld verdienen, nett sein, witzig sein, im Haushalt helfen, gut im Bett sein und immer so weiter.)

Falls Sie zu jenen Frauen gehören, die ein niedriges Selbstbewusstsein als Frau haben, weil sie finden, dass sie unattraktiv wären, dann lesen Sie bitte den nächsten Abschnitt. Falls Sie eher zu jenen gehören, die fast ausschließlich auf die Karte »Attraktivität« setzen, dann versuchen Sie Ihr Selbstbewusstsein ein wenig von männlicher Anerkennung zu entkoppeln. Das geht auf die Dauer sowieso nicht gut, weil wir um das Altern nicht herumkommen. Zudem führt das übertriebene Wertlegen auf die äußere Erscheinung auch häufig, in Ermangelung eines echten Selbstbewusstseins, zu Konkurrenzkämpfen mit anderen Frauen. Das ist schade und überflüssig. Die Anerkennung von Männern darf für Frauen nicht der zentrale Maßstab für ihr Selbstwertgefühl sein. Das haben sie nicht nötig. Suchen Sie sich neben Ihrer Attraktivität noch andere Beschäftigungen und Werte, aus denen Sie Selbstbewusstsein schöpfen. Dieses Buch kann Ihnen dabei behilflich sein. Neben dem Aussehen spielt aber für das weibliche Selbstbild auch die wahrgenommene Anpassungsfähigkeit beziehungsweise Durchsetzungskraft eine Rolle. Hier geht es, ähnlich wie bei den Männern, um die Themen Unterwerfung versus Selbstbehauptung. Einige Frauen machen sich zum »Weibchen«. Sie passen sich stark den Erwartungen ihres Partners an und verlieren sich selbst dabei. Andere hingegen können sich zu wenig anpassen, weil sie bewusst oder unbewusst in der beständigen Angst leben, ihr Partner könnte sie zu stark dominieren. Während die Ersteren ihre Interessen zu wenig durchsetzen, streiten die Letzteren wegen Kleinigkeiten. Versuchen Sie einen gesunden Mittelweg zu finden, die Hilfen, die ich später zum Thema »Kommunikation« gebe, sollten Ihnen hierfür Anregungen bieten.

Ich bin nicht schön!

Männer wie Frauen haben mit Zweifeln an ihrer äußeren Attraktivität für das andere Geschlecht zu kämpfen. Wie bereits gesagt sind Frauen noch stärker betroffen, da nach wie vor eine Tendenz in unserer Gesellschaft besteht, dass Frauen, noch eher als Männer, gut aussehen müssen. Der Leistungsdruck, der hier auf Frauen liegt – insbesondere im Hinblick auf das Älterwerden, aber auch auf ihre Figur –, ist enorm. Aber auch bei Männern nimmt er stark zu. Die Zeiten, wo ein Mann nur »interessant«, die Frau hingegen »schön« zu sein hatte, sind längst vorbei. Die Männer müssen sich inzwischen auch mit überzogenen Schönheitsidealen herumschlagen. Dieses Schönheitsideal wegzudiskutieren, nach dem Motto: »Akzeptieren Sie Ihre äußere Erscheinung, wie sie ist«, halte ich für lebensfremd (außer natürlich für diejenigen, die ohnehin mit ihrer Attraktivität zufrieden sind). Der Weg des »radikalen Akzeptierens«, sofern man unzufrieden und komplexbeladen ist, erscheint mir persönlich zu lang und zu mühsam. Ich selbst bevorzuge einen Mittelweg, nämlich: *Man sollte möglichst viel aus sich herausholen und dann aber zufrieden mit sich sein!*

Mit der Schönheit und dem Selbstwert ist das so eine Sache, weil die Zusammenhänge so wenig bestimmbar sind. Ich werde nie vergessen, wie vor vielen Jahren eine junge Frau von geradezu bestürzender Schönheit zu mir in die Praxis kam und – ungelogen – eine Stunde lang heulte und jammerte, weil sie sich so hässlich fand. Ich war damals eine junge und wenig erfahrene Psychotherapeutin und fühlte mich vollkommen überfordert angesichts dieser dramatischen Fehlwahrnehmung. Andere Menschen hingegen, die »objektiv« nicht besonders gut aussehen, fühlen sich ganz wohl in ihrer Haut. Es sind also nicht so sehr die »objektiven« Tatbestände, die uns Sorgen machen, als vielmehr unsere eigene Bewertung. Deswegen gibt es auch Menschen, die mit Beeinträchtigungen wie einem verkrüppelten Bein oder einer amputierten Brust gut leben können, während andere hieran verzweifeln. Natürlich sind solche Schicksale schwer zu ertragen – auch ich hätte hieran sehr zu kauen. Gleichwohl gibt es nicht wenige Menschen, die es schaffen, sich mit ihrem Schicksal gut zu arrangieren. Ihnen gelingt es, ihren Selbstwert von ihren äußerlichen Beeinträchtigungen zu entkoppeln. Unter ihnen sind auch welche, die sich nicht nur gut arrangieren, sondern voller Lebensfreude sind. Sie lenken ihre Aufmerksamkeit weniger auf das, was sie nicht haben, als auf das, was sie haben. Sie sind für vieles dankbar in ihrem Leben, so beispielsweise allein auf den Umstand, dass sie überhaupt am Leben sind und keine Schmerzen haben. Sie bemessen sich an ihren Qualitäten und nicht an ihren Schwächen. Dies zeigt, dass es weniger die Umstände als solche sind, die uns herunterziehen, als vielmehr die innere Einstellung, mit der wir ihnen begegnen.

Folglich gibt es zwischen dem Aussehen und dem Selbstwertgefühl nur einen mäßig starken Zusammenhang. Es gibt, wie gesagt, sehr schöne Menschen, die einen geringen Selbstwert haben und sich noch nicht einmal als schön empfinden, und es gibt Menschen, die nicht besonders gut aussehen und die das kaum juckt. Allerdings gibt es einige Menschen mit niedrigem Selbstwert, die ihre Selbstwertprobleme auf ihr Aussehen *projizieren.* Das heißt, ihr Denken wird vereinnahmt von ihrer äußeren Erscheinung, auf die sie ihre ganzen Komplexe zurückführen. Tatsächlich bietet die äußere Erscheinung eine gute Projektionsfläche, weil sich an den Äußerlichkeiten die vermeintlichen Schwächen so gut festmachen lassen. Eine Frau zum Beispiel, die nicht müde wird, sich über ihre – passable oder gar gute – Figur zu ärgern, leidet normalerweise unter einem grundsätzlichen Mangel an Selbstbewusstsein, der viel tiefer reicht als der Ärger über ihre Figur. Sie macht jedoch alles an ihrer Figur als sichtbarem Zeichen ihrer »Unzulänglichkeit« fest. Folglich steht und fällt ihre Tageslaune mit den Pfunden, die ihre Waage anzeigt. Die Waage misst präzise, und die Kalorien sind zählbar. Die unter ihren Figursorgen begrabenen Gefühle von Unzulänglichkeit und Wertlosigkeit sind hingegen diffus. Diese Methode, mit seinem niedrigen Selbstwertgefühl umzugehen, kann bis in die Magersucht führen. Mittels Kalorienzählen, Hungern und/oder Erbrechen sowie exzessivem Sport schleifen die Frauen unbewusst an ihrem geringen Selbstwert. Das Problem wird hierdurch scheinbar handhabbar. Tatsächlich wäre es für die arme Hungerleiderin erfolgversprechender und gesünder, wenn sie sich mit den tiefer liegenden Ursachen ihrer Unsicherheit auseinandersetzen würde.

Gleichwohl meine ich, dass man die eigene gefühlte Attraktivität nicht ganz außer Acht lassen kann, wenn man an seinem Selbstwertgefühl arbeitet. Eigentlich fühlt sich jeder besser, wenn er oder sie sich attraktiv fühlt. Ich denke, fast jeder kennt die Erfahrung, dass er, wenn er äußerlich einen guten Tag hat oder ein neues und schickes Outfit trägt, sich irgendwie ein wenig selbstbewusster fühlt. Wie so oft bei Selbstwertgeschädigten beißt sich hier jedoch die Katze in den Schwanz: Einige sind es sich nicht wert, sich um ihre äußere Erscheinung zu kümmern. Sie vernachlässigen sich. Sie wollen sich nicht näher betrachten und verdrängen das Thema Attraktivität. Manche wählen aber auch die gegenteilige Strategie, sie bemühen sich über die Maßen um ihre äußere Erscheinung und setzen alles auf die Karte Schönheit, wie im oben erwähnten Beispiel die Figurbesessene.

Ich empfehle, man sollte sich Mühe geben, aus seinem Typ möglichst viel herauszuholen und dann aber zufrieden mit sich zu sein. Mehr, als das Beste aus seinem Typ zu machen, geht nicht. Auch hier ist es von entscheidender Bedeutung, sowohl seine Stärken als auch seine Grenzen zu akzeptieren. Der Vergleich mit Angelina Jolie oder Brad Pitt taugt für normale Menschen einfach nicht.

Wie mache ich das Beste aus meinem Typ?

Zunächst einmal entschließen Sie sich bitte, noch einmal einen Versuch zu starten, falls Sie zu jenen Menschen gehören, die in Bezug auf ihr Aussehen eher schon resigniert haben. Aus jedem Typ kann man etwas machen beziehungsweise kann man seine Erscheinung verbessern. Sie werden sehen, was für eine positive Rückwirkung dies auf Ihr Selbstbewusstsein haben wird, wenn Sie sich einfach etwas schöner fühlen.

Für Leserinnen: Meiner Meinung nach sehen alle Frauen, außer reine Naturschönheiten (und selbst diese), mit ein wenig Schminke besser aus. Es muss ja nicht viel sein, aber zumindest ein wenig Wimperntusche und, falls Sie nicht gerade eine Pfirsichhaut haben, ein dezentes Make-up. Falls Sie sich unsicher beim Schminken fühlen, lassen Sie sich entweder von einer Freundin, die schminkerfahren ist, beraten oder gehen Sie in eine Parfümerie oder zu einer Kosmetikerin und fragen Sie diese um Hilfe. Viele Parfümerien bieten eine Make-up-Beratung auch kostenlos an. Mit einem passenden Make-up kann man sehr viel aus sich herausholen. Haben Sie bitte keine Angst, geschminkt zu viel aufzufallen oder gar maskiert zu wirken. Diese Sorgen sind überflüssig und behindern Sie. Ein gelungenes Make-up ist einfach nur eine Verschönerung und mehr nicht.

Gehen Sie zu Ihrer Friseurin und fragen Sie sie, was Ihnen ihrer Meinung nach am besten stehen würde. Öffnen Sie sich für die Vorschläge und seien Sie bitte nicht ängstlich, Ihren Typ zu verändern. Die meisten Friseure haben einen guten Blick dafür, was einem steht – das ist schließlich ihr Beruf. Bemühen Sie sich bitte, möglichst gepflegt zu erscheinen, das gilt vor allem für die Hände und Haare, aber natürlich auch für die Kleidung.

Hinsichtlich der Kleidung lassen Sie sich ebenfalls von einer modebewussten Freundin oder einem Freund beraten. Oder bitten Sie eine Verkäuferin, Sie zu beraten. Dies geht zumeist sehr gut in etwas kleineren Boutiquen, die viel serviceorientierter sind als große Ketten oder Kaufhäuser, wobei kleinere Läden nicht unbedingt teuer sein müssen. Falls Sie über die finanziellen Mittel verfügen, dann können Sie auch auf eine Mode- und Kosmetikberaterin zurückgreifen.

Zudem gibt es auch Ratgeber für Mode, und dies nicht nur für schlanke Frauen, sondern auch für üppige (im Internet finden Sie unter den Stichworten »Mode« und »Styling« gute Buchtipps).

Falls Sie übergewichtig sind, versuchen Sie, Ihre Ernährungsgewohnheiten zu verändern. Diäten machen dick. Nehmen Sie sich stattdessen realistische Ziele vor, mit denen Sie Ihre Ernährung langfristig verändern können. Und machen Sie Sport (siehe auch den Abschnitt »Treiben Sie Sport! Tipps für Faule«). Falls Sie keine Lust haben sich anders zu ernähren und Sport zu treiben, dann kleiden Sie sich bitte trotzdem vorteilhaft und schick. Es gibt genügend Boutiquen und Kaufhäuser, die sich auf Mode für Mollige spezialisiert haben. Selbst wenn Sie sehr dick sind, kann man mit schöner Kleidung und Schmuck gut aussehen. Trauen Sie sich einfach!

Für Leser: Aufgrund unserer Mode- und Gesellschaftsordnung stehen Männern weitaus weniger Kleidungsmöglichkeiten und Frisuren zur Verfügung als Frauen. Ebenso wenig kann – zumindest der heterosexuelle – Mann auf Schminke zurückgreifen. Insofern sind bei Männern die Veränderungsmöglichkeiten wesentlich eingeschränkter als bei Frauen.

Wichtig ist bei Männern allerdings die Kleidung. Hier gilt, sofern Sie sich diesbezüglich unsicher sind, dasselbe wie für Frauen: Lassen Sie sich beraten – von einer Freundin, einem Freund oder einem Verkäufer oder einer Verkäuferin.

Ganz wichtig für Männer: Pflegen Sie sich! Das gilt vor allem für die Haare im Gesicht und auf dem Kopf und für Ihre Hände.

Und machen Sie Sport. Gerade der Körper und eine gute Figur bieten dem Mann die Möglichkeit, sich in attraktiver Weise zu verändern.

Ich will zu hundert Prozent angenommen werden!

Eine Klientin von mir äußerte einmal selbstkritisch: »Ich würde ja eigentlich gern mehr Freunde haben, aber das Problem bei mir ist, dass ich immer zu hundert Prozent angenommen werden will!« Dies ist tatsächlich ein Problem, das viele Menschen mit niedrigem Selbstwert haben. Sie benötigen in Freundschaften wie auch in anderen Lebensbereichen quasi eine hundertprozentige Sicherheit. Eine leichte Kritik, eine kleine Zerstreutheit im Gespräch, ein vergessener Geburtstag oder Rückruf, ein konträrer Standpunkt, eine falsche Bemerkung und so weiter können bei manchen unsicheren Menschen schon ausreichen, um sich vom Freund gekränkt oder gar abgelehnt zu fühlen. Das kann die Freundschaft mit manchen Selbstwertgeschädigten recht anstrengend, manchmal sogar unmöglich machen. Einige Menschen sind so leicht kränkbar, dass der Freund/die Freundin es eigentlich nicht richtig machen kann. Früher oder später wird der Freund in eines der zahlreichen und für ihn unsichtbaren Fettnäpfchen tappen, die rund um den unsicheren Menschen aufgestellt sind. Der Selbstunsichere ist dann sehr gekränkt und – mal wieder! – enttäuscht, mit wie wenigen Menschen man eine wahre Freundschaft pflegen kann.

Versuchen Sie, sich bitte bewusst zu machen, dass Ihre Freunde ebenso wenig wie Sie selbst perfekt sind. Auch keine Kommunikation ist perfekt. Es kann immer mal eine unbeabsichtigte Kränkung, ein Missverständnis, eine kleine Zerstreutheit Ihres Freundes beziehungsweise Ihres Gesprächspartners vorkommen. Wenn man von seinem Freund zu hundert Prozent Achtsamkeit für die eigenen Bedürfnisse erwartet, dann nimmt man sich leider zu wichtig.

Eines der grundlegenden Probleme vieler unsicherer Menschen ist, dass sie sich einerseits aufgrund ihres geringen Selbstbewusstseins viel zu unwichtig nehmen, sich andererseits aber aus demselben Grund viel zu wichtig nehmen. Das ist das Paradoxon der Unsicherheit.

Unsicheren Menschen fällt es häufig schwer, dem anderen zu vertrauen, weil sie sich selbst nicht vertrauen. Dies liegt daran, dass sie ständig besorgt sind, enttäuscht und verletzt zu werden, und ganz wichtig: Dass ihnen das dann ganz furchtbar wehtut! In Liebesbeziehungen kann das so weit gehen, dass sie sich, aus lauter Angst, letztlich doch verlassen zu werden, erst gar nicht auf einen Partner näher einlassen (Stichwort: Bindungsangst). Hätten sie mehr Selbstvertrauen im Sinne von »Ich halte das schon aus«, »Ich mache mir daraus nicht viel«, »Ich werde das schon überleben«, dann könnten sie sich auch im Beisammensein mit anderen Menschen mehr entspannen und deren »Vergehen« großzügiger durchwinken.

Falls Sie also zu jenen zählen, die sehr schnell gekränkt sind, versuchen Sie bitte, so gut es geht, sich dessen bewusst zu sein, damit Sie kleinere Missverständnisse und vermeintliche Kränkungen rechtzeitig als solche erkennen können. Versuchen Sie bitte in den Worten oder Taten Ihres Freundes diesem nicht gleich eine schlechte Absicht zu unterstellen. Denken Sie darüber nach, ob der- oder diejenige es vielleicht ganz anders gemeint hat, beziehungsweise fragen Sie doch einfach: » Wie hast du das denn jetzt gemeint?« Und bitte hören Sie sich die Antwort offen an. Denken Sie immer daran, dass Sie aus Ihrer Kindheit eine Dauerwunde in sich tragen, die sehr leicht schmerzt, und dass Ihr Freund vielleicht gar nichts Verletzendes gesagt hat oder es auf jeden Fall nicht mit Absicht tat.

Nutzen Sie Ihre Vorstellungskraft

In diesem Abschnitt möchte ich Ihnen einige Übungen vorstellen, anhand derer Sie in Kontakt mit Ihrem Unbewussten treten und Ihre seelischen Empfindungen positiv beeinflussen können. Es handelt sich hierbei um Imaginationsübungen, die Ihnen helfen, mit Ihrer inneren Kraft in Kontakt zu kommen. Diese Übungen stammen aus der Hypnosetherapie, kurz: Hypnotherapie, der Traumatherapie und dem Neuro-Linguistischen Programmieren (NLP). Diese Therapierichtungen arbeiten viel – verkürzt ausgedrückt – mit inneren Vorstellungsbildern, die unser Denken und Fühlen wesentlich bestimmen. Die Kraft unserer Imagination beeinflusst unsere seelischen Vorgänge enorm. Denn es sind, wie der griechische Philosoph Epiktet gesagt hat, nicht die Dinge, die uns beunruhigen, sondern unsere innere Vorstellung von den Dingen, die uns beunruhigt (oder auch beruhigt). Die Vorstellung funktioniert dabei fast so gut wie die Realität. Wenn Sie zum Beispiel an etwas ganz Angenehmes denken, dann hat dies, zumindest für diesen kurzen Moment, einen starken Einfluss auf Ihr Gefühl – ebenso wie ganz unangenehme oder traurige Gedanken. Wir können die Kraft der Imagination ganz gezielt einsetzen, um unseren inneren Zustand zu beeinflussen. Hierfür habe ich Ihnen eine kleine Auswahl an Übungen zusammengetragen. Wer diese Art der Selbsthilfe für sich vertiefen möchte, dem empfehle ich die Bücher von Luise Reddemann *»Imagination als heilsame Kraft«* und Michaela Huber *»Der innere Garten«*.

Die folgenden Übungen stellen eine kleine Auswahl dar, Sie können sich jene herauspicken, die Ihnen am meisten zusagen. Schön wäre es, wenn Sie diese Übungen in Ihren Alltag einbauen würden. Viele Menschen mit niedrigem Selbstwert hetzen durch ihr Leben und nehmen sich wenig Zeit für sich selbst. Es könnte ein richtiger Schritt auf Ihrem Weg sein, wenn Sie sich jeden Tag ein wenig Muße für eine innere Einkehr zugestehen würden.

Die folgenden Übungen haben es insofern in sich, als sie uns tiefer an unbewusste Inhalte heranführen können. Sie können auf einer tiefen Ebene berühren. Hierbei ist es durchaus möglich, dass auch schmerzhafte Gefühle hochkommen. Versuchen Sie diesen bitte mit Mitgefühl zu begegnen. Betrachteten Sie sie, ohne sich in ihnen zu verlieren. Machen Sie sich immer wieder bewusst, dass diese Gefühle nur ein Teil von Ihnen sind, um den Sie sich später kümmern können. Wenn Sie schon einmal Entspannungstechniken gelernt haben, wie zum Beispiel Autogenes Training oder Progressive Muskelentspannung nach Jacobson, könnte es hilfreich sein, diese jeweils vor den Imaginationsübungen durchzuführen.

Machen Sie sich am besten zunächst nur über den Kopf mit den Vorstellungsbildern vertraut. Es ist häufig schon sehr hilfreich, sich nur gedanklich damit zu beschäftigen. Lassen Sie sich Zeit. Indem Sie die Übungen wiederholen, werden sie mit der Zeit immer vertrauter und noch wirkungsvoller.

Manchmal muss man erst einmal Dinge, die einen belasten, weiter von sich wegschieben, um wieder klar sehen zu können oder sich auf etwas Neues einzulassen. Deshalb stelle ich Ihnen zunächst Distanzierungsübungen vor, mit denen Sie ärgerliche oder belastende Gedanken kurzfristig beiseitestellen können, um in Ihrem Kopf Freiraum für die Imaginationsübungen zu schaffen. Danach folgen Übungen zum Kraftauftanken.

Distanzierungsübungen

Mithilfe der Distanzierungsübungen können Sie kurzfristig belastende Grübeleien, Sorgen und Ängste aus Ihren Gedanken verbannen.

Sandsack

Jeder kennt das angenehme Gefühl, durch eine kleine oder größere Reise Abstand von den Alltagssorgen zu finden. Die Distanz macht es möglich. Die Sorgen bleiben auf der Strecke. Aus dieser Erfahrung lässt sich eine höchst wirksame Übung entwickeln:

Stellen Sie sich vor, Sie fahren im Auto und haben im Kofferraum einen Sandsack, der Ihre Belastungen darstellt, von denen Sie sich befreien möchten. Stellen Sie sich nun vor, der Sack hat ein Loch, und mit jedem Kilometer, den Sie fahren, rieselt ein wenig Sand auf die Straße.

Tresorübung

Man kann die Dinge, die einen belasten, auch in einen Tresor sperren. Meistens sind es unangenehme Erinnerungen oder Befürchtungen. Diese können Sie sich als einen Film vorstellen. Brennen Sie den Film in Ihrer Vorstellung auf eine DVD und stellen Sie sich vor, die DVD liege vor Ihnen auf dem Tisch. Nehmen Sie sich Zeit und stellen Sie sich einen Tresor, Panzerschrank, eine Truhe oder sonst einen fest verschließbaren Kasten vor. Denken Sie an einen Ort, wo dieser Tresor gut stehen könnte. Es sollte ein Ort sein, von dem Sie sich vorstellen, ihn gut erreichen zu können. Stellen Sie sich vor, wie der Tresor aussieht. Laufen Sie um ihn herum und nehmen Sie wahr, wie dicht und fest er ist. Welche Farbe hat Ihr Tresor, wie groß ist er, aus welchem Material? Stellen Sie sich vor den Tresor und machen Sie sich bewusst, dass nur Sie ihn öffnen und schließen können. Öffnen Sie den Tresor mit einer Handbewegung und schauen Sie hinein. Ist er groß genug, oder wollen Sie anbauen? Wenn er passend ist, dann legen Sie Ihre DVD dort ab. Machen Sie die passende Handbewegung, um den Tresor wieder zu verschließen. Laufen Sie noch einmal um den Tresor herum und nehmen Sie wahr, wie dicht und sicher er ist. Und machen Sie sich bewusst, dass die Dinge nun abgelegt sind, Sie sie aber auch wieder hervorholen können, wenn Sie sie brauchen.

Übungen zum Kraftauftanken

Die innere Kraftquelle
Mit dieser Übung können Sie einen »inneren Ort« finden, an dem Sie Energie und Kraft auftanken. Schließen Sie Ihre Augen und richten Sie Ihre Wahrnehmung nach innen. Achten Sie auf Ihren Atem, ohne ihn verändern zu wollen. Dann gehen Sie in Ihrer Vorstellung an einen Ort, an dem Sie sich durch und durch wohlfühlen. Dieser Ort kann entweder ein realer Platz sein, den Sie kennen, oder ein Ort, der Ihrer Fantasie oder einem Film, den Sie mal gesehen haben, entspringt. Es sollte einfach nur ein Ort sein, der für Sie Kraft und Ruhe ausstrahlt. Die meisten Menschen stellen sich einen Ort in der freien Natur vor. Es kann aber auch ein bestimmter Raum sein, in dem Sie sich sicher und geborgen fühlen. Wichtig ist, dass dieser Ort nicht bevölkert ist von Menschen, die Sie persönlich kennen, weil sich die Beziehungen zu diesen Menschen oder zu diesem einen Mensch verändern können und es in dieser Übung darum geht, aus sich heraus die Kraft zu schöpfen und nicht aus Ihren zwischenmenschlichen Beziehungen, die letztlich nicht allein Ihrer eigenen Kontrolle obliegen.

Wenn Sie einen schönen Ort in Ihrer Vorstellung gefunden haben, dann imaginieren Sie sich dorthin und nehmen Sie ihn mit all Ihren Sinnen in sich auf. Sehen Sie sich dort um, hören Sie auf die Geräusche, riechen Sie die Gerüche dieses Ortes und fühlen Sie dort in Ihrer Vorstellung, was Ihre Füße, Hände, Ihr Körper ertasten können. Und dann spüren Sie, wie sich dieser Ort auf Ihr Inneres auswirkt. Welche Kraft, welche Ruhe, welche tiefe Freude er in Ihnen auslöst. Wenn Sie in diesem guten inneren Zustand sind, den dieser Ort in Ihnen hervorruft, dann setzen Sie sich einen sogenannten Anker, das heißt, kneifen Sie sich zum Beispiel ins Ohrläppchen. Hierdurch setzen Sie einen äußeren Marker, der Sie in anderen Situationen, in denen Sie Kraft brauchen, an diesen Ort erinnert. Diese Übung können Sie auch leicht nebenbei in Ihren

Alltag einbauen. Durch den Kniff ins Ohrläppchen assoziiert Ihr Körper diesen guten inneren Zustand mit wiederholter Übung automatisch mit Ihrer inneren Kraftquelle.

Wenn Sie dann in einer realen Situation sind, wo Sie genau diesen Zustand benötigen, kneifen Sie sich in Ihr Ohrläppchen und visualisieren Sie kurz diesen Ort, Ihre persönliche Kraftquelle, um das gute Gefühl für die gegenwärtige Situation abzurufen.

Sie können diese Übung auch als »sicheren Ort« variieren, indem Sie einen inneren Ort finden, an dem Sie sich ganz sicher fühlen.

Der sichere innere Ort

Machen Sie sich vor dieser Übung bewusst, dass Ihnen zum Bau Ihres inneren sicheren Ortes alle nur erdenklichen Mittel zur Verfügung stehen. Der Fantasie sind keine Grenzen gesetzt. Denken Sie daran, dass die Vorstellungen und Inhalte Ihrer Ängste ja auch nur Vorstellungen sind. Und Sie wissen, wie wirksam diese im Negativen sein können. Ebenso wirksam können mithin auch positive Konstruktionen sein. Also, wenn Sie Feen mögen, lassen Sie diese zum Helfer werden oder fleißige Mainzelmännchen, alles ist richtig, wenn es Ihnen hilft, diesen Ort zu bauen. Und machen Sie sich auch klar, dass Ihnen sämtliche magische Mittel zur Verfügung stehen. Sie können Bauteile durch die Gegend schweben lassen, allein durch Gedanken Farben verändern – alles, was Sie wollen.

Gehen Sie vor wie in der Übung zur inneren Kraftquelle und achten Sie dieses Mal darauf, dass Sie Ihren inneren Ort von vornherein gegen alle erdenklichen Gefahren abschirmen. Sie können Glaskuppeln errichten oder Energiewände, alles, was den Ort absichert, ist gut und richtig. Jederzeit können Sie noch Dinge hinzufügen, die den Ort dann absolut sicher machen. Richten Sie sich in dem Ort ein, machen Sie es sich gemütlich, lassen Sie sich auf ihn ein. Schauen Sie, welche Farben es hier gibt. Gibt es etwas zu essen oder Getränke? Welche Temperatur umgibt Sie, wenn Sie an diesem

Ort verweilen? Was spüren Sie auf Ihrer Haut? Wie riecht es hier? Zaubern Sie alles in: angenehm. Und wenn Sie sich eine Weile umschauen, dann entdecken Sie so etwas wie einen Staubsauger oder eine Müllklappe. Da können Sie alles hineinwerfen, was Sie gerade stört. Bauen Sie sich den Ort immer weiter aus und spüren Sie, wie angenehm es sich anfühlt, hier zu sein. Ein Ort der Erholung nur für Sie allein. Spüren Sie in Ihren Körper hinein und beobachten Sie, wo er das gute Gefühl an diesem sicheren Ort am deutlichsten wahrnimmt. Konzentrieren Sie sich auf das gute Gefühl im Körper und merken Sie sich, wo der Körper die Wohltat des sicheren inneren Ortes am meisten spürt. Halten Sie sich ruhig noch einige Zeit im sicheren inneren Ort auf und kommen Sie dann wieder mit Ihrer vollen Aufmerksamkeit zurück ins Hier und Jetzt.

Später können Sie in den Lebenslagen, in denen Sie mehr Sicherheit brauchen, sich innerlich blitzschnell an Ihren sicheren Ort begeben und diese Empfindungen wieder hervorholen. Das hilft, um schnell wieder festen Boden unter den Füßen zu gewinnen. Probieren Sie diese Übung ruhig einmal abends vorm Einschlafen. Auch der Schlaf im sicheren inneren Ort bringt Kraft und Erholung.

Innerer Aufprallschutz

Auch diese Übung ist hilfreich, um sich innerlich sicher und geschützt zu fühlen.

Stellen Sie sich hierfür vor, Sie sitzen in einer goldenen Pyramide. Innen ist diese warm, behaglich und prachtvoll. Die Außenwände der Pyramide sind mit Spiegeln belegt. Wenn ein anderer Mensch Sie von außen angreifen will, dringt er nicht in das Innere der Pyramide vor, und sein Angriff spiegelt sich letztlich auf ihn selbst zurück.

Natürlich können Sie sich auch andere Formen der »Schutzkleidung« vorstellen, mit denen Sie sich vor der Außenwelt schützen. Ganz natürlich, so wie Sie sich einen Mantel anziehen, wenn es draußen friert, so können Sie auch jedes Mal beim Verlassen des

Hauses Ihren persönlichen inneren Schutzmantel anziehen, der Sie sicher umhüllt und ein Gefühl von Geborgenheit gibt. Manche Menschen stellen sich auch einen Kasten aus Panzerglas vor, dann bekommen sie alles mit, was außen vor sich geht, sind aber vollkommen geschützt. Der Fantasie sind in Sachen Schutzkleidung keine Grenzen gesetzt.

Moment der Könnerschaft

Bei dieser Übung geht es darum, sich eine reale Situation in seinem Leben ins Gedächtnis zu rufen, in der man sich fähig und stark fühlte, um Sie auf eine aktuelle Situation, in der man genau dieses Selbstvertrauen benötigt, zu übertragen.

Schließen Sie wieder die Augen und lenken Sie Ihre Aufmerksamkeit auf Ihren Atem. Dann denken Sie an einen Moment in Ihrem Leben, wo Sie »exzellent« waren. Stellen Sie sich also eine reale Situation vor, in der Sie eine sehr gute Leistung vollbracht haben, wo Sie richtig stolz auf sich gewesen sind. Hierbei ist es egal, ob dies eine berufliche, eine schulische oder eine freizeitbezogene Leistung, wie zum Beispiel eine sportliche, ist. Es geht nur darum, eine Situation in Ihrem Leben abzurufen, in der Sie tatsächlich einmal rundum zufrieden und stolz auf sich gewesen sind. Stellen Sie sich innerlich diese Situation mit all Ihren Sinnen vor: Sehen, Hören, Riechen, Fühlen. Spüren Sie Ihren Erfolg für diesen Moment. Lassen Sie Ihren ganzen Stolz und Ihre ganze Freude zu. Finden Sie dann eine kleine Körperbewegung, die zu dieser Situation passt (so wie Boris Becker zum Beispiel immer bei einem guten Ballwechsel seine rechte Faust ballte und den Unterarm anwinkelte). Diese Bewegung ist Ihr äußerer »Anker«. Ebenso wie die anderen Übungen können Sie auch diese in Ihren Alltag einbauen. Wenn Sie dann genau diesen inneren Zustand des Selbstvertrauens in einer aktuellen Situation benötigen, dann machen Sie die entsprechende Bewegung und rufen Sie kurz Ihren »Moment der Könnerschaft« ab.

Lichtstrahl-Übung

Diese Übung wird in der Schmerztherapie eingesetzt, sie hilft aber auch gut gegen Erschöpfung und um neue Power zu bekommen. Überlegen Sie sich, welche Farbe Sie zurzeit als besonders wohltuend empfinden. Nehmen Sie sich Zeit und Ruhe und vertrauen Sie Ihrer inneren Wahrnehmung und Ihrer Vorstellungskraft. Wenn Sie mögen, machen Sie eine Entspannungsübung und stellen Sie sich dann vor, dass in der von Ihnen gewählten Farbe eine Lichtquelle über Ihnen erscheint. Sie können nun dem Licht erlauben, über Ihren Scheitel in Ihren Kopf zu strahlen. Lassen Sie das Licht durch Kopf, Schultern und Arme strömen, bis in die Hände. Und weiter: vom Kopf durch den Körper bis in die Fußspitzen. Vielleicht gibt es Regionen in Ihrem Körper, die besonders von dem heilsamen Licht profitieren würden. Üben Sie sich darin, das Licht im Körper herumwandern zu lassen und zu den Stellen zu führen, die sich besser anfühlen sollen. Je häufiger Sie diese Übung machen, umso besser wird sie Ihnen gelingen.

Umarmung des inneren Kindes

Diese Übung dient der tiefen Selbstannahme. Schließen Sie die Augen und achten Sie auf Ihre Atmung, ohne sie verändern zu wollen. Dann stellen Sie sich als kleines Mädchen, als kleinen Jungen vor. Sie können sich aber auch als Baby vorstellen. Nehmen Sie das Kind oder das innere Baby in den Arm. Wenn Ihnen das zu viel ist, dann nehmen Sie das Kind an die Hand. Versichern Sie ihm, dass Sie sich freuen, dass es auf der Welt ist. Sagen Sie ihm, dass Sie alles tun werden, um es zu beschützen. Erklären Sie ihm, warum es schön ist, am Leben zu sein, und erzählen Sie ihm, was es auf dieser Welt Wunderbares zu entdecken gibt.

Die inneren Helfer finden

Diese Übung ist hilfreich für Momente, in denen Sie sich einsam und hilflos fühlen. Hier geht es darum, mit Ihrer inneren Weisheit in Kontakt zu treten. Dies mag für den einen oder anderen Leser zwar etwas esoterisch klingen, aber es ist so, dass wir tief in uns viel mehr wissen als unserem Bewusstsein im Normalzustand verfügbar ist. Dies liegt daran, dass unser Unbewusstes eine riesige Datenmenge verwaltet, die es normalerweise unserem Bewusstsein nur in kleinsten Auszügen bereitstellt, weil unser bewusstes Denken ansonsten vollkommen überfordert wäre. Mit diesem tiefen inneren Wissen können Sie in dieser Übung in Kontakt treten.

Schließen Sie wieder die Augen und achten Sie auf Ihre Atmung. Schaffen Sie in Ihrem Kopf einen inneren Freiraum: Stellen Sie alle Alltagssorgen und Gedanken, die Ihnen in den Sinn kommen, vor Ihrem inneren Auge beiseite (oder in Ihren Tresor). Dabei versprechen Sie Ihren Sorgen, dass Sie später, aber nicht jetzt, auf sie zurückkommen werden.

Wenn Sie dies getan haben, begeben Sie sich auf einen inneren Weg, den Sie einfach aus Ihrem Unbewussten entstehen lassen. Folgen Sie diesem Weg, bis dieser Sie irgendwann an einen wunderschönen See führt. In diesen See tauchen Sie ein und unter. Sie können dort wie ein Fisch mit Kiemen atmen und sich frei und sicher bewegen. Dieser See steht für Ihr Unbewusstes. Tief in diesem See warten Ihre inneren Helfer auf Sie. Lassen Sie Ihr Unbewusstes Ihre inneren Helfer finden. Diese können reale Gestalten sein, es können aber auch Fantasiegestalten auftauchen. Wichtig ist, dass Sie die inneren Helfer, vielleicht ist es auch nur einer, nicht in Ihrem Kopf suchen, sondern sie aus Ihrem Unbewussten heraus auf sich zukommen lassen. Begrüßen Sie sie freundlich und unterhalten Sie sich mit Ihnen. Fragen Sie sie, wobei sie Ihnen helfen möchten, was sie Ihnen zu sagen haben, welchen Rat sie Ihnen für ein bestimmtes Problem geben. Seien Sie gewiss, dass diese Helfer immer für Sie da sein werden, wenn Sie sie brauchen. Wenn Sie sich genügend ausgetauscht haben, dann verabschieden Sie sich von ihnen mit dem Versprechen, immer wieder auf sie zuzukommen, und tauchen Sie wieder auf.

Korken auf dem Meer
Diese Übung kann Ihnen helfen zu vertrauen und loszulassen. Sie ist ganz einfach: Stellen Sie sich vor, Sie seien ein Korken und schwimmen auf dem Meer. Wenn Ihnen das Meer zu unheimlich ist, dann stellen Sie sich einen See oder Teich vor.

Versuchen Sie es mal mit Dankbarkeit!

Die defizitorientierte Selbstwahrnehmung unsicherer Menschen führt zu einer einseitigen Beschäftigung mit ihren vermeintlichen Schwächen und dem Unglück, das ihnen widerfahren ist. Nicht wenige neigen zu Selbstmitleid. Sie sind gefährdet, in düsteren Stimmungen zu versinken, in denen sie akribisch ihr Unvermögen und das Pech, das ihnen widerfahren ist, untersuchen. Wenn sie in diesen Zustand geraten, fangen sie häufig an zu jammern. Für Freunde und Partner ist das Leid, in dem sich die Betroffenen wähnen, nicht immer nachvollziehbar. Sie versuchen zu trösten, zu helfen und aufzubauen, denn *sie* sehen die Stärken und die Vorzüge ihrer Freundin, ihres Partners. Allein der Betroffene vermag diese gar nicht zu erkennen. Diese Eigenschaft kann die Mitmenschen auch nerven. Die einseitige Betrachtung der eigenen Defizite führt nicht selten zu einer gewissen Undankbarkeit.

Versuchen Sie also Ihr Schicksal, Ihre Person und Ihre Fähigkeiten unter dem Gesichtspunkt der Dankbarkeit zu taxieren. Listen Sie hierfür – am besten schriftlich – einmal alle Dinge in Ihrem Leben auf, für die Sie dankbar sein können. Tragen Sie hier auch alle persönlichen Eigenschaften und Stärken ein, für die Sie dankbar sein können. Falls Sie bei dem Thema Dankbarkeit blockieren, dann fragen Sie einen Menschen Ihres Vertrauens, was ihm in Bezug auf Ihre Person hierzu einfällt. Vielleicht erinnert er Sie beispielsweise daran, dass Sie über einen Schulabschluss und eine Ausbildung verfügen, möglicherweise sogar über eine feste Arbeit und ein Einkommen. Vielleicht fällt ihm auch auf, dass Sie zumindest einen guten Freund besitzen und gesundheitlich wenig Sorgen haben. Oder dass Sie verdammt gut Auto fahren, dass Sie musikalisch sind oder spitze im Kopfrechnen, oder was auch immer.

Auch Ihr »Unglück« könnten Sie einmal von einer anderen Seite betrachten. Falls Sie zum Beispiel überzeugt sind, Sie seien nicht ausreichend intelligent, dann denken Sie mal darüber nach, wofür Ihre Intelligenz trotzdem noch ausreicht und ob Sie dafür nicht auch dankbar sein könnten. Da laut psychologischer Studien Intelligenz an sich kein Garant für Erfolg im Leben ist, sondern allein »Hartnäckigkeit«, können Sie vielleicht auch dankbar für die Tatsache sein, dass Sie kein Überflieger sind, weil genau dieser Umstand Ihnen zu einem besonderen Durchhaltevermögen und Fleiß verholfen hat. Falls Sie sich weder für intelligent noch für fleißig halten, dann seien Sie zumindest dafür dankbar, dass Sie auf Ihren Fleiß in Zukunft Einfluss nehmen können, wenn Sie nur wollen (siehe auch »Disziplin und Schaffensfreude« im Kapitel »Handeln«).

Falls Sie meinen, Sie seien hässlich, dann denken Sie mal darüber nach, was schön an Ihnen ist. Und danken Sie Ihrem Körper, dass er Ihnen kein Leid beschert.

Falls Sie krank sind, könnten Sie sich dennoch überlegen, was es, abgesehen von Ihrer Krankheit, an Gutem in Ihrem Leben gibt. Möglicherweise haben Sie gute Freunde, gute Ärzte oder, im Unterschied zu vielen anderen Menschen auf dieser Welt, eine Krankenversicherung. Sie können auch darüber nachdenken, was neben den kranken Körperteilen noch an gesunden vorhanden ist, die Ihnen keinen Kummer und keine Schmerzen bereiten.

Falls Sie meinen, Sie hätten in Ihrem Leben viele Chancen verpasst und viele falsche Entscheidungen getroffen, dann seien Sie dankbar, dass Sie schlau genug sind, dies zu erkennen, und dafür, dass Sie immer noch die Möglichkeit haben, es in Zukunft besser zu machen.

Das meiste, wofür wir dankbar sein können, ist ein Geschenk. Ein Dürstender fragt nicht nach erlesenem Wein, sondern nach Wasser. Deswegen richten Sie Ihr Augenmerk vor allem auf das, was selbstverständlich erscheint – hier liegt die Quelle des Glücks.

Kurzum: Behalten Sie bitte im Auge, dass Ihre Neigung, an sich zu zweifeln, Sie auch zu einer gewissen Undankbarkeit verleiten kann. Dankbar für das zu sein, was man hat, ist hingegen eine gesunde Einstellung zum Glück.

Ich darf ein schönes Leben haben!

Viele Menschen mit einem geringen Selbstwertgefühl haben das folgende Problem: Sie können sich nur schwer die Erlaubnis geben, ein schönes Leben zu führen. Ihr diffuses Empfinden einer »Lebensschuld«, also ihre Einschätzung, »nicht gut genug« zu sein, verleitet sie zu permanenter Anspannung, Pflichterfüllung und Rastlosigkeit. Dies schränkt ihre Wahrnehmung für die schönen Dinge des Lebens ein. Zudem leiden sie unter einer gewissen Zwanghaftigkeit, sich erst Pausen und Vergnügen zu gönnen, wenn sie alles erledigt haben. Leider gibt es jedoch irgendwie immer noch irgendetwas zu tun. Sie sind Sklaven ihrer Erledigungsliste. Aber auch die weniger Strebsamen unter ihnen, also jene, die schon eher resigniert haben, gönnen sich wenig Genuss. Der Grund dafür liegt schlichtweg darin, dass sie innerlich der Ansicht sind, Genuss nicht verdient zu haben. Der Anspruch, sich »Genuss verdienen zu müssen«, ist ohnehin bei selbstunsicheren Menschen die größte Spaßbremse. Diese genussfeindliche Haltung verstärkt ihre ohnehin gedämpfte Stimmung. Ein niedriges Selbstwertgefühl bietet an sich schon genügend Anlass zu Verdruss, und das selbsterteilte Spaßverbot zieht die Betroffenen noch weiter runter. Im Ergebnis leiden sie wesentlich häufiger als selbstsichere Menschen unter schlechter Laune. Und als wäre dies nicht schon Strafe genug, schwächt ihre schlechte Stimmung auch noch ihr Immunsystem, weshalb sie häufiger krank werden als zufriedene Menschen.

Für unsichere Menschen ist es geradezu ein Gebot der persönlichen Weiterentwicklung, sich die Erlaubnis zu erteilen, das Leben zu genießen. Die sogenannte Genusstherapie gehört deshalb inzwischen in einigen psychosomatischen und psychiatrischen Kliniken zum offiziellen Therapieprogramm.

Genuss setzt Bewusstheit voraus. Ich muss meine Sinne auf Empfang stellen, um das Schöne wahrzunehmen. Deswegen werden in der Genusstherapie zunächst die Sinne geschärft. Bewusstes Schmecken, Riechen, Sehen, Tasten und Hören wird mit den Patienten geübt. Die Wahrnehmung wird auf die Qualitäten der Dinge gelenkt, die wir mit unseren Sinnen wahrnehmen. In der Umsetzung mutet dies zunächst einmal etwas albern an. So wird Frau Martin dann beispielsweise aufgefordert, genau zu beschreiben, wie sich die Schokolade in ihrem Mund anfühlt: »Mmh, die ist süß und zart, und sie zerläuft warm in meinem Mund …«, erläutert sie dann. »Die Rose duftet, ihre Blütenblätter sind sanft, sie leuchtet rot …«, schwärmt ein anderer Patient. Da kann ich mir ein Grinsen kaum verkneifen. Im Ergebnis führt dieses Training aber zu einer bewussteren und genussvolleren Wahrnehmung all jener Annehmlichkeiten, die unseren Planeten zu einem komfortablen Aufenthaltsort machen. Es geht hierbei um die Differenzierung der eigenen Wahrnehmung. Welche Eigenschaften hat eine Speise überhaupt? Wie lassen sich ein Duft, ein Bild, ein Ton beschreiben? Versuchen Sie, Ihre Sinne für das Schöne zu schärfen.

Schöne Eindrücke, seien sie gehört, gesehen, gefühlt, ertastet oder geschmeckt, verbinden sich in unserem Gehirn mit positiven Assoziationen und machen uns glücklich. Oft erfassen wir sie in unserer alltäglichen Hast und grüblerischen Innenschau gar nicht. Für die persönliche Weiterentwicklung ist es zwar unabdingbar, sich mit sich selbst auseinanderzusetzen, also den Blick nach innen zu richten, aber dort sollte er nicht ständig haften bleiben. Es ist wichtig, die Aufmerksamkeit und Wahrnehmung auch nach außen zu lenken und das Schöne in uns hineinzulassen. Das hebt unsere Stimmung. Und unsere Stimmung hat einen maßgeblichen Einfluss auf unsere Sicht der Dinge. Das haben Sie auch schon oft erfahren: Wenn Sie gut drauf sind, dann nehmen Sie Ihre Probleme als erheblich kleiner wahr, als wenn Sie in einer gedrückten Stimmung gefangen sind. Auch unsere Sicht auf uns selbst und auf unsere Mitmenschen ist an guten Tagen erheblich wohlwollender als an schlechten. Deswegen sollten Sie es als eine persönliche Verpflichtung ansehen, sich Gutes zu gönnen.

Genuss braucht Zeit. Fangen Sie an, Ihr Leben bewusster und etwas langsamer zu gestalten. Falls Sie meinen, Sie hätten zu viele Pflichten, um sich selbstbezogenen Genüssen hinzugeben, dann bedenken Sie bitte, dass Sie mit Ihrem bisherigen Programm auch viel um sich selbst kreisen, nämlich um Ihre Performance und persönliche Anerkennung. Genuss entspannt, und entspannte Menschen sind im Umgang freundlicher und großzügiger. Es wäre schön, wenn Sie den Genuss in Ihren Alltag einbauten. Sie können das trainieren, indem Sie das Schöne, das Sie umgibt, differenzierter wahrnehmen. Schalten Sie Ihre Sinne ein. Weiterhin dürfen und sollten Sie auch aktiv für Schönheit in Ihrer Umgebung sorgen. Stellen Sie sich Blumen auf Ihren Schreibtisch. Ziehen Sie schöne Dinge an. Essen Sie mit Freude. Wählen Sie Ihre Seife mit Bedacht aus. Es gibt so viele kleine Maßnahmen, mit denen man mehr Freude in seinen Alltag bringen kann. Das Leben kann auch einfach sein!

Gehen Sie mit offenen Augen durch die Welt!

Unsichere Menschen laufen Gefahr, sich zu viel mit sich selbst zu beschäftigen. Sie begutachten und bewerten sich häufig und richten somit ihren Blick auf sich statt auf die Welt. Hierdurch kann ihnen viel entgehen. Zudem hat die Fokussierung auf die eigenen Ängste und Defizite zwangsläufig zur Folge, dass man diese intensiver wahrnimmt. Hier kann ein Teufelskreis entstehen, da die Aufmerksamkeit für den eigenen Schmerz denselben erhöht. Dies ist genauso wie bei körperlichen Schmerzen: Je aufmerksamer ich diese wahrnehme, desto weher tut es. Deswegen werden Patienten in der Schmerztherapie auch angeleitet, ihre Aufmerksamkeit von ihren Schmerzen wegzulenken.

Sich selbst zu reflektieren bedeutet nicht, ständig um sich besorgt zu sein. Alles hat seine Zeit. Wenn Sie dazu neigen, zu viel über sich und Ihre Probleme zu grübeln, dann versuchen Sie doch einmal, sich ein Zeitlimit zu setzen. So könnten Sie sich erlauben, eine halbe Stunde am Tag intensiv über sich nachzudenken und sich den Rest der Zeit Ihren Aufgaben, Ihren Mitmenschen und der Welt da draußen zu widmen. Versuchen Sie mit Ihrer Aufmerksamkeit bei der Sache beziehungsweise bei Ihrem Gegenüber zu bleiben. Selbstunsichere wie selbstsichere Menschen haben häufig einen »geteilten Bildschirm«, so sind sie einerseits mit den Gedanken bei dem, was sie gerade tun, und gleichzeitig beschäftigen sie sich im Geiste noch mit anderen Dingen. Gerade unsichere Menschen beschäftigen sich im Kontakt mit anderen Menschen verstärkt mit dem Eindruck, den sie bei diesen hinterlassen mögen. Sie sind also gleichzeitig mit ihrem Gegenüber und mit sich selbst beschäftigt. Hierdurch geht zwangsläufig ein Teil ihrer Aufmerksamkeit für ihren Gesprächspartner verloren, denn man kann sich gedanklich nicht zwei Dingen gleichzeitig widmen. Psychologen nennen diese innere Fokussierung auf sich selbst »Automonitoring«, dies bedeutet, dass man sich quasi mit einer inneren Kamera selbst filmt. Es ist entlastend, wenn man bewusst einen Kameraschwenk vornimmt und die Linse auf die Umgebung richtet. So lenkt man seine Aufmerksamkeit von sich weg und auf die Umwelt. Hierdurch kann man sich von seinen nervösen Ängsten in gesunder Weise ablenken und seine Wahrnehmung für die Welt öffnen. Wahrnehmung bereichert unser Wissen und unsere Erfahrung. Wie ich im obigen Abschnitt bereits geschrieben habe, kann bewusstes Wahrnehmen an sich glücklich machen. Wenn wir unseren Blick nach außen wenden, ist er zudem zwangsläufig weniger egozentrisch. Versuchen Sie sich bewusst zu machen, dass die Welt da draußen um vieles interessanter sein kann als Ihre inneren Grübeleien.

In den letzten zehn Jahren hat die buddhistische Haltung der »Achtsamkeit« vermehrt in der Psychotherapie Einzug gehalten. Ich habe diesen Begriff hier bewusst nicht in dieser Bedeutung verwendet, obwohl meine Ausführungen in eine ähnliche Richtung weisen. Ich bin jedoch der Auffassung, dass man der buddhistischen Philosophie nicht gerecht wird, wenn man Achtsamkeit quasi wie eine Technik anwendet. Über Achtsamkeit zu sprechen möchte ich lieber den Buddhisten überlassen und will mich stattdessen damit begnügen, die Leser und Leserinnen zu ermuntern, mit offenen Augen durch die Welt zu gehen und ihre Sinne zu schärfen.

Kommunikation

Trauen Sie sich, offen zu sein und in Ihr Leben einzugreifen!

Wenn Sie Ihr Selbstwertgefühl verbessern möchten, dann sollte Ihr oberstes Ziel sein, Ihre Deckung aufzugeben und zu sich zu stehen. Sie leben in der Illusion, dass Ihre Deckung Ihnen Schutz bieten würde, dabei macht sie Ihnen mehr Probleme, als dass sie Ihnen Nutzen brächte. Es ist wahrscheinlich, dass Sie aus Ihrer Kindheit die Überzeugung mitgenommen haben, dass Sie sich anpassen und die Erwartungen Ihrer Eltern erfüllen müssen, um geliebt und akzeptiert zu werden. Oder Sie haben, falls Sie eher zu jenen gehören, die sich impulsiv verteidigen und sich wenig »bieten« lassen, den Vorsatz gefasst, sich gegen die Erwartungen Ihrer Mitmenschen aufzulehnen. In beiden Fällen tun Sie sich schwer, freundlich und mit angemessenen Worten für sich einzutreten. Wenn Sie es schaffen, offener und klarer mit anderen Menschen zu reden, dann gewinnen Sie Einfluss auf Ihr Leben – und dies wird erhebliche Auswirkungen auf Ihr Selbstbewusstsein haben.

Reden Sie!

Aus den bisherigen Ausführungen dürfte klar geworden sein, dass eines der größten Probleme von unsicheren Menschen ist, dass sie sich oft nicht trauen, offen ihre Meinung, ihre Wünsche und Gefühle zu äußern. Sie sind ständig besorgt anzuecken. In den Gesprächen mit meinen Klienten fällt mir auch immer wieder auf, dass viele Selbstunsichere nicht nur nichts sagen, obwohl sie eigentlich gern etwas sagen würden, sondern dass sie oft noch nicht einmal *auf die Idee* kommen, dass sie überhaupt etwas – in einer bestimmten Situation – *sagen könnten.* Sich selbst zurückzunehmen, nicht einzugreifen und den anderen gewähren zu lassen ist für viele so selbstverständlich, dass ihnen noch nicht einmal der Gedanke kommt, den Mund aufzumachen. Nicht selten passiert es, dass ich mit ehrlichem Erstaunen einen Klienten oder eine Klientin frage: »Warum haben Sie denn da nichts gesagt?!« Und häufig stellt sich dann heraus, dass es dem Betreffenden gar nicht in den Sinn gekommen ist, dass er überhaupt etwas hätte sagen können oder dürfen. Die Angst vor der Überlegenheit des Gegenübers hat sich in diesen Menschen so tief eingespurt, dass sie den Impuls zur Selbstbehauptung erstickt.

Bei den Selbstunsicheren von der Zickenfraktion ist es hingegen meist so, dass sie sich wehren, aber häufig zu aggressiv und dies auch noch oft auf Nebenschauplätzen. Kleine Bemerkungen können sie aus der Haut fahren lassen, aber die Dinge, die ihnen wirklich wichtig sind und die eine ehrliche Selbstoffenbarung erforderten, trauen sie sich auch nicht anzusprechen.

Wie überwindet man nun diese Angst? Meine Antwort: durch einen höheren Sinn. Nehmen Sie dieses Beispiel: Ein Mensch springt von einer Brücke, um ein Kind vor dem Ertrinken zu retten. Hatte der Mensch Angst, von der Brücke zu springen? Vermutlich ja. Aber er hat seine Angst für einen höheren Wert überwunden, nämlich das Leben des Kindes zu retten. Er hat also seinen Selbstschutz für einen höheren Wert riskiert.

Was hat das mit Ihren Ängsten zu tun? Antwort: Wenn Sie Ihre Meinung, Ihre Wünsche, Ängste und Bedürfnisse, Ihren Ärger und Verdruss für sich behalten, *geben Sie Ihrem Gegenüber keine Chance.* Sie schützen zwar vermeintlich – nicht wirklich – sich selbst, aber Sie blockieren hierdurch höhere Werte als den Selbstschutz, als da wären:

Fairness: Solange Ihr Gegenüber keine Ahnung hat, was in Ihnen vorgeht, hat es kaum eine Chance, sich Ihnen gegenüber richtig zu verhalten. Falls Anna sich zum Beispiel über Bernd ärgert, dies Bernd aber nicht mitteilt, dann hat Bernd keine Chance, entweder a) ein mögliches Missverständnis aufzuklären, b) Verständnis bei Anna für seine Sicht der Situation zu erzeugen, c) sein Verhalten zu ändern oder d) sich bei Anna zu entschuldigen. Wenn nun Bernd dieses Verhalten, über das sich Anna ärgert, öfter an den Tag legt, weil Bernd ja gar nicht ahnt, dass Anna sich hieran aufreibt, dann wird Anna ihren Ärger über Bernd in sich anhäufen. Es kann sich hierdurch in Anna eine kalte Wut auf Bernd anstauen, die die Beziehung weitaus mehr belastet als ein offenes Wort zur rechten Zeit. Bernd hat keine Chance bekommen.

Aufrichtigkeit: Ein weiterer höherer Wert als der persönliche Selbstschutz ist jener der Aufrichtigkeit. Wenn ich in einer wichtigen Angelegenheit meinem Gegenüber meine Meinung verheimliche, verhalte ich mich nicht aufrichtig. Die Formulierung »Ich denke mir halt meinen Teil« trifft ganz gut den Kern dieser mangelnden Aufrichtigkeit. In manchen Zusammenhängen mag es ja tatsächlich angemessen sein, sich lieber nur seinen Teil zu denken. Wenn man es beispielsweise mit einer sehr schwierigen Führungskraft zu tun hat und ganz objektiv am kürzeren Hebel sitzt. Aber häufig ist es schlichtweg feige, nicht aufrichtig zu sein.

Zum Beispiel findet Anna, dass Bernd zu viel über seine Probleme redet und sich zu wenig für ihre Belange interessiert. Sie sagt ihm dies aber nicht, sondern zieht sich aus dem Kontakt mit Bernd zurück. Warum sagt sie ihm nicht aufrichtig, dass sie sich manchmal wünschte, Bernd würde sich mehr nach ihr erkundigen? Oder warum redet Anna nicht einfach über ihre Probleme, ohne dass Bernd sie direkt danach fragt? So könnte es doch sein, dass Bernd denkt, wenn Anna etwas über sich erzählen wollte, dann würde sie es schon tun. Es könnte aber auch sein, dass Bernd bei einem offenen Wort von Anna gesagt hätte: »Du hast recht. Ich bin im Moment so in meinen Problemen versunken, dass ich mich wirklich zu wenig nach dir erkundigt habe. Es tut mir leid. Ich werde das ändern!« – und die Beziehung zwischen Anna und Bernd wäre bei einem aufrichtigen Wort wieder bereinigt gewesen. Sie wären sich nähergekommen. Durch den stillschweigenden Rückzug Annas haben sie sich distanziert.

Zivilcourage: Peter redet häufig sehr abwertend über seine Frau, was Norbert stört, zumal er die Frau von Peter sehr nett findet und meint, dass sie diese Abwertung nicht verdient. Er sagt aber nichts, weil er meint, er sollte sich nicht in die Ehe einmischen. Das Argument des Sich-nicht-einmischen-Wollens stellt jedoch nur eine Rechtfertigung für einen Mangel an Zivilcourage von Norbert dar. Tatsächlich hat Norbert Angst, Peter könnte es ihm verübeln, wenn er für dessen Frau eintritt, indem er Peter seine Meinung sagt. In diesem Zusammenhang ist es mir wichtig zu betonen, dass man Stellung beziehen sollte. Sie haben weder Ihr Leben noch in der Regel Ihren Job zu verlieren, wenn Sie für Ihre Überzeugungen eintreten und sich auch mal für andere starkmachen. Zivilcourage ist ein nicht hoch genug einzuschätzender Wert, hinter dem die Angst um sein Ich zurücktreten sollte.

Freundschaft: Ein Freund oder eine Freundin sollte es einem wert sein, seine Angst um sich selbst zu überwinden und aufrichtig mit ihm oder ihr umzugehen. Dies ist auch der beste Weg, damit die Freundschaft auf Dauer hält. In einer langjährigen und guten Freundschaft kann es schließlich immer mal vorkommen, dass einem beim anderen »etwas auf den Keks« geht. Wenn ich dies nicht sage, belaste ich die Freundschaft mehr, als wenn ich meinen Freund oder meine Freundin hierauf anspreche. Zudem darf ein guter Freund auch mal eine Kritik äußern. Wer soll einen denn sonst auf seine Macken aufmerksam machen, wenn nicht die guten Freunde? Ganz unangenehm wird es natürlich, wenn ein guter Freund ein untaugliches Deo benutzt oder zu Mundgeruch neigt. Aber wer, wenn nicht der gute Freund, soll es ihm denn sonst sagen? (Sofern es dessen Familie offensichtlich nicht tut.)

Selbstunsichere überschätzen in der Regel maßlos den vermeintlichen Ärger, den es nach sich zieht, wenn man ein offenes Wort spricht. Wenn sie sich dann doch öfter trauen, sind sie überrascht, wie positiv dies bei ihren Mitmenschen ankommt und dass es sich bei ihren Ängsten größtenteils um Phantom-Ängste handelte.

Ganz wichtig: Selbstunsichere machen durchweg die Erfahrung, dass sie sich selbstsicherer fühlen, wenn sie offen ihre Meinung sagen.

Für sich und andere einzutreten ist ein ganz grundlegender Schritt, um sein Selbstwertgefühl zu verbessern. Der Grund ist, dass die Betroffenen zunehmend das Gefühl bekommen, Einfluss auf ihr Leben und andere Menschen nehmen zu können. Gefühle der Hilflosigkeit verschwinden, wenn man anfängt, sich durch Reden selbst zu behaupten.

Natürlich kommt es auch darauf an, *wie* man etwas formuliert.

Selbstunsichere sind naturgemäß wenig trainiert, Dinge anzusprechen, und tun sich deshalb manchmal schwer, die richtigen

Worte zu finden. Deswegen möchte ich im Folgenden ein paar Hilfestellungen geben, wie man ein Problem ansprechen kann und sich sowohl klar ausdrückt als auch den anderen nicht unnötig verletzt.

So sagen Sie es am besten

In den folgenden Abschnitten möchte ich Ihnen einige Anregungen geben, wie man einen möglichen Konflikt am besten anspricht. Ich werde mich jedoch auf ein paar wesentliche Grundlagen beschränken, weil das Thema an sich ein ganzes Buch füllen könnte und ich Sie nicht mit zu vielen Informationen erschlagen möchte. Ich habe jedoch im Anhang dieses Buches Buchempfehlungen für das Thema »Konfliktlösung« aufgelistet, falls Sie Ihr Wissen hierzu vertiefen möchten.

Wichtiger als alle Redetechniken ist die *innere Einstellung*, mit der ich meinem Gegenüber begegne. Das Ziel sollte »Klärung und Frieden« lauten und nicht »Gewinnen oder Verlieren«. Es sollte um Konsens und nicht um Überlegenheit gehen. Menschen mit einem gesunden Selbstwertgefühl befinden sich mit ihrem Gegenüber auf Augenhöhe: Sie fühlen sich weder unterlegen, noch streben sie nach Überlegenheit.

Wichtig ist also, dass Sie sich bemühen, sowohl für sich selbst und Ihr persönliches Anliegen Verständnis aufzubringen als auch für die Bedürfnisse und die möglichen Schwächen Ihres Gegenübers. Hüten Sie sich davor, ein Feindbild aufzubauen, auch wenn Sie sich schwarzärgern. »Sehr schwierige« Menschen, die im Umgang beispielsweise hart, launisch und ungerecht sind, haben eigentlich immer eine tragische Lebensgeschichte, die sie so werden ließ. Keiner kommt böse zur Welt, und eigentlich wollen auch die wenigsten Menschen wirklich »böse« sein. Versuchen Sie also für sich *und* für Ihr Gegenüber Verständnis aufzubringen.

Ich mache immer wieder die Erfahrung, dass es selbstunsicheren Menschen nicht an sprachlichen Fähigkeiten mangelt, sondern dass ihre Hemmungen ihr Denken blockieren. Wenn ein selbstunsicherer Mensch sich also innerlich in einen entspannten Zustand begibt, fallen ihm durchaus alle Sätze und Argumente ein, die er vortragen möchte. Machen Sie sich deswegen von dem Gedanken frei, Sie müssten besonders redegewandt sein. Es ist nicht wichtig, ob Sie etwas elegant oder holprig formulieren. Sie brauchen keine filmreifen Dialoge zu führen. Sagen Sie einfach genau das und in möglichst sachlichen Worten, was Sie sagen wollen. Sorgen Sie sich nicht um Ihren »Auftritt«, sondern behalten Sie Ihr Ziel im Auge. Das Ziel lautet: Ich möchte die Sache X formulieren und möchte hören und verstehen, was mein Gegenüber dazu zu sagen hat.

Beispiel: *Inge hat eine Kollegin, die immer mal wieder spitze Bemerkungen macht, die Inge kränken. Da die Bemerkungen zumeist aus heiterem Himmel kommen, verschlägt es Inge jedes Mal die Sprache. In dem Moment fällt ihr einfach keine passende Antwort ein. Als ihre Kollegin das nächste Mal wieder mit so einer Spitze aufwartet, antwortet Inge: »Bitte unterlass doch diese Kränkungen. Sie vergiften unnötig das Arbeitsklima.« Das ist eine ganz klare Ansage. Inge hat dabei darauf verzichtet »zurückzuschießen«, weil sie die Beziehung nicht noch mehr belasten und keinen »Krieg« eröffnen wollte. Sie hat einfach nur genau das gesagt, was sie meint.*

Nun könnte die Kollegin ja hierauf antworten: »Ach, sei doch nicht so empfindlich. Ich meine das ja gar nicht so.« Jetzt könnte es passieren, dass Inge wieder keine Antwort einfällt. Und das ist genau die Situation, die unsichere Menschen am meisten fürchten: Sie sagen etwas – das Gegenüber antwortet hierauf, und ihnen fällt dann nichts mehr ein. Der Trick ist jetzt, sich nicht durch seine Angst vor Unterlegenheit blockieren zu lassen, sondern bei der Sache zu bleiben. Und nochmal: Sie müssen nicht besonders schlagfertig sein. Vergessen Sie das. Denn das Bemühen um Schlagfertigkeit blockiert nur Ihr Denken. So könnte Inge jetzt antworten a) Möglicherweise bin ich empfindlich, es wäre trotzdem nett, wenn du etwas Rücksicht darauf nehmen könntest, weil wir uns dann besser verstehen, b) Ich glaube gar nicht, dass ich empfindlich bin, und wenn du es nicht so meinst, dann sag es doch einfach auch nicht so, c) Siehst du, genau das meine ich: Ich habe dich eben darum gebeten, die persönlichen Kränkungen zu unterlassen, und schon wirfst du mir wieder Empfindlichkeit vor. Lass das doch bitte einfach.

Keine der drei Antworten ist besonders witzig oder schlagfertig. Aber jede der drei Antworten könnte genau das ausdrücken, was Inge sagen will. Inge hat sich einfach vorgenommen, bei der Sache zu bleiben und nicht in ihr Angstgefühl abzurutschen. Sie hat sich also bemüht, sich auf den Gesprächsinhalt zu konzentrieren und nicht auf das Kribbeln in ihrem Bauch. Sehr hilfreich war ihr auch der Gedanke, dass sie gar nicht sofort antworten muss. Falls ihr in dem Moment keine Antwort eingefallen wäre, hätte sie auch eine Stunde, einen Tag oder eine Woche später zu ihrer Kollegin gehen können, um die Antwort nachzuholen. Sie brauchen sich also in den meisten Fällen gar nicht unter Zeitdruck zu setzen. Es wäre auch okay gewesen, wenn Inge eine Woche später zu ihrer Kollegin gegangen wäre und gesagt hätte: »Weißt du, deine Antwort von neulich mit der Empfindlichkeit ist mir nochmal durch den Kopf gegangen. Eigentlich hast du mich damit schon wieder beleidigt. Lass das doch bitte in Zukunft. Es ist doch viel angenehmer, wenn wir uns gut verstehen.« Viele Menschen mit niedrigem Selbstwert meinen nämlich, wenn sie nicht direkt antworten, hätten sie ihr Recht auf Selbstbehauptung in dieser Situation verwirkt. Das ist Unsinn. Es ist vollkommen legitim, eine verpasste Möglichkeit zu einem späteren Zeitpunkt nochmals aufzugreifen.

Ich habe bereits erwähnt, dass man auch versuchen sollte, Verständnis für sein Gegenüber aufzubringen. Bleiben wir bei dem obigen Beispiel. Warum macht Inges Kollegin diese Bemerkungen? Inge ist der Ansicht, dass ihre Kollegin sie wahrscheinlich nicht leiden kann. Dies meint Inge, weil sie sowieso immer eher mit Ablehnung als mit Sympathie rechnet. Wie so häufig bei Menschen mit einem geringen Selbstwertgefühl liegt Inge mit dieser Einschätzung ziemlich daneben. Tatsächlich ist Inge ein Typ, der gut bei seinen Mitmenschen ankommt. Sie ist im Büro eine beliebte Kollegin. Möglicherweise ist ihre Kollegin deshalb auch ein wenig neidisch auf sie. Es könnte auch sein, dass ihre Kollegin privat viele Sorgen hat und ihren Frust unbewusst an anderen Menschen auslässt. Möglicherweise könnte ihre Kollegin auch wesensbedingt ein rauer Typ sein, der wenig Gespür für die Empfindlichkeiten anderer Menschen aufbringt. Es könnte aber auch sein, dass Inge tatsächlich irgendetwas getan hat, worüber sich ihre Kollegin aufgeregt hat. Weil die Kollegin aber selbst konfliktscheu ist, traut sie sich nicht, dies offen zu sagen, sondern macht stattdessen zickige Kommentare. Es gibt also mehrere Interpretationsmöglichkeiten.

Jedenfalls könnte Inge auch beschließen, ihre Kollegin einfach nach dem Grund ihrer bissigen Kommentare zu fragen, und somit versuchen, die Beziehung auf direktem Wege zu klären. Dann könnte Inge beispielsweise sagen: »Mir fällt auf, dass du öfter bissige Bemerkungen gegen mich fallen lässt, die mich kränken. Ich frage mich, woran das liegt.« Hierauf könnte ihre Kollegin möglicherweise sagen: »Du hast recht, ich bin manchmal zu zickig. Ich habe halt öfter das Gefühl, dass du nicht richtig anerkennst, wie oft ich dir Arbeit abnehme …« Hierüber könnten sie dann sprechen, und beide könnten versuchen, Verständnis füreinander aufzubringen.

Ich fasse noch einmal zusammen: Sehen Sie Ihr Gegenüber nicht als überlegenen Unmenschen, sondern als einen Menschen, der genau wie Sie seine Stärken und Schwächen hat. Streben Sie nicht danach, »recht zu behalten«, sondern nach Konsens und einer Begegnung auf Augenhöhe. Konzentrieren Sie sich auf das, was Sie sagen wollen, und nicht auf Ihre Außendarstellung. Fokussieren Sie auf das Gespräch und nicht auf Ihr Kribbeln im Bauch. Und hören Sie auch Ihrem Gesprächspartner zu und öffnen sich für seine Argumente. Öffnen Sie sich seinen Worten und mithin auch der Möglichkeit, dass Sie die Dinge vielleicht auch falsch sehen. Das ist nicht schlimm. Das Ziel lautet Klärung. Wenn Sie im Zuge dieser Klärung, weil Sie aufrichtig zuhören, feststellen, dass Sie mit Ihrer Einschätzung falschliegen, dann geben Sie das gegenüber Ihrem Konfliktpartner einfach zu. Und alles wird gut.

Ich-Botschaften

Eine weitere Möglichkeit, um ein Thema möglichst friedlich anzusprechen, ist die Verwendung von sogenannten Ich-Botschaften. Dies ist eine einfache Grundregel, die in allen Kommunikationsseminaren und Büchern vorgetragen wird. Eine Ich-Botschaft lautet beispielsweise: »Ich habe jetzt lange auf dich gewartet«, anstatt: »Musst du immer zu spät kommen?!« Ich-Botschaften sind vermittelnd, weil der Konfliktpartner hierdurch nicht direkt beschuldigt oder provoziert wird. In »Du-Botschaften« steckt meistens eine Schuldzuweisung, die beim Gegenüber häufig den Impuls hervorruft, sich zu rechtfertigen, und schnell kann das Gespräch in wechselseitigen Anschuldigungen und Streit eskalieren. Bei den Ich-Botschaften legt der Betroffene offen, wie er sich fühlt und was ein bestimmtes Verhalten in ihm auslöst. Dadurch lädt er sein Gegenüber ein, ihn zu verstehen und Empathie aufzubringen. So sagt A. beispielsweise: »Es kränkt mich, wenn du nebenbei in der Zeitung blätterst, während ich dir etwas Wichtiges erzählen will.« Hierauf kann B. besser reagieren, als wenn er zu hören bekommen hätte: »*Du* hörst mir nie zu!« Hier würde B. sich vermutlich angegriffen fühlen und irgendetwas zu seiner Rechtfertigung vortragen, woraufhin A. sich wiederum bemüßigt fühlte, seine Anschuldigung zu beweisen, indem er beispielsweise auf vergangene Situationen zurückgreift. Und schon entspinnt sich ein überflüssiger Streit. Also versuchen Sie möglichst von sich zu sprechen, wenn Sie ein Anliegen vortragen möchten.

Erkennen Sie Ihre eigenen Anteile!

Ein besonders kniffliges Problem, wenn es um die Beziehungen von Selbstunsicheren geht, ist ihre Neigung, aus Unterlegenheitsgefühlen und Unsicherheit ihre eigenen Schwächen auf ihr Gegenüber zu verlagern. Erinnern Sie sich zum Beispiel an Susanne aus dem Fitnessstudio, die auf Johanna sauer war, weil sie sich ihr unterlegen fühlte. Bevor Sie also einen möglichen Konflikt ansprechen, versuchen Sie zu erkennen, was das mit Ihnen zu tun haben könnte und ob Sie in Bezug auf Ihr Gegenüber möglicherweise eine etwas verzerrte Wahrnehmung aufweisen. Viele Unsichere neigen zu einseitig negativen Deutungen der Worte und Handlungen ihres Gegenübers. Sie sind also besonders gefährdet, Dinge in den falschen Hals zu bekommen. Die Gründe hierfür sind ihre leichte Kränkbarkeit und ihre Unterlegenheitsgefühle. Vor allem bei Menschen, die sie als überlegen oder gar dominant wahrnehmen, kann es leicht passieren, dass sie über diese nicht ganz gerecht urteilen.

Ein Beispiel: *Vivian und Carmen sind Freundinnen. Vivian bewundert ihre hübsche und selbstbewusste Freundin. Dabei hat sie das Gefühl, dass sie mehr von Carmens Freundschaft abhängt als umgekehrt. Deswegen redet sie Carmen manchmal etwas nach dem Mund. Vivian traut sich nicht richtig, Carmen zu widersprechen, wenn sie anderer Meinung ist. Innerlich stellt sie Carmen ein wenig aufs Podest. Das Problem mit Podesten ist jedoch leider, dass man von ihnen herunterfallen kann. Carmen hat, wie alle Menschen, ihre Stärken und ihre Schwächen. Eine von Carmens Schwächen ist, dass sie auf Partys gern einen über den Durst trinkt. Da Carmen auch schon nüchtern nicht schüchtern ist, kann sie sich – in Vivians Augen – manchmal etwas danebenbenehmen, wenn sie zu viel getrunken hat. Das ist Vivian dann ziemlich peinlich, was sie Carmen aber nicht sagt. Vivian würde sich nicht trauen, Carmen zu kritisieren. Wenn Carmen angeheitert ist, hat sie ein besonders loses Mundwerk. Neulich hat sie Vivian in größte Verlegenheit gebracht, weil sie zu einem*

Schwarm von Vivian, in Vivians Gegenwart, gesagt hat, dass ihre Freundin etwas schüchtern sei. Vivian ist daraufhin knallrot angelaufen. Sie war deswegen ziemlich sauer auf Carmen. Solche Missgeschicke – aus Vivians Sicht – passieren Carmen immer mal wieder. Das Podest, auf dem Carmen steht, beginnt zu schwanken. Doch statt mit Carmen zu reden, redet Vivian mit ihrer Freundin Anja über Carmen. Sie erzählt ihr von den peinlichen Zwischenfällen und darüber, dass sie sich oft von Carmen bestimmt fühlt. Anja kann Vivian gut verstehen und stellt sich auf ihre Seite. Hierdurch zementieren sich Vivians nagende Zweifel an Carmen. Vivian kommt immer mehr zu der »Einsicht«, dass sie sich aus Carmens »Dominanz« befreien muss. Vivian führt innerlich darüber Buch, in welchen Situationen Carmen sie dominiert und/oder in Verlegenheit gebracht hat. Andererseits ist Carmen jedoch eigentlich immer noch ihre beste Freundin. Also beschließt Vivian nach langem Nachdenken, dass es vielleicht doch besser wäre, mit Carmen ein offenes Wort zu reden. Nun hat Vivian jedoch schon ziemlich lange mit dem offenen Wort gewartet, und ihre innere Liste an Vorwürfen ist lang. Hinzu kommt die Wut, die sich inzwischen in ihr aufgebaut hat. Besonders problematisch ist jedoch, dass Vivian ihre eigenen Anteile an den Situationen nicht reflektiert. So ist der Vorwurf an Carmen, dass sie Vivian dominieren würde, schlichtweg ungerecht. Es ist Vivians und nicht Carmens Problem, wenn sie sich nicht traut, ihre eigene Meinung zu sagen. Hinzu kommt, dass Vivian aufgrund ihrer Selbstunsicherheit ziemlich mimosenhaft sein kann. Objektiv gesehen war die Bemerkung zu Vivians Schwarm, dass Vivian schüchtern sei, gar nicht schlimm. Im Gegenteil: Carmen wollte dem Mann damit nur etwas Mut machen, zumal sie den Eindruck hatte, dass dieser auch seinerseits an Vivian interessiert war. Sie hatte also in guter Absicht gehandelt. Und wenn Carmen ab und zu ein zu loses Mundwerk hat, dann ist es vor allem Vivians Problem, wenn sie sich für ihre Freundin schämt. Dies soll nun nicht bedeuten, dass Carmen alles richtig macht oder nicht auch tatsächlich mal mit ihren Bemerkungen zu weit geht. Die ausführliche

Darstellung soll nur ein Verständnis für Vivians eigene Anteile an der Situation schaffen, die sie jedoch nicht erkennt. Als Vivian Carmen schließlich auf ihre Einschätzungen anspricht und diese zum Teil mit Ereignissen »belegen« kann, die Jahre zurückliegen, fällt Carmen aus allen Wolken. Es ist so viel, und sie hat das Gefühl, dass vieles, was Vivian ihr vorwirft, einfach ungerecht ist. Carmen bemüht sich in dem Gespräch, ihre Sicht der Dinge darzulegen und sich zu erklären. Dies wiederum führt bei Vivian zu der weiteren Fehleinschätzung, dass es »keinen Sinn« hat, etwas mit Carmen zu klären, weil sie ja »sowieso immer recht hat«, und dass Carmen eben keine Kritik verträgt. Ihre Empfindung, dass Carmen zu dominant sei, verstärkt sich durch dieses »Klärungsgespräch«. Durch die mangelnde Selbstreflexion Vivians steht Carmen auf verlorenem Posten.

Das Beispiel Vivians zeigt, dass sich nicht alle Probleme durch offenes Ansprechen lösen lassen. Es ist wichtig, möglichst genau die eigenen Anteile an einer Situation zu hinterfragen und zu erkennen, wenn man einem anderen quasi seine eigenen Probleme in die Schuhe schiebt. Nicht jede Kritik ist berechtigt. Ich hoffe, dass Sie durch die Lektüre dieses Buches ein genaueres Gespür dafür entwickeln, was Ihre Anteile an manchen problematischen Beziehungen sind. Ganz besondere Vorsicht ist immer angebracht, wenn Sie ein Gegenüber als scheinbar überlegen wahrnehmen, denn gerade diese Empfindung kann zu verzerrten Wahrnehmungen führen, wie nicht nur das Beispiel von Vivian, sondern auch jenes von Achim zeigt, das ich im Kapitel »Kommunikation« beschrieben habe.

Versuchen Sie, sich selbst gegenüber möglichst ehrlich zu sein. Stellen Sie sich folgende Fragen: Ist der Mann oder die Frau wirklich blöd, oder bin ich vielleicht aus irgendeinem Grund neidisch auf ihn oder sie? Ist dieser Mensch tatsächlich dominant, oder bekomme ich einfach selbst den Mund nicht auf? Behandelt mich jener Mensch wirklich herablassend, oder sind es nur meine Selbstzweifel, die mich dies so sehen lassen? Wichtig ist, dass Sie auch Ihrem Gegenüber eine Chance bei einem offenen Gespräch geben.

Hören Sie genau hin, was es zu sagen hat, und versuchen Sie, auch seine Sicht zu verstehen. So hätte Carmen ja durchaus recht, wenn sie Vivian beispielsweise entgegnete, dass sie schließlich nicht Gedanken lesen könne. Aber Vivian öffnete sich nicht für Carmens Sicht, sondern hatte sich schon so in ihre Sicht der Dinge verrannt – unterstützt durch ihre Freundin Anja –, dass Carmen quasi keine Chance hatte.

Lassen Sie sich nicht in die Ecke treiben! Es geht um Argumente

Jetzt möchte ich das Problem der Konfliktlösung noch einmal von der anderen Seite betrachten. Im obigen Beispiel war Vivian nicht auf der richtigen Seite, weil sie ihre eigenen Anteile an dem Problem nicht reflektiert hat. Das kann Selbstunsicheren wie auch Selbstsicheren passieren. Selbstunsichere plagen sich jedoch auch häufig mit Zweifeln, ob sie überhaupt ein Recht haben, etwas anzusprechen, beziehungsweise ob sie die Dinge überhaupt richtig sehen. Diese Unsicherheit bemächtigt sich ihrer insbesondere dann, wenn es darum geht, einen eigenen Standpunkt zu behaupten. Häufig lassen sie sich deswegen viel zu weit in die Ecke treiben. Meiner Meinung nach liegt diesem Problem ein Denkfehler zugrunde: *Es geht nicht um Rechthaben, sondern um Argumente!* Ich erinnere noch einmal daran, dass es nicht um Gewinnen oder Verlieren geht, sondern um Verständnis und Konsens. Aus der Angst, in eine unterlegene Position zu geraten, beschäftigen sich viele Menschen mit niedrigem Selbstwert zu viel mit ihrem Angstgefühl, anstatt darüber nachzudenken, welche Argumente denn für ihren Standpunkt sprechen. Wenn ich, Steffi Stahl, zum Beispiel einen bestimmten Standpunkt vertrete, dann habe ich hierfür Argumente. Und ich vertrete diesen Standpunkt genau so lange, bis mir jemand ein besseres Argument entgegensetzt. Wenn dies der Fall ist, dann sage ich: Da hast du recht! So einfach ist das. Ich breche mir überhaupt keinen ab, jemandem recht zu geben, wenn er oder sie die besseren Argumente hat. Ich finde es gar nicht schlimm, unrecht zu haben. Ich möchte in der Sache weiterkommen. Allerdings lasse ich mich auch nicht in die Ecke treiben, wenn jemand keine besseren Argumente hat als ich. Dann bleibe ich bei meinem Standpunkt. Wenn man sich dann nicht einig wird, weil das Gegenüber, obwohl man meint, die besseren Argumente zu haben, trotzdem bei seiner Meinung bleibt, gibt es ja meistens noch die gute Möglichkeit, »es einfach so stehen zu lassen«.

Wenn Sie sich also nicht sicher sind, ob Sie überhaupt recht haben, einen bestimmten Standpunkt zu vertreten, dann denken Sie bitte darüber nach, welche Argumente für Ihre Sicht sprechen. Wahrscheinlich fallen Ihnen mit Ihren Argumenten auch die Gegenargumente ein, dann überprüfen Sie diese und überlegen, ob sie etwas an Ihrer Meinung verändern. Wenn Sie diese Analyse abgeschlossen haben, dann reden Sie. Falls Ihr Gesprächspartner dann Argumente vorträgt, die Sie selbst nicht bedacht haben, die Sie aber spontan überzeugen, dann geben Sie ihm recht. Falls Sie sich nicht sicher sind, sagen Sie ihm oder ihr, dass Sie darüber nachdenken werden. Falls keine guten Argumente von der Gegenseite kommen, dann bleiben Sie bei Ihrem Standpunkt.

Ein Beispiel: *Christina ärgert sich häufig über ihren Lebensgefährten Bernd, weil dieser oft zu spät kommt und überhaupt große Schwierigkeiten hat, sich zeitlich festzulegen. Christina möchte aber eine gewisse Vorhersehbarkeit in ihrer Freizeitplanung. Sie möchte zum Beispiel nicht erst am Freitagnachmittag erfahren, ob man sich am Freitagabend sieht. Das hat sie ihm auch schon öfter gesagt. Bernd hält dem entgegen, dass sein Job eine langfristige Planung nicht zulasse, er müsse halt öfter spontan auf Angebote beziehungsweise auf Kundenwünsche reagieren. Außerdem, so Bernd, passten langfristige Pläne ohnehin nicht in sein Lebenskonzept, er agiere und verabrede sich nun einmal lieber spontan. Hier kollidieren also zwei Interessen: Auf der einen Seite steht Christinas Bedürfnis nach Planung und Vorherseh-*

barkeit und auf der anderen Seite Bernds Wunsch nach Flexibilität und Spontaneität. Christina ist sich unsicher, ob sie überhaupt ein Recht hat, von Bernd mehr Festlegung zu verlangen – schließlich kann sie von ihm nicht erwarten, dass er denselben Lebensstil pflegt wie sie. Hinzu kommt, dass es Bernd auch offensichtlich nicht so wichtig wie ihr ist, ob man sich sieht oder nicht. Sie hat das Gefühl, dass ihr die Beziehung wichtiger ist als ihm. Deswegen hat sie auch Angst, dass Bernd sie vielleicht verlassen könnte, wenn sie ihm zu viel Druck macht. Andererseits merkt sie, dass sie eigentlich diejenige ist, die den Preis für Bernds Freiheitsbedürfnis zahlt. Für sie ist es sehr ärgerlich, wenn sie auf ihn wartet. In der Zeit könnte sie auch andere Dinge erledigen. Und wenn Bernd ihr erst sehr kurzfristig sagt, dass sie sich zum Beispiel am Freitagabend nicht sehen, findet sie auf die Schnelle auch meistens keine andere Verabredung und sitzt den Abend allein zu Hause herum, was schon deshalb besonders schlimm ist, weil sie Bernd vermisst und sich über ihn ärgert. Außerdem führt Bernds Verabredungsweise dazu, dass sie sich immer die Abende möglichst lange offen hält und somit das Gefühl hat, gar nicht mehr selbstbestimmt über ihren Terminkalender zu verfügen. In einer Psychotherapiesitzung habe ich Christina gebeten, die Argumente aufzuzählen, die für ihre Forderung an Bernd sprechen, sich zeitlich mehr festzulegen. Nach einigem Nachdenken fand sie die folgenden Argumente:

1. Zuverlässigkeit und Pünktlichkeit sind Verhaltensweisen, die dem anderen Respekt erweisen. Es liegt in Bernds Verantwortung, sich besser zu organisieren und mich nicht warten zu lassen. Es ist nicht richtig, dass ich mit Warten den Preis für Bernds Lebensstil bezahle.

2. Eine Partnerschaft bedeutet Geben und Nehmen. Bernd erwartet quasi von mir, dass ich mich zu hundert Prozent auf ihn einstelle, wenn sein Bedürfnis nach Spontaneität absoluten Vorrang vor meinem Bedürfnis nach Planung und Vorhersehbarkeit hat. Hier wäre ein Kompromiss, der auch meine Bedürfnisse berücksichtigt, angebracht.

Dadurch, dass Christina darüber nachgedacht hat, welche Argumente eigentlich für ihre Forderung sprechen, hat sie mehr Standpunktsicherheit gewonnen. Ihr wurde klar, dass Bernd die Verabredungsregeln in der Beziehung bislang allein bestimmt hat und ihr quasi nur der Part verblieb, sich hierauf einzustellen. Sie konnte plötzlich erkennen, dass ihre Wünsche nach Planung genauso viel Berechtigung haben wie seine nach Spontaneität. Im Gespräch mit Bernd hat dieser sich gewunden – er hatte keine guten Argumente, die er Christina entgegensetzen konnte. Christina blieb deswegen bei ihrem Standpunkt. Sie einigten sich schließlich auf einen guten Kompromiss.

Ich möchte Ihnen jedoch nicht verschweigen, dass das Gespräch zwischen Christina und Bernd auch hätte anders ausgehen können. Hinter Bernds Festlegungsphobie steckt nämlich seinerseits ein tieferes Beziehungsproblem. Aufgrund dieser Tatsache hätte er sich auch stur stellen oder nur per Lippenbekenntnis Kompromissbereitschaft erklären können. Somit wäre dann für Christina, trotz guter Argumente, alles beim Alten geblieben. Die Tatsache, dass man etwas anspricht und gute Argumente hat, gibt einem noch lange keine Erfolgsgarantie. Schließlich haben wir keinen direkten Einfluss auf andere Menschen. Der einzige Mensch, auf den wir direkten Einfluss nehmen können, sind wir selbst. Aber: Christina hat in dem Fall alles *in ihrer Verantwortung Stehende* getan, um die Beziehung zwischen Bernd und ihr zu verbessern. Und darum geht es. Ob Bernd hierauf eingeht, liegt nicht mehr in ihrer Verantwortung. Dies ist eine ganz wichtige Erkenntnis, denn viele Menschen mit niedrigem Selbstwert denken häufig: »Es bringt ja sowieso nichts!« Dies ist zum einen falsch, denn oft bewirkt man etwas mit Reden, und zum anderen sollte die Fokussierung auf den möglichen Erfolg nicht unbedingt handlungsleitend sein. Handlungsleitend sollte die Überlegung sein: Was kann ich innerhalb meiner Verantwortung tun, um eine Situation zu verbessern und um richtig zu handeln?

Jetzt möchte ich noch auf die Angst Christinas eingehen, dass sie Bernd durch ihre Forderung nach mehr Verbindlichkeit eventuell zu viel unter Druck setzt und ihn hierdurch vertreiben könnte. Diese Überlegung ist berechtigt – gerade bindungsängstliche Menschen wie Bernd reagieren häufig mit Flucht, wenn sie mehr in die Verantwortung gezogen werden. Meine Meinung dazu: Lieber ein Ende mit Schrecken als ein Schrecken ohne Ende. Die Verhaltensweisen von Bernd sind für Christina maximal ärgerlich, und es stellt sich die Frage, ob sie diese Beziehungsqualität auf längere Zeit hinnehmen kann. Es bringt nichts, potenzielle Konflikte unter der Decke zu halten, weil sie sich auch dort zwangsläufig vermehren. Eine offene Klärung kann natürlich dazu führen, dass die tatsächlichen Probleme schneller ans Tageslicht kommen – wie hier Bernds Festlegungs- und Bindungsproblem. Dies kann die Beziehung kurzfristig mehr belasten, als wenn Christina den Mund gehalten hätte. Aber: Langfristig wäre die Beziehung mit Bernd unter diesen Umständen so oder so gescheitert. Und dann hätte sich Christina wohl berechtigte Vorwürfe gemacht: Warum habe ich mir das Verhalten von Bernd über viele Jahre gefallen lassen? Warum habe ich mich denn nicht viel früher gewehrt oder Schluss gemacht? Fazit: Durch Schweigen hätte Christina ihre unglückliche Beziehung zu Bernd lediglich an den Tropf gehängt.

Die Sorge, mit einer klaren Formulierung der eigenen Bedürfnisse und Wünsche den anderen unter Druck zu setzen – und ihn oder sie möglicherweise zu verscheuchen, kennt fast jeder. Auch mir ist sie nicht fremd. Aber auch hier gilt: Was sind die Argumente für diese Vorgehensweise?

1. Ich bin greifbar und transparent. Keiner muss sich meinen Kopf zerbrechen, weil ich die Verantwortung für mein Befinden übernehme.
2. Ich bleibe fair, denn nur wenn ich etwas sage, hat der andere eine Chance, die Beziehung zu mir zu glätten, wobei Kompromisse oder auch ein Nachgeben meinerseits durchaus die Lösung des Problems sein können, zumal wenn ich durch das

Gespräch einsehe, dass meine Sicht vielleicht zu einseitig oder falsch war.

3. Ein Konflikt löst sich normalerweise nicht durch Schweigen, sondern er spitzt sich dadurch in der Regel zu. Langfristig wird die Beziehung mehr belastet. In den meisten Fällen entspannt ein offenes Wort die Beziehung.
4. Falls die Beziehung so schwierig ist, dass ein offenes Wort nicht zur Entspannung beiträgt, dann kann es immerhin dazu beitragen, die tiefer liegenden Probleme beziehungsweise das Ausmaß des Problems schneller ans Tageslicht zu bringen.

Abschließend möchte ich nochmals herausstreichen, dass es sowohl um Ihre als auch um die Argumente Ihres Gesprächspartners geht. Jeder hat schon die Erfahrung gemacht, dass er zu Unrecht angegriffen wurde und sich deshalb nicht verteidigen konnte, weil sein Angreifer einfach nicht auf seine Worte einging, sondern stur bei seiner Argumentation blieb. Dies ist eine Form der Ignoranz, die beim betroffenen Opfer ein geradezu ohnmächtiges Gefühl der Hilflosigkeit hervorrufen kann. Wie man sich in solchen Fällen am besten verhält, sage ich Ihnen im übernächsten Abschnitt »Wenn Argumente nicht weiterhelfen«.

Bin ich nur offen oder schon ein Querulant?

Jeder kennt Menschen, die ständig ihre Meinung und ihre Bedürfnisse deklarieren und die einem damit ganz schön auf die Nerven gehen. Sicherlich fragen sich jetzt einige Leser und Leserinnen, wo denn die Grenze ist zwischen einer gesunden Selbstbehauptung und nervigem Querulantentum. Der Unterschied ist, dass Querulanten nur sich selbst sehen. Ihre Wahrnehmung ist egozentrisch – sie nehmen die Bedürfnisse ihrer Mitmenschen nicht wahr, sondern kämpfen ausschließlich in eigener Sache. Ein Mensch mit einem guten Selbstwertgefühl hingegen kann sich in seine Mitmenschen einfühlen und nimmt auch deren Bedürfnisse wahr. Deswegen habe ich weiter oben ja auch geschrieben, dass es wichtig ist, beide Seiten zu verstehen. Ich finde es auch nervig, wenn Leute von einem »Selbstbehauptungstraining« zurückkommen und plötzlich neustark nur noch von sich und ihren Bedürfnissen reden. Eine derartige Position zu vermitteln ist mit Sicherheit nicht mein Anliegen. Ich bin auch nicht der Meinung, dass man wegen jeder Kleinigkeit eine Diskussion anfangen sollte. Im Gegenteil: Einiges kann man auch einfach mal durchwinken. Zeit zum Reden wird es, wenn man feststellt, dass sich Ärger in einem aufbaut und/oder wenn einem etwas schlichtweg wichtig ist. Solange Sie auch die Position Ihres Gegenübers dabei im Auge behalten, sind Sie vor Querulantentum gefeit.

Wenn Argumente nicht weiterhelfen

In diesem Abschnitt möchte ich auf eine ganz üble Gesprächssituation kommen, nämlich jene, dass Ihr Gegenüber gar nicht gewillt ist, auf Sie einzugehen, und Sie mithin das Gefühl haben, gegen eine Wand zu reden. In solchen Situationen können Sie die besten Argumente haben und vollkommen im Recht sein – und dennoch stehen Sie auf verlorenem Posten. Sie fühlen sich hilflos und verstehen nicht, was da eigentlich gerade passiert. Sie unternehmen immer neue Anläufe, um sich zu erklären, und verrennen sich möglicherweise geradezu in eine Rechtfertigungsorgie. Das Schlimme in dieser Situation ist, dass es hier gar nicht um Argumente und Verstehen geht, sondern nur darum, dass der andere Sie auflaufen lassen will.

Ein Beispiel: Jonas (41 Jahre) war in seiner Familie der Jüngste mit drei älteren Schwestern. Er war der Kleine, der sich häufig von seinen älteren Schwestern dominiert fühlte. Aber nicht nur seine Schwestern, sondern auch Jonas Mutter war sehr bestimmend. Diese Kindheit hat bei Jonas zu einem sehr ambivalenten Frauenbild geführt – vor allem gegenüber selbstbewussten und starken Frauen. Einerseits fühlt er sich von diesen angezogen und bewundert sie, andererseits lösen sie in ihm immer wieder seine Unterlegenheitsgefühle aus alten Kindertagen aus. Dies alles reflektiert Jonas jedoch nicht, es sind unterschwellige Ambivalenzen, die ihm selbst gar nicht so bewusst sind. In Folge weist Jonas, ebenfalls unbewusst, gegenüber starken Frauen ein hohes Machtmotiv auf. In den unterschiedlichen Firmen, in denen er arbeitet, kommt es zum Teil zu massiven Konflikten mit seinen Kolleginnen, weil er gegenüber diesen belehrend, besserwisserisch und ziemlich herablassend auftritt. Wegen dieser mangelnden Teamfähigkeit hat er auch schon ein paarmal seinen Job verloren, was sein ohnehin angeknackstes Selbstbewusstsein nicht gerade gestärkt hat.

Jonas hat eine gute und langjährige Freundin namens Stella. Stella ist attraktiv und beruflich erfolgreich, gleichwohl ist sie nicht die Selbstsicherste, aber das merkt man ihr normalerweise nicht an. Aus diesen Gründen zieht sie auch leicht Neid von Menschen auf sich, die sich im Vergleich zu ihr nicht so vom Schicksal bevorzugt fühlen. Eines Tages hat Stella einen recht unerfreulichen Konflikt mit einer gemeinsamen Bekannten von Jonas und ihr. Stella, die ein sehr fairer Mensch ist, versucht alles in ihrer Macht Stehende, um mit guten Argumenten diesen Konflikt zu lösen, aber leider steht sie hier auf verlorenem Posten, weil die Bekannte, Nicola, sich Stella unterlegen fühlt. Nicola folgt deswegen nicht den Worten von Stella, sondern fokussiert nur auf ihre eigene »Wahrheit«. Jonas, dem Nicola zufällig in der Stadt begegnet, erzählt sie ihre reichlich die Tatsachen verdrehende Version der Begebenheiten. Als Jonas dann das nächste Mal Stella trifft, konfrontiert er sie mit dieser Geschichte. Stella ist daraufhin sehr bemüht, die Sache richtigzustellen, sie hat nicht nur eine ganz klare und nachvollziehbare Argumentation, sondern sogar Beweise, weil ein wesentlicher Teil des Konflikts über E-Mails abgelaufen ist, anhand derer sie belegen kann, wer was wann und wie geäußert hat. Jonas sitzt während des gesamten Gesprächs mit verschränkten

Armen und skeptisch herabgezogenen Mundwinkeln vor ihr. Stella redet und redet, Jonas signalisiert ihr an keiner Stelle, dass er geneigt ist, ihr zu glauben. Deswegen bietet Stella ihm an, sich doch die E-Mails durchzulesen. Das lehnt Jonas jedoch mit einer herablassenden Geste ab. Stella redet und redet. Sie geht davon aus, dass Jonas doch ein guter Freund sei, der gewillt ist, sich ein objektives Urteil zu bilden. Sie meint irrtümlicherweise, sie hätte eine Chance. Jonas hingegen genießt die Rechtfertigungsorgie, in die Stella sich durch seine anhaltend skeptische Haltung hineinsteigert. Es freut ihn, seine erfolgreiche »Freundin« mal so richtig zappeln zu sehen. Jetzt hat er sie mal (stellvertretend für seine Mutter und seine Schwestern) so richtig am Haken.

Stella hat den Fehler gemacht, sich auf Jonas' sture Einsichtsverweigerung viel zu tief einzulassen. Hierdurch hat sie sich unwillentlich in Jonas' Machtstruktur hineinbegeben. Es wäre klüger gewesen, sie hätte das Gespräch erheblich abgekürzt. Stella, die ja von Anfang an merkte, dass Jonas bereits Partei für Nicola ergriffen hatte, hätte besser zu Jonas sagen sollen: »Also, eigentlich muss ich mich hier gar nicht rechtfertigen, aber ich kann dir die Geschichte genau *einmal* aus meiner Sicht schildern. Die Sache ist es gar nicht wert, dass ich mich darüber weiter aufrege.« Nachdem sie ihre Version *einmal* erzählt hätte, hätte sie ihm auf seine Verweigerungshaltung hin sagen können: »Ich merke, es hat keinen Sinn zu versuchen, dich durch Argumente zu erreichen. Du willst das offensichtlich nicht.« Auf weitere Provokationen hätte sie nicht mehr eingehen sollen.

Es kommt leider nicht selten vor, dass es in einer Gesprächssituation gar nicht um die Sache geht, sondern um unterschwellige, teilweise unbewusste Konflikte, die der Gesprächspartner in sich trägt und auf einen projiziert. So wie Jonas sein grundsätzliches Problem mit starken Frauen auf Stella projizierte. Gerade wenn man jedoch meint, dass der Gesprächspartner, weil er zum Beispiel ein Freund ist, einem doch wohlgesonnen wäre, kann man zu einer

Fehleinschätzung der Situation gelangen. Irrtümlicherweise meint man dann, der andere wolle einen verstehen, und weil die Sachlage eigentlich so eindeutig ist, redet man sich den Mund fusselig. Gerade selbstunsichere Menschen bekommen in solchen Situationen »die Krise«, weil sie durch die hartnäckige Einsichtsverweigerung ihres Gegenübers beginnen, an der Richtigkeit ihrer Worte zu zweifeln und sich deswegen immer mehr um die Zustimmung des anderen bemühen.

Wie erkenne ich nun eine solch verfahrene Situation rechtzeitig? Wenn Sie gute Argumente und vielleicht sogar noch Beweise für Ihre Sicht haben und der andere nicht geneigt ist, auf Ihre Argumente einzugehen – entweder weil er Ihre Argumente ignoriert oder indem er an Ihren Argumenten vorbeiredet –, dann ist an der Sache höchstwahrscheinlich etwas faul. Ein guter Hinweis ist auch die Gesprächsatmosphäre. Eine derartig verweigernde Haltung Ihres Gegenübers geht nämlich in den allermeisten Fällen auch mit einer abweisenden, unterschwellig feindseligen Körperhaltung und Mimik einher. So wie auch Jonas fast durchgängig mit verschränkten Armen und herabgezogenen Mundwinkeln vor Stella saß. Sie können normalerweise spüren, dass der andere Ihnen – zumindest in dieser Situation – kein Freund ist. Zudem können Sie bemessen, ob der andere im Unrecht ist oder Sie es sind, indem Sie darauf achten, ob er ein konkretes Gegenargument vorträgt, das Ihre Argumentation tatsächlich entkräftet. Wenn dies nicht der Fall ist, sondern er sich auf ganz allgemeine Behauptungen stützt, dann verlassen Sie sich auf Ihren Standpunkt. Und dann kürzen Sie bitte ab. Sie können dies auch tun, indem Sie das Gespräch einfach beenden. In diesem Fall müssen Sie Stärke zeigen. Das ist zwar irgendwie blöd, weil man ja eigentlich eine Klärung und keinen Abbruch des Gesprächs will, aber wenn der andere sein Machtmotiv auslebt, indem er Sie auflaufen lässt, dann sehe ich leider keinen anderen Weg.

Eine andere Möglichkeit würde Marshall B. Rosenberg sehen, der einen sehr schönen Kommunikationsstil entwickelt hat, den er als

»gewaltfreie Kommunikation« bezeichnet. Ich finde seine Ausführungen faszinierend. Sie haben aus meiner Sicht jedoch den Nachteil, dass man, um diesen Stil auszuüben, entweder psychologisch und rhetorisch sehr begabt sein oder diesen Ansatz lange üben muss. Mir sind jedenfalls nie so gute Antworten wie Herrn Rosenberg eingefallen. Für uns normal sprachlich Gewandte und/oder etwas Faule bleibt also keine andere Wahl, als einen Punkt zu setzen.

Doch noch ein Wort zur Schlagfertigkeit

Ich habe ja ein paar Abschnitte vorher gesagt, dass Sie sich nicht bemühen müssen, eine schlagfertige Antwort zu finden, sondern sich auf die Sache konzentrieren sollten. Das ist auch richtig, weil es den Fokus von Ihnen und Ihren Ängsten weg und hin auf die Aufgabe lenkt. Gleichwohl ist es in manchen Situationen auch erleichternd, wenn man eine schlagfertige Antwort parat hat. Das Problem mit der Selbstunsicherheit ist, dass sich die Betroffenen oft hilflos fühlen. Ich betone deshalb immer wieder, dass es bei der Behebung dieses Zustands vorrangig darum geht, die eigene Handlungsfähigkeit zu verbessern. In diesem Sinne gibt einem eine gewisse Schlagfertigkeit das Gefühl, wehrhaft zu sein. Wie beim Thema Konfliktlösung könnte man auch zu dieser Überschrift ein ganzes Buch schreiben, und es existieren hierzu auch Bücher (siehe Anhang). Deswegen werde ich mich bei diesem Thema auf ein paar wichtige Hinweise beschränken.

Es gibt ja immer wieder Situationen, die einem die Sprache verschlagen, weil jemand tatsächlich frech ist. Hier geht es jetzt also nicht darum, dass *Sie* einen Standpunkt oder ein berechtigtes Bedürfnis formulieren, sondern um Situationen, in denen Sie sich plötzlich und unvorhergesehen angegriffen fühlen. Hierbei kann man grundsätzlich zwei Situationen unterscheiden: Der erste Fall ist harmlos, es handelt sich um freundschaftliche und gutmütige Sticheleien. Der zweite Fall ist hingegen unangenehm, hier geht es um Frechheiten und echte Beleidigungen. In beiden Situationen freut man sich, wenn man eine gute Antwort parat hat. Und in beiden Situationen blockieren selbstunsichere Menschen leicht.

Der Trick bei der Schlagfertigkeit ist, dass man nicht auf jeden Spruch eine gänzlich neue und genau auf diesen Spruch maßgeschneiderte Antwort finden muss. Dieser Anspruch wäre viel zu hoch und kann eigentlich nur von Leuten erfüllt werden, die quasi ein hohes, angeborenes Talent zur Schlagfertigkeit besitzen, und das sind die wenigsten. Der Trick bei der Schlagfertigkeit ist, dass man über eine Anzahl von *Antwortstrategien* verfügt, die man flexibel und ohne nachzudenken in vielen Situationen anwenden kann, sodass man sich nicht jedes Mal aus dem Stegreif etwas Neues einfallen lassen muss. Der Autor Matthias Nöllke stellt in seinem empfehlenswerten Buch »*Schlagfertigkeit*« fest, dass es wichtig sei, überhaupt etwas zu sagen, und nicht einfach sprachlos und beschämt den Angriff über sich ergehen zu lassen. Jede Antwort sei besser, als gar nicht zu handeln und sich einfach nur hilflos zu fühlen. Matthias Nöllke schlägt deswegen Instantsätze vor. Ein Instantsatz ist ein vorbereiteter Fertigsatz, der quasi immer irgendwie passt. Sie sollten sich eine Sammlung von Instantsätzen zurechtlegen, auf die Sie dann in der Angriffssituation ohne nachzudenken zurückgreifen können. So könnten Sie auf eine Beleidigung – sei sie spaßig oder ernst gemeint – wie zum Beispiel »Wie dumm bist du eigentlich?« eine der folgenden Antworten geben, die Sie auch für fast jede andere Beleidigung verwenden können:

- *Ich habe gar nicht verstanden, was du gerade gesagt hast. Das ist gar nicht bei mir angekommen.*
- *Dazu kann ich leider nichts sagen, ich bin in meinem Schlagfertigkeitsbuch erst bei Lektion 3.*
- *Kannst du das auch rückwärts sagen?*
- *Ich passe mich halt gern meiner Umgebung an.*
- *Das sagt ja gerade der Richtige.*

Auch Zitate können hilfreiche Instantsätze sein. So passt zum Beispiel die Aussage von Angela Merkel: »Wichtig ist, was am Ende bei rauskommt«, auch auf viele Situationen. Schön ist auch der Satz von Fußballtrainer Adi Preißler: »Grau ist alle Theorie, maßgebend is auff'm Platz!« Oder: »Wenn ich Ihre Meinung hören will, dann werde ich sie Ihnen mitteilen«, von einem berühmten Filmproduzenten.

Eine gute und einfache Antwortstrategie ist auch jene der Übertreibung. So hätte man auf die Frage »Wie dumm bist du eigentlich?« auch antworten können: »Ich kann noch viel dümmer!«, oder: »Schlecht rechnen kann ich auch gut!« Die Übertreibung nimmt dem Gegenüber den Wind aus den Segeln, und sie entschärft die Situation durch Humor. Günstig bei der Übertreibung ist auch, dass sie so einfach zu handhaben ist, man muss lediglich auf das Gesagte zurückgreifen und es noch überspitzen. Das Schöne dabei ist: Man kommt ganz souverän rüber.

Es gibt aber auch Situationen, in denen jemand einem quasi einen guten Zustand zum Vorwurf macht, wie zum Beispiel: »Du hast ja leicht reden, du hast ja keine Doppelbelastung durch Beruf und Familie.« Bei derartigen Bemerkungen ist meine Lieblingsantwort: »Tja, wie man sich bettet, so liegt man!« Diese passt natürlich nur auf Situationen, die man sich selbst gewählt hat. Wenn mir jemand sagen würde: »Du hast ja leicht reden, du hast ja keine kranke Mutter zu versorgen!«, dann wäre diese Antwort natürlich völlig unangemessen. In diesem Fall würde ich eine andere meiner Lieblingsantworten geben, nämlich: »Da hast du (vollkommen) recht!«

Der Schlagfertigkeitsexperte Matthias Nölke beschreibt allerdings auch Situationen, in denen es sinnvoll ist zu schweigen. Schweigen kann in bestimmten Momenten auch souverän sein, nämlich zum Beispiel dann, wenn das Gegenüber sich in einen Wutanfall hineinredet. In diesem Fall, so Nölke, sollte man eine souveräne Körperhaltung annehmen und den anderen einfach »niederschweigen«.

»Nein« spricht sich ganz einfach aus! Vom Umgang mit Erwartungen

Eines der größten Probleme von selbstunsicheren Menschen ist, dass sie schlecht Nein sagen können. Dabei spricht sich dieses Wörtchen doch so einfach aus! Ursache für diese Nein-Schwäche von unsicheren Menschen ist ihr tief verankerter Glaube, sie müssten die Erwartungen ihrer Mitmenschen erfüllen, um anerkannt oder zumindest nicht abgelehnt zu werden. Dieser psychologische Zusammenhang kommt einer mathematischen Gleichung nahe: Aus einer chronischen Angst, abgelehnt zu werden, resultiert das Bestreben, es allen recht zu machen, um dann unter dem Strich doch noch gemocht zu werden. Also: Ich bin schlecht x Ich mache es dir recht = Du magst mich!

Der faule Faktor in dieser Gleichung ist die Annahme: »Ich bin schlecht!« Und deswegen stimmt die ganze Gleichung nicht. Sich das jedoch klarzumachen ist die größte Herausforderung für die Betroffenen. Unser Glaube an naturwissenschaftliche beziehungsweise mathematische Gesetzmäßigkeiten ist schließlich fest in uns verankert. Vielen Selbstwertgeschädigten fehlt mithin das Vorstellungsvermögen, dass sie unter der Bedingung, dass sie *sie selbst sind,* jemand mögen könnte. Sie sind fest überzeugt, sie müssten irgendwie anders sein. Am besten *jemand anders* sein.

Viele von ihnen führen deshalb eine Art Doppelleben. Im Innersten sind sie überzeugt, dass sie nicht okay sind, weswegen sie ihr Inneres vor der Außenwelt verbergen. Sie tragen eine Tarnkappe, wenn sie das Haus verlassen. Schließlich wollen sie nicht aus der Gesellschaft ausgeschlossen werden. Nach außen hin sind sie bemüht, einen möglichst guten Eindruck zu erwecken. Deswegen achten sie sorgsam darauf, was die anderen von ihnen erwarten, weil sie unbewusst die Erwartungen ihrer Mitmenschen zum Maßstab für ihr Handeln erheben. Sie dürfen nicht enttäuschen. Enttäuschung führt zu Ablehnung. Das ist auch noch so ein Naturgesetz auf dem

Planeten »Unsicherheit«. Die Angst »aufzufliegen«, also mit all seinen Defiziten für die Umwelt sichtbar zu werden, ist für die Bewohner des Planeten »Unsicherheit« handlungsleitend. Die Erwartungen der Mitmenschen zu erfüllen ist die Maßnahme, um diese Angst zu beschwichtigen. »Solange ich nichts falsch mache, kann mir nichts passieren!«, so lautet die Beruhigungsformel. Also sage ich: Ja!, oder besser noch: Ja, gern! Dann tust du mir auch nichts. Menschen mit niedrigem Selbstwert leben in der beständigen Angst, es könnte ein Angriff auf sie erfolgen. Und eine Angriffsfläche wäre, dass mein Gegenüber mir verübeln könnte, wenn ich seine Erwartung nicht erfülle. Diese Grundangst des unsicheren Menschen vernebelt sein Denken insofern, als er seinen eigenen Standpunkt leicht aus dem Auge verliert oder diesen gar nicht erst bezieht.

Auf dem Planeten »Sicherheit« herrschen hingegen andere Gesetzmäßigkeiten. Die Menschen, die dort leben, begegnen sich selbst und den anderen mit Wohlwollen. Sie gehen nicht automatisch davon aus, dass ihr Gegenüber ihnen Böses will. Sie trauen ihrem Gegenüber zu, dass es durchaus in der Lage ist, Verständnis aufzubringen, wenn sie ihm manchmal eine Bitte abschlagen müssen. Dies glauben sie, weil sie an sich selbst glauben, weil sie sich so, *wie sie sind,* eigentlich ganz in Ordnung finden. Ihr Selbst findet im Großen und Ganzen ihre Zustimmung. Deswegen müssen sie sich auch nicht so sehr befleißigen, die Zustimmung ihrer Mitmenschen zu erhalten. Sie sorgen sich mithin nicht so viel um das Urteil der anderen. Zumal sie auch gar nicht davon ausgehen, dass sie perfekt sein müssten, um gemocht zu werden. Dies erwarten sie auch nicht von ihren Mitmenschen. Natürlich hat ihr Gegenüber das gute Recht, Nein zu sagen, wenn er etwas nicht möchte oder ihm etwas nicht gefällt. Da sie jedoch im Unterschied zu den Menschen auf dem Planeten »Unsicherheit« in einer Demokratie leben, gestehen sie dieses Recht auch sich selbst zu.

Wenn Sie auf den Planeten »Sicherheit« umziehen möchten, müssen Sie anfangen, sich mit Wohlwollen zu begegnen. Je wohlwollender Ihre Sicht auf sich selbst wird, desto freundlicher können Sie auch Ihre Mitmenschen wahrnehmen. Auf dem Planeten »Sicherheit« erfolgen keine Sanktionen, wenn Sie zu sich selbst stehen. Dort dürfen Sie auch für sich selbst eintreten. Sie haben dort die gleichen Rechte wie Ihre Mitmenschen. Ein Ausschluss aus der Gesellschaft erfolgt dort nur, wenn Sie ein Verbrechen begehen. Neinsagen gilt nicht als Verbrechen.

Es dürfte klar geworden sein, dass Sie Ihre Überzeugung verändern müssten, ein Nein würde beim Gegenüber zwangsläufig Enttäuschung oder gar Wut auslösen. Tatsächlich ist ein Nein meistens gar nicht schlimm. Dies berichten mir auch meine Klienten, wenn sie sich zunehmend trauen, ihre Wünsche zu äußern. Viele sind sehr überrascht, wie undramatisch ein Nein zumeist von ihrer Umwelt aufgenommen wird.

A: Könntest du mir am Wochenende beim Umzug helfen?
B: Es tut mir leid, ich habe meinen Kindern fest versprochen, mit ihnen einen Ausflug zu machen.
A: Alles klar, verstehe ich.

Und das war's. So einfach kann das Leben sein.

Was Ihnen bei Ihren Überlegungen, ob Sie Nein sagen dürfen, auch sehr helfen kann, ist die von mir so geschätzte Strategie der Argumente. Überlegen Sie sich, mit welchem Recht der Bittsteller eigentlich böse oder enttäuscht sein sollte. Welche Argumente würden dafür sprechen und welche dagegen? Und machen Sie sich bitte bewusst, dass ein Ja, hinter dem Sie gar nicht stehen, Ihre Beziehung zum Bittsteller mehr belasten kann als ein offenes Nein. So passiert es nicht selten, dass der Jasager sein Ja dem Bittsteller total verübelt. Er hilft dann zähneknirschend beim Umzug, obwohl er doch mit seinen Kindern etwas unternehmen wollte. Sein Ärger richtet sich nicht nur auf sich selbst, sondern auch auf den Bittsteller, der ihn – scheinbar – in diese blöde Situation gebracht hat. Ich habe schon anhand anderer

Beispiele geschrieben, dass sich durch zu häufiges Jasagen, obwohl man Nein meint, eine kalte Wut in einem aufbauen kann, die der Beziehung wesentlich mehr schadet als Offenheit.

Wie gehe ich mit Kritik um?

Vielen unsicheren Menschen fällt es schwer, mit Kritik umzugehen. Dabei gibt es, grob unterteilt, zwei Arten von Kritik: berechtigte und unberechtigte. Im Folgenden möchte ich Ihnen helfen, mit beiden Arten besser umgehen zu können.

Wenden wir uns zunächst der berechtigten Kritik zu. Die berechtigte Kritik kann man in den meisten Fällen daran erkennen, dass sie sich auf ein *konkretes* Verhalten, auf einen *konkreten* Fehler, den man gemacht hat, bezieht. Die unberechtigte Kritik hingegen ist oft recht allgemein, oder sie bezieht sich zwar auf ein konkretes Verhalten, das jedoch nach eigener Ansicht überwertet oder falsch interpretiert wird. Letzteres ist zum Beispiel häufig dann der Fall, wenn derjenige, der die Kritik übt, selbst sehr empfindlich und leicht kränkbar ist.

Eine berechtigte Kritik ist konkret. Wenn sie dies im ersten Anlauf nicht ist, wird sie es spätestens dann, wenn man sein Gegenüber um Konkretisierung bittet. Wenn Ihnen also jemand beispielsweise vorwirft: »Du bist immer so unzuverlässig!«, und Sie dies auf Anhieb nicht nachvollziehen können, dann bitten Sie den Vortragenden darum, Ihnen zu erklären, in welchen konkreten Situationen Sie sich unzuverlässig verhalten haben. Wenn er Ihnen dann seine Einschätzung anhand konkreter Situationen belegen kann, dann wissen Sie zumeist schon selbst, dass diese Kritik berechtigt ist. Kann er dies nicht, sondern hebt abwehrend die Hände und erklärt: »Jetzt frage mich bloß nicht nach Beispielen, sowas merke ich mir doch nicht im Einzelnen!«, dann ist die Kritik nicht berechtigt, und zwar allein schon deshalb nicht, weil der Vortragende Ihnen, wenn er Sie schon kritisiert, auch eine Konkretisierung schuldig ist.

Falls die Kritik jedoch berechtigt ist, dann gibt es nur einen Weg: Räumen Sie Ihren Fehler ein! Entschuldigen Sie sich! Und geloben Sie Besserung! Auf keinen, auf gar keinen Fall sollten Sie sich verteidigen, rechtfertigen oder alles abstreiten. Dieser Weg führt in die Eskalation und/oder zu einer negativen Einschätzung Ihrer Person durch Ihren Gesprächspartner, der zu dem Ergebnis kommen könnte, dass es sinnlos ist, etwas mit Ihnen zu klären, und sich infolge denen möglicherweise aus dem Kontakt zurückzieht.

Das Problem vieler Menschen mit niedrigem Selbstwert sind ihre hohe Kränkbarkeit und ihre Schamgefühle. Eine berechtigte Kritik kann sie so tief treffen und sie so verunsichern, dass diese, zum Selbstschutz, einen Verteidigungsreflex hervorruft. Hierbei handelt es sich jedoch um einen dysfunktionalen Selbstschutz, weil diese Haltung Sie weiter in das Problem hineinreitet. Ihr Gegenüber kritisiert Sie dann nämlich nicht nur für den eigentlichen Anlass der Kritik, sondern auch für Ihre mangelnde Einsicht. Durch Abstreiten und Rechtfertigen einer angemessenen Kritik schießen Sie sich sowohl in beruflichen als auch in privaten Situationen ein Eigentor.

Um eine berechtigte Kritik auszuhalten, benötigen Sie ein dickeres Fell. Ihr wunder Punkt sind wahrscheinlich Ihre Schamgefühle. Sie schämen sich zu viel, wenn Ihnen ein Fehler unterläuft oder wenn Sie sich in einer Situation nicht korrekt verhalten haben. Hier, wie auch sonst so oft, überbewerten Sie die Schwere Ihres »Vergehens«. Nobody is perfect. Sie bestehen aus einem ganzen Strauß an Eigenschaften und Fähigkeiten. Wenn Ihnen aus diesem Strauß eine Blüte abbricht, so bleiben noch genügend intakte Blüten vorhanden. Damit ist der Strauß immer noch schön, und Sie brauchen sich nicht für ihn zu schämen. Behalten Sie also auch in dieser Situation Ihre Stärken im Auge. Machen Sie nicht den Fehler, diese eine berechtigte Kritik durch ein Vergrößerungsglas zu sehen und dann, quasi unter Ausblendung aller anderen Fähigkeiten, die Sie haben, sich nur noch auf diese eine Schwäche zu fokussieren. Viele Menschen mit niedrigem Selbstwert machen den Denkfehler, dass sie eine berechtigte Kritik als Ablehnung ihrer gesamten Person fehldeuten. Eine Kritik ist eine Kritik und mehr nicht. Wenn Sie einen Fehler machen, heißt das noch lange nicht, dass der andere Sie nicht mag. Es heißt auch nicht, dass der andere meint, Sie wären grundsätzlich ein schlechter Mitarbeiter oder ein schlechter Freund. Es bedeutet auch nicht, dass der andere Sie fertigmachen will. Er möchte Sie nur auf ein bestimmtes Verhalten, auf einen bestimmten Fehler, hinweisen. Das ist alles.

Erinnern Sie sich an meine Ausführungen über das innere Kind. Nehmen Sie Ihr inneres Kind an die Hand und trösten Sie es. Erklären Sie ihm, dass jeder Fehler machen darf und dies auch gar nicht so schlimm ist, wenn man sich das nächste Mal bemüht, es besser zu machen. Wie ich schon an anderer Stelle erwähnt habe: Sie müssen nicht perfekt sein, ehrliche Anstrengung genügt. Versuchen Sie auch, Ihren Blick auf die Kritik zu verändern, sehen Sie sie weniger als Kritik denn als eine offene Rückmeldung. Eine konstruktive Kritik birgt immer die Chance in sich, sich weiterzuentwickeln.

Machen Sie sich klar, dass es die hundertprozentige Annahme Ihrer Person kaum geben wird – keine Beziehung ist perfekt (siehe auch den Abschnitt »Ich will zu hundert Prozent angenommen werden!«). Packen Sie die »Mimose« in sich ein.

Apropos »Mimose«: Wir sind immer so empfindlich, wie wir innerlich verunsichert sind. Eine Kritik, sei sie berechtigt oder unberechtigt, trifft uns eigentlich nur dann tief, wenn sie in unsere eigenen Selbstzweifel trifft. Der Kritiker streut Salz in eine bereits vorhandene Wunde. In jenen Bereichen, in denen wir ein gutes Selbstvertrauen haben, kränkt uns eine Kritik normalerweise nicht oder nur ein bisschen. Ebenso wenig kränkt sie uns, wenn sie in einen Bereich fällt, in dem wir wenig Ehrgeiz verspüren und somit auch nicht den Anspruch haben, darin gut zu sein. Das Ausmaß unserer persönlichen Kränkung hängt entscheidend von der Einstellung ab, die wir zu uns selbst haben. Deswegen sind selbstsichere Menschen auch nicht so leicht zu kränken wie selbstunsichere. Eine Kritik erschüttert Selbstsichere nicht so in ihren Grundfesten, weil diese stabiler sind. Eine berechtigte Kritik nehmen sie als Chance, sich weiterzuentwickeln, bei einer unberechtigten denken sie: »Was stört's die Deutsche Eiche, wenn die Sau sich an ihr kratzt!« Um Kritik besser auszuhalten, ist es deshalb wichtig, an den tiefer liegenden Kränkungen zu arbeiten und diese zu heilen. Je besser Sie sich selbst annehmen können – mit Ihren Schwächen! –, desto leichter können Sie eine Kritik verschmerzen.

Letztlich kann es im Umgang mit Kritik auch hilfreich sein, sich selbst nicht so wichtig zu nehmen. Gehen Sie innerlich einen Schritt zurück und überlegen Sie sich, wie dramatisch es angesichts der Weltgeschichte ist, dass Sie einen Fehler gemacht haben. Die Relativierung der eigenen Bedeutung gewürzt mit ein wenig Humor kann sehr entspannend wirken.

Nun zum Umgang mit unberechtigter Kritik: Diese Situation finde ich persönlich viel unangenehmer, weil man aus entsprechenden Situationen häufig nicht so leicht herauskommt. Ist die Kritik nämlich berechtigt, dann liegt es in meiner Hand, die Beziehung zum Gegenüber zu bereinigen: Ich muss den Fehler nur einräumen und mich dafür entschuldigen – und der Fall ist (normalerweise) erledigt. Bei einer unberechtigten Kritik hingegen hat man manchmal die Chance, die Sache klarzustellen, manchmal aber auch nicht. Klarstellung gelingt, wenn das Gegenüber geneigt ist, einem zuzuhören. Wenn der Angreifer einen jedoch aufgrund seiner eigenen Wahrnehmungsverzerrungen schon vorab in eine falsche Schublade gesteckt hat, dann hat man zumeist keine Chance. Wenn das Gegenüber zu viele eigene Anteile in die Situation beziehungsweise auf meine Person projiziert, dann stehe ich auf verlorenem Posten, wie ich es schon an mehreren Stellen in diesem Buch erwähnt habe. Eine Kritik ist entweder unberechtigt, weil sie gänzlich neben der Sache liegt, mir also etwas vorgeworfen wird, was ich tatsächlich gar nicht getan oder gesagt habe, oder wenn sie in meinen Augen recht kleinlich und ohne Wohlwollen gegenüber meiner Person ist. Schließlich gibt es in Bezug auf manche Verhaltensweisen ja auch Beurteilungsspielräume. Ich war zum Beispiel einmal auf einer Party eingeladen, auf der ich mich sehr gut amüsiert habe. Gegen Ende der Party, es waren nur noch wenige Gäste da, wurde noch Tanzmusik aufgelegt – vorher war nicht getanzt worden. Ich beschwerte mich zweimal beim Gastgeber, der ein Freund von mir war, ob er nicht ein paar aktuellere Songs als das »alte Zeug« da hätte, wobei ich dies aus meiner Sicht in keiner Weise aggressiv tat. Aufgrund meiner Intervention wurde dann auch noch viel getanzt. In einem späteren Gespräch hat mir der Freund dann vorgeworfen, ich hätte mich auf seiner Fete »unmöglich« benommen wegen meiner Meckerei an seiner Musik. Ich fand diese Kritik hart und ungerecht. Meines Erachtens sagte die Kritik weniger etwas über mein Verhalten als über die leichte Kränkbarkeit meines Freundes aus. Aus solchen Situationen kommt man jedoch zumeist nur schwer wieder heraus. Ich habe meinem Freund in dem folgenden Gespräch zwar gesagt, dass ich das doch gar nicht böse gemeint hätte und dass mir seine Fete super gefallen habe – er aber war beleidigt und basta! Da kann man wenig machen. Da helfen auch keine weiteren Erörterungen. Alles, was einem da bleibt, ist, sich diesen Schuh nicht anzuziehen. Wenn Sie sich also ungerecht kritisiert fühlen, weil Ihr Gegenüber wenig nachvollziehbare Argumente vorträgt beziehungsweise schlichtweg selbst sehr leicht kränkbar ist, dann versuchen Sie die Situation zu klären, aber rechtfertigen Sie sich nicht zu sehr, sondern setzen Sie irgendwann einen Punkt. Übrigens wächst über solche Angelegenheiten normalerweise schnell wieder Gras. So lässt der Kritiker Dampf ab, was ihn beruhigt und ihn wenig nachtragend sein lässt (das wäre er nämlich eher, wenn er den Mund gehalten hätte), und wenn man selbst nicht allzu angefressen ist, dann kann man die Angelegenheit durchwinken, und die Beziehung nimmt hiervon keinen Schaden.

Ich bin grundsätzlich schuld!

Im obigen Abschnitt habe ich beschrieben, wie man mit einer unberechtigten Kritik umgehen kann, und dies anhand eines Beispiels aus meinem Leben erklärt. Die Krux ist jedoch, dass Menschen mit tiefsitzenden Selbstzweifeln in der Regel nicht die gleiche Standpunktsicherheit wie ich haben. Sie leiden an einem Schuldreflex. Sie kämen gar nicht, wie ich, auf die Idee, dass ihr Gegenüber vielleicht etwas kleinlich und ungerecht ist. Automatisch schrumpfen sie, wenn sie sich kritisiert fühlen – egal wie unberechtigt die Kritik, die ihnen entgegengebracht wird, auch sein mag. Dies trifft vor allem auf jene Menschen zu, die die Empfindung haben, die anderen seien ihnen grundsätzlich überlegen. Damit räumen sie diesen unbewusst ein permanentes Vorfahrtsrecht ein. Sie sind so verunsichert, dass ihr Denken blockiert, sobald sie sich angegriffen fühlen. Die Überlegung, ob ihr Gegenüber vielleicht danebenliegen könnte mit seiner Kritik, kommt ihnen gar nicht in den Sinn. Sie sind gefangen in ihrem gekränkten Gefühl und verlieren den Überblick. Dies hängt mit der inneren Einstellung, die sie zu sich selbst haben, zusammen, wie ich weiter oben bereits erwähnt habe. Im Grunde genommen rennt nämlich der Kritiker bei ihnen offene Türen ein. Ein Klient von mir war beispielsweise einmal gekränkt, weil einer seiner Freunde sauer auf ihn war. Auf dem Dorf ist es üblich, dass die Männer sich wechselseitig beim Hausbau helfen. Mein Klient, der ein guter Handwerker ist, hatte seinem Kumpel schon häufig und viel geholfen. Einmal musste er ihm jedoch absagen, weil er durch eine andere Verpflichtung verhindert war. Das hat sein Kumpel ihm übelgenommen. Mein Klient war deswegen verunsichert und gekränkt. Total verunsichert meinte er, dass er sich vielleicht zu egoistisch verhalten habe. Was ihm völlig abging, war die Überlegung, *welches Recht* sein Freund hatte, ihm diese Absage zu verübeln. Aus meiner Sicht hätte mein Klient *sauer auf seinen Freund* sein müssen, weil dieser sich so undankbar und wenig verständnisvoll zeigte. Mein Klient gehörte jedoch zu jenen, die sich anderen Menschen chronisch unterlegen fühlen, und war deshalb gar nicht auf die Idee gekommen, die Situation einmal von der anderen Seite zu betrachten. Im tiefsten Inneren rechnete er immer mit Ablehnung, und die Frage »Was halte *ich* eigentlich von *dir?*«, war ihm fremd, so sehr war er mit der Frage beschäftigt, was andere Menschen von *ihm* halten.

Diese kleine Situation zeigt noch einmal, wie wichtig es ist, einen eigenen Standpunkt zu beziehen. Diesen kann ich nur durch Argumente finden und festigen. Aufgefordert, sich zu überlegen, ob sein Freund ein Recht habe, sich über ihn zu ärgern, dachte mein Klient zum ersten Mal über diese Frage nach. Hierbei wurde ihm klar, dass eigentlich nicht *er* sich egoistisch verhält, sondern sein Freund, wenn dieser von ihm erwartet, dass er sich quasi »allzeit bereit« um dessen Hausbau kümmert.

Wenn Sie also das nächste Mal kritisiert werden, halten Sie einen Moment inne und schieben Sie Ihre Kränkung, so gut es geht, beiseite und nehmen Sie Ihren Verstand zu Hilfe. Wenn Sie nämlich zu tief in Ihr Gefühl abrutschen, dann spüren Sie nur »Aua, ich bin abgelehnt«, anstatt einfach mal den Spieß umzudrehen und zu denken: »Du Pappnase!« Auch hier geht es wie so oft darum, die eigenen Argumente gegen jene seines Gegenübers abzuwägen. Einigen Argumenten müssten Sie hierfür allerdings grundsätzlich zustimmen, und diese wären:

1. Ich habe die gleichen Grundrechte wie andere Menschen.
2. Ich bin grundsätzlich genauso viel wert wie andere.
3. Ich darf meine Rechte behaupten.

Seien Sie sich jederzeit gewahr, dass die demokratischen Grundrechte auch für Sie gelten, auch wenn dies in Ihrer Herkunftsfamilie möglicherweise nicht der Fall gewesen ist. Wenn die Machthaber in Ihrer Herkunftsfamilie gegen Ihre Grundrechte verstießen, dann haben sie Ihnen Unrecht getan. Es besteht keinerlei Argumentationsgrundlage, dass Sie als Erwachsener fortfahren, gegen sich Unrecht walten zu lassen!

Wie äußere ich eine Kritik?

Nicht nur das Annehmen einer Kritik, sondern auch eine Kritik zu äußern, fällt vielen unsicheren Menschen schwer. Im Folgenden möchte ich Ihnen deshalb ein paar Ideen an die Hand geben, wie Sie eine Kritik anbringen können. Wie ich bereits ausführlich dargestellt habe, kann es eine Beziehung weitaus mehr belasten, wenn Sie aus falsch verstandener Harmonieliebe schweigen, anstatt zu reden. Wenn Sie also etwas bei Ihrem Partner, Freund oder Kollegen nachhaltig stört oder diesem ein Fehler unterlaufen ist, auf den Sie ihn aufmerksam machen müssen, dann tun Sie das bitte auch.

Damit die Kritik möglichst auf offene Ohren stößt und von Ihrem Gesprächspartner angenommen werden kann, sollten Sie Folgendes beachten:

1. Bevor Sie etwas sagen, überlegen Sie sich, ob möglicherweise Anteile von Ihnen in die Kritik mit hineinreichen. Wenn Sie einem Freund beispielsweise sagen möchten, dass Sie das Gefühl haben, er interessiere sich zu wenig für Ihre Probleme, dann überlegen Sie sich bitte, wie deutlich Sie ihm in früheren Gesprächssituationen gesagt haben, dass Sie über ein bestimmtes Problem reden möchten, beziehungsweise ob Sie von ihm erwartet haben, dass er Ihr Problem von selbst hätte »erahnen« und Ihren Redebedarf hätte »wittern« müssen.
2. Versuchen Sie, Ihre Kritik zu konkretisieren. Vermeiden Sie Wörter wie *immer* und *nie*. Benennen Sie ihm mindestens eine konkrete Situation, an der Sie Ihre Kritik belegen können. Versuchen Sie, nachvollziehbar zu argumentieren.

3. Versuchen Sie, in »Ich-Botschaften« zu reden (siehe auch den Abschnitt »Ich-Botschaften«). Sagen Sie nicht: »Du bist immer so ichbezogen«, sondern sagen Sie: »Neulich, als ich dir von meinem Problem etwas erzählen wollte, bist du immer wieder schnell auf dich zu sprechen gekommen. Ich wünschte mir, du würdest in solchen Situationen etwas mehr auf mich eingehen.«
4. Besonders annehmbar ist die Kritik für Ihr Gegenüber immer, wenn Sie eine – angemessene – Selbstkritik hinzufügen. So beispielsweise: »Ich weiß, dass ich auch nicht immer der aufmerksamste Zuhörer bin, aber neulich …« Oder: »Ich weiß, meine Schwäche ist ja meine Ungeduld, aber was mich an dir manchmal ein bisschen stört, ist …«
5. Gut ist es auch, wenn Sie die Kritik in positive Eigenschaften und/oder Verhaltensweisen einbetten können. Zum Beispiel, wenn Sie die Kritik mit einem Lob eröffnen: »Du bist einer meiner besten Freunde und ich weiß, dass ich mich zu hundert Prozent auf dich verlassen kann. Nur manchmal kränkt es mich ein wenig, wenn ich das Gefühl habe, dass du mir nicht richtig zuhörst, wenn mich etwas beschäftigt.«
6. Hören Sie dann auch zu, was Ihr Gegenüber zu seiner Erklärung vorträgt. Seien Sie offen für seine Worte.
7. Wenn Sie eine durchaus berechtigte Kritik nett und sachlich vortragen und der andere ist trotzdem sauer auf Sie, dann versuchen Sie, den Ärger einfach mal auszuhalten und nicht gleich wieder einzulenken. Bleiben Sie bei Ihrem Standpunkt beziehungsweise lassen Sie sich nicht in Endlosdiskussionen verwickeln, wenn Ihr Gegenüber keinerlei überzeugende Argumente, sondern womöglich nur Beleidigungen gegen Sie vorbringt.

Eine Klientin von mir hatte einmal darüber geklagt, dass es ihr schwerfalle, ihrer achtzehnjährigen Tochter klarzumachen, dass sie sich an der Hausarbeit beteiligen müsse. Ihre Tochter fing dann nämlich immer direkt an zu streiten, was meine Klientin schwer ertragen konnte. Ich bat sie, mir ihre Argumente für ihre Forderung an ihre Tochter zu nennen. Hierfür konnte sie einige gute Argumente aufzählen, was ihr zu mehr Standpunktsicherheit verhalf. Ich riet ihr, den Ärger ihrer Tochter einfach mal auszuhalten und nicht gleich wieder einzulenken. Und siehe da: Ihre Tochter, die es gar nicht gewohnt war, dass ihre Mutter konsequent blieb, lenkte von sich aus ein, nachdem sie einen Nachmittag geschmollt hatte. Und seitdem klappt es auch, zumindest meistens, mit der Hausarbeit.

Viele Menschen mit niedrigem Selbstwert fühlen sich schnell schuldig, wenn sie ihr Gegenüber kritisieren. Sie übernehmen zu viel Verantwortung für das Gelingen einer Beziehung. Deswegen werde ich nicht müde zu wiederholen: Überlegen Sie sich Ihre Argumente für Ihren Standpunkt, das reduziert Ihre Schuldgefühle und vermittelt Ihnen Sicherheit. Sie sind auch nicht allein dafür verantwortlich, ob eine Beziehung harmonisch ist. Ihr Gegenüber hat genauso viel Verantwortung für das Gelingen einer Beziehung wie Sie. Dieser Verantwortung kann er oder sie aber nur nachkommen, wenn Sie ihm oder ihr auch eine Rückmeldung darüber geben, was Sie stört und was Sie erwarten. Und noch einmal: Langfristig führt ein offenes Wort zu einer erheblich gesünderen Harmonie, als wenn Sie Ihren Ärger hinunterschlucken und ihn dadurch fast zwangsläufig in sich konservieren.

Loben und gelobt werden

Selbstunsichere Menschen haben häufig nicht nur ein Problem mit negativer, sondern auch mit positiver Kritik. Es fällt ihnen schwer, ein Lob oder ein Kompliment anzunehmen und auch umgekehrt auszusprechen. Ein Lob löst nicht selten Beschämung in ihnen aus. Sie wissen nicht so recht damit umzugehen, meinen sie doch, sie hätten es nicht verdient. Auch die Aufmerksamkeit, die sie eigentlich wollen, macht sie, wenn sie sie erhalten, leicht befangen. Ich möchte Sie deshalb ermuntern, sich zu entspannen. Sagen Sie einfach »Danke«, wenn Sie ein Kompliment oder Lob erhalten und freuen Sie sich. So einfach ist das.

Gleichzeitig möchte ich Sie ermutigen, auch öfter ein Lob auszusprechen, sofern Sie zu jenen gehören, die sich damit schwertun. Möglicherweise halten Sie es für anmaßend, jemanden zu loben? Möglicherweise halten Sie gewisse Neid- und Unterlegenheitsgefühle davon ab? Versuchen Sie, sich einen Ruck zu geben und über Ihren Schatten zu springen. Ein nettes Wort oder ein ehrlich gemeintes Kompliment machen das Miteinander so viel leichter.

Neidgefühle kann man durch ein formuliertes Lob für den Anlass des Neides sogar auflösen oder zumindest mildern. Anstatt passiv neidisch zu sein, wird man aktiv lobend und damit für diesen Moment ein »etwas besserer Mensch«. Das ist wohltuend und beruhigend. Zudem kommt es meistens wieder im Guten zu Ihnen zurück. So, wie man sich nämlich gegenseitig runterziehen kann, so kann man sich auch gegenseitig hochziehen. To love each other up, sagen die Amerikaner dazu. Das klingt doch nett, oder?

Körpersprache: Gehen Sie aufrecht!

Nachdem ich nun einiges zur Konfliktfähigkeit, also zu Ihren Eingriffsmöglichkeiten in dieses Leben auf sprachlicher Ebene, gesagt habe, möchte ich mich in diesem Abschnitt der Körpersprache zuwenden. Unsicherheit ist in der Regel ein ganzkörperlicher Zustand. Im Zustand der Unsicherheit fühlen wir unsere Angst durch Kribbeln, Schwitzen, Herzklopfen und/oder Zittern körperlich. Hinzu kommt, dass viele Menschen mit niedrigem Selbstwert sich in ihrem Körper unsicher fühlen, was sich häufig in ihrer Körperhaltung ausdrückt. Umgekehrt ist es genauso. Selbstsichere Menschen fühlen ihren Zustand ebenfalls körperlich: Sie spüren ihre innere Kraft, wenn sie einen Raum betreten. Sie gehen aufrecht und sehen ihren Mitmenschen in die Augen. Viele unsichere Menschen haben eine Neigung, die Schultern nach vorn zu ziehen – quasi, um sich zu schützen. Die psychische Verfassung, in der wir uns befinden, hat einen Einfluss auf unseren Körper und umgekehrt. In psychologischen Studien hat man herausgefunden, dass auch eine veränderte Körperhaltung Einfluss auf unsere psychische Verfassung hat. In meiner Studienzeit habe ich gekellnert. Hierbei habe ich die Erfahrung gemacht, dass dieser Job mich in gute Laune versetzt, auch wenn ich manchmal bei Arbeitsanfang schlecht drauf war. Beim Kellnern war ich aber gezwungen, nett und freundlich zu den Gästen zu sein und zu lächeln. Die Freundlichkeit und das Lächeln hatten eine Wirkung auf meinen inneren Zustand: Meine Laune hat sich gehoben.

Ich möchte Sie ermuntern, sich einmal Ihre Unsicherheit körperlich ganz bewusst zu machen. Gehen Sie ein paar Schritte durch den Raum und spüren Sie nach, woran Sie *körperlich* bemerken, dass Sie unsicher sind. Wie ist Ihr Gang? Wie halten Sie Ihre Schultern? In welche Richtung zeigt Ihr Kopf? Wie fest spüren Sie den Boden unter den Füßen? Wie bewegen sich Ihre Arme? Wie geht Ihre Atmung? Falls Sie, weil Sie bei dieser Übung allein sind, das unsichere Gefühl nicht abrufen können, dann denken Sie an eine Situation, in der Sie sich unsicher fühlen, in der Sie Angst haben. Wenn Sie dann ein Gespür dafür haben, wie Ihr Körper Ihre Unsicherheit ausdrückt, dann übertreiben Sie im zweiten Schritt diesen Zustand. Wenn Sie also den Kopf leicht gesenkt halten, dann senken Sie ihn noch mehr, wenn Ihre Arme recht steif sind, dann machen Sie sie ganz starr und so weiter. Nehmen Sie auch hier wahr, wie sich die Übertreibung auf Ihr Befinden auswirkt. Im dritten Schritt revidieren Sie diesen Zustand: Tun Sie auf körperlicher Ebene einfach so, als wenn Sie ganz sicher wären. Stellen Sie sich vor, Sie wären ein Schauspieler, der eine selbstsichere Person mimt. Was sind auf körperlicher Ebene Zeichen von Sicherheit? Eine aufrechte Haltung: Ziehen Sie die Schultern etwas zurück und strecken Sie

Ihre Brust leicht vor. Halten Sie Ihren Kopf aufrecht. Lächeln Sie. Ihre Arme schwingen locker mit beim Gehen und Ihre Schritte sind fest, aber nicht trampelig. Und ganz wichtig: Atmen Sie gleichmäßig und tief ein und aus. Unsere Atmung verändert sich immer im Zustand der Unsicherheit. Sie geht dann zu flach in den Brustraum, und man »vergisst« das Ausatmen. Im Zustand der Angst neigen wir zum Japsen. Die Atmung ist ein sehr gutes Mittel, das man bewusst einsetzen kann, um sich zu beruhigen: einatmen in den Bauchraum und ausatmen.

Entwickeln Sie für sich eine Körperhaltung und eine Atmung, die Sicherheit ausdrückt und Ihnen hierdurch auch ein Stück Sicherheit gibt. Ihre Körperhaltung und Ihre Atmung haben eine Rückwirkung auf Ihr seelisches Befinden – wie mein Lächeln beim Kellnern. Apropos Lächeln: Ein leichtes Lächeln ist immer gut. Wenn Sie zum Beispiel in einem Raum mit fremden Menschen sind und sich unsicher fühlen, dann gehen Sie in Ihre gute Körperhaltung und lächeln Sie etwas. Damit drücken Sie Offenheit und Freundlichkeit aus, und die Menschen werden freundlich auf Sie zugehen. Ganz schlecht ist hingegen, wenn Sie Ihre Unsicherheit durch eine verschlossene, möglicherweise unfreundliche Mimik und Haltung ausdrücken. Das wirkt auf Ihre Mitmenschen unsympathisch, und entsprechend wird man auch nicht so nett auf Sie zugehen, wie wenn Sie freundlich gucken. Falls Sie nun zu jenen gehören, die sagen: »Ich will ja auch gar nicht angesprochen werden, weil ich dann nicht weiß, was ich sagen soll«, dann lesen Sie bitte den Abschnitt »Smalltalk«.

Die »gute Haltung« können Sie auch sitzend üben. Bei Gesprächen ist es wichtig, dass Sie Ihr Gegenüber anschauen, wenn es redet – wegschauen ist unhöflich. Wenn Sie selbst sprechen, dann können Sie Ihrem Gegenüber sowohl ab und zu in die Augen schauen als auch den Blick ab und zu woandershin richten. Das ist für Sprecher normal, weil man beim Konzentrieren oder Erinnern an eine Situation öfter automatisch den Blickkontakt unterbricht, um sich besser auf das, was man sagen will, zu konzentrieren. Das ist häufig ein natürlicher und unwillkürlicher Vorgang. Wenn man fertig ist mit Sprechen, guckt man das Gegenüber spätestens wieder an, um zu signalisieren, dass man fertig ist und man den »Ball wieder abgibt«.

Für unsichere Menschen, die unter einem geringen Selbstbewusstsein leiden, ist es wichtig, dass sie eine Anzahl an Verhaltensstrategien und wertebezogenen Einstellungen erwerben, die ihnen einen inneren Halt vermitteln. Das Ziel all dieser Maßnahmen ist, einen gefühlten Zustand von Hilflosigkeit und Ausgeliefertsein zu vermeiden. Der bewusste Umgang mit der eigenen Körperhaltung vermittelt im übertragenen wie im wörtlichen Sinne Halt.

Achtung, Paparazzi!

Die folgende Übung stammt von meiner Freundin, der Psychotherapeutin Helena Muser. Sie empfiehlt ihren Klienten gern die folgende Übung: Stellen Sie sich vor, wenn Sie auf die Straße gehen, lauern überall Paparazzi auf Sie. Sie sind ein Star. Natürlich wollen Sie auf den Fotos gut getroffen sein. Also achten Sie auf Ihr Aussehen, bevor Sie aus dem Haus gehen. Sie nehmen eine Haltung ein, in der Sie jederzeit auf die Fotografen gefasst sind. Sie gehen gerade und selbstbewusst, mit einem Lächeln auf den Lippen.

Helena erzählte mir, dass viele ihrer Klienten sehr gute Erfahrungen mit dieser Übung machen. Sie finden dieses Spiel lustig und nehmen sich dabei bewusster wahr. Der Effekt ist, wie ich bereits erklärt habe, dass wir über unser Aussehen, unsere Körperhaltung und Mimik unseren Gemütszustand beeinflussen können. Also denken Sie dran, die Paparazzi lauern immer und überall!

Smalltalk

Stellen Sie sich vor, Sie sind auf einer Party eingeladen und kennen dort wenige oder gar keine anderen Gäste. Dies ist für viele unsichere Menschen eine Horrorsituation. Auch hier tritt ihr altes Problem auf, dass sie sich aus Verunsicherung auf sich selbst konzentrieren statt auf das Geschehen um sich herum. Die innere Kamera filmt, wie sie auftreten und welchen Eindruck sie hinterlassen. Anders als in einem Stummfilm werden jedoch die eigenen Handlungen, die der anderen und deren vermeintliche Gedanken kommentiert. Dies geht zum Beispiel so: *Oje, jetzt stehst du hier ganz allein rum. Was machst du bloß für einen unbeholfenen und dämlichen Eindruck. Sitzt deine Hose überhaupt gut, oder gucken dir jetzt alle auf deinen dicken Hintern? Jetzt bloß nicht rot werden. Die anderen sind so locker, nur du stehst hier rum wie bestellt und nicht abgeholt. Die denken bestimmt, dass du langweilig bist und keinen Anschluss findest. Wärst du bloß zu Hause geblieben, du kannst dich einfach nicht sicher in einer Gesellschaft bewegen …* Der Großteil der Aufmerksamkeit wird also in diesem verunsicherten Zustand auf sich selbst gerichtet. Das Ergebnis dieser Selbstfokussierung ist häufig, dass man sich verkrampft und blockiert und sich somit wieder bestätigt, was man ohnehin schon wusste: Du bist gehemmt und unfähig, auf andere locker zuzugehen. Viele schüchterne Menschen vermeiden es deshalb, sich überhaupt in so eine Situation zu begeben.

Die Lösung dieser Verkrampfung ist, seine Aufmerksamkeit von sich selbst weg und auf das Geschehen zu lenken. Damit Ihnen das leichter gelingt, machen Sie sich bitte bewusst, dass die meisten Menschen mit sich selbst beschäftigt sind, das heißt die Wichtigkeit, die Sie Ihrem eigenen Auftritt beimessen, besteht nur in Ihren Augen, weil Sie durch Ihre Selbstfokussierung ständig die Kamera auf sich halten und sich hierdurch unbewusst in den Mittelpunkt des Geschehens setzen. Die anderen Menschen haben andere Themen und Sorgen, als Sie zu analysieren und Sie abzuwerten. Viele der Gäste sind, genauso wie Sie, mit ihrem eigenen Eindruck beschäftigt. Es gibt insgesamt viel mehr unsichere als sichere Menschen, also gehen Sie davon aus, dass Sie sich in guter Gesellschaft befinden. *Nehmen Sie sich nicht so wichtig!*

Dann gehen Sie bitte in Ihre »gute Körperhaltung« und gucken Sie freundlich und gucken Sie vor allem die anderen an und nicht sich selbst! Bitte hüten Sie sich nun davor, die anderen Gäste abzuwerten, nach dem Motto: »Das sind sowieso alles Idioten«, um sich persönlich aufzubauen. Tauchen Sie die Gesellschaft in ein freundliches Licht. Das können Sie tatsächlich auch als Visualisierung tun: Es kann sehr hilfreich sein, seine Umgebung vor seinem inneren Auge in warmes Sonnenlicht zu tauchen, um deren *vermeintliche* Bedrohlichkeit zu mindern. Gehen Sie davon aus, dass lauter Menschen Sie umgeben, die auch ihr Schicksal und ihre Sorgen haben. Versuchen Sie, Ihr Herz zu öffnen, auch wenn das jetzt etwas kitschig und esoterisch klingt. Alles, was Sie dann noch zu tun brauchen, ist, sich für die anderen Menschen beziehungsweise für Einzelne, die Sie auf dieser Party kennenlernen, zu interessieren. *Die meisten Menschen reden gern über sich selbst. Smalltalk heißt nichts anderes, als sich für sein Gegenüber zu interessieren.* Eine gute Eröffnung hierfür kann sein, sich namentlich vorzustellen und den Unbekannten oder die Unbekannte einfach zu fragen, in welcher Beziehung er oder sie zum Gastgeber steht. Also ob es ein guter Freund, ein Arbeitskollege, die Tante oder was auch immer wäre. Der Trick für unsichere Menschen ist, durch freundliches Nachfragen *den anderen zum Reden zu bringen.* Und wenn Sie sich dann wirklich dafür interessieren, was dieser zu sagen hat, dann ergibt sich ein Gespräch ganz von selbst. Übrigens können Sie auch ruhig offen zugeben, dass Sie sich in solchen Situationen etwas unbeholfen fühlen und Ihnen Smalltalk schwerfällt. Vielen Menschen geht es ja genauso, und auch jene, denen Smalltalk leichtfällt, haben für dieses Problem Verständnis, eben weil es weit verbreitet ist. Also auch aus dieser Selbstoffenbarung kann sich ein nettes Gespräch ergeben.

Es ist aber auch völlig in Ordnung, wenn Sie sich ein angenehmes Plätzchen suchen und einfach mal gucken, was so um Sie herum passiert. Sie brauchen sich gar nicht unter Druck zu setzen, gleich ins Gespräch kommen zu müssen. Gucken Sie freundlich und interessiert, und es wird Sie bestimmt früher oder später ein Mensch ansprechen, der weniger Hemmungen hat als Sie, auf Fremde zuzugehen. Machen Sie sich hierbei bitte keine Gedanken, wie Sie wirken. Gerade selbstsicheren Menschen fällt es leicht, einfach mal abzuwarten und zunächst irgendwo allein zu sitzen oder zu stehen. Solange Sie hierbei in Ihrer »guten Körperhaltung« sind, wird keiner auf die Idee kommen, dass Sie unter Hemmungen leiden.

Für manche Menschen ist es aber nicht nur ein Problem, ein Gespräch zu beginnen, sondern auch, es zu gegebener Zeit wieder zu beenden. Hier kann ich Ihnen den Tipp geben, sich entweder mit dem Verweis, sich noch etwas zu trinken oder zu essen zu holen, zu entfernen, oder – sehr elegant – indem Sie Ihrem Gegenüber zu verstehen geben, dass Sie es »nicht monopolisieren« (oder: »zu sehr mit Beschlag belegen«) möchten. Durch diese Formulierung zeigen Sie, dass Sie den anderen aus Rücksicht und nicht aus Geringschätzung freigeben.

Handeln

Übernehmen Sie Verantwortung und handeln Sie!

Nachdem ich einiges zur Kommunikation geschrieben habe, möchte ich nun auf die Ebene des Handelns zu sprechen kommen. Wobei Reden natürlich auch eine Handlung ist, aber im Folgenden geht es mir eher um die Tat als um das Wort.

Wer sein Selbstwertgefühl verbessern möchte, muss sich mit der Frage auseinandersetzen, was er in seinem Leben erreichen möchte, welche persönlichen Ziele, welchen Lebenssinn er verfolgt, denn Angst lässt sich am besten durch Sinn verscheuchen. Sie können sich vielleicht an das Beispiel in diesem Buch erinnern, wo ich schilderte, wie ein Mensch von der Brücke sprang, um einen Ertrinkenden zu retten. Ein übergeordneter Zweck und Sinn ist sehr gut geeignet, um uns über unsere Ängste hinauswachsen zu lassen. Wer ständig in der Defensive lebt, kreist letztlich nur um sich selbst. Auch wenn viele Menschen mit niedrigem Selbstwert ausgesprochen hilfsbereit und bemüht um das Wohlergehen ihrer Mitmenschen sind, so stellt sich doch die Frage, was die Motivation ihres Tuns ist. Die Angst vor Zurückweisung, die Angst, Fehler zu machen, die Angst, nicht geliebt zu werden, ist keine Wertgrundlage, die einem einen sicheren Boden unter den Füßen beschert. Psychisch gesünder und moralisch nachhaltiger ist es, die Angst in Verantwortung zu transformieren. Verantwortung für sich selbst zu übernehmen ist die Voraussetzung, um auch für andere Verantwortung zu übernehmen.

Wie aber übernehme ich für mich selbst Verantwortung? Und was heißt das eigentlich? Antwort: Wenn man Verantwortung für sein Tun übernimmt, bedeutet dies in erster Linie, dass man sein Leben selbst kontrolliert und sich das Leben nicht einfach durch mehr oder minder zufällige Geschehnisse widerfahren lässt. Verantwortung heißt, selbstbestimmt zu handeln und sein Leben zu gestalten und nicht aus einer diffusen Angst anzuecken einfach nur herumzueiern.

Verantwortung für mein Handeln kann ich jedoch nur übernehmen, wenn ich weiß, was ich überhaupt will. Ein gutes Selbstwertgefühl ist kein Selbstzweck. Damit meine ich, dass das Selbstwertgefühl als solches nicht der erstrebenswerte Zustand sein sollte, denn ob ich mein Dasein selbstbewusst oder verunsichert vollziehe, ist insofern nur für mich persönlich wichtig. Ich denke jedoch, es geht in unserem Leben vor allem auch um das Leben in einer Gemeinschaft, um ein gutes Miteinander. Der Selbstwert beziehungsweise der Wert des Einzelnen bestimmt sich nicht allein aus sich heraus, sondern durch das Handeln in der Gemeinschaft, er bestimmt sich also im Miteinander. Deswegen habe ich ja auch schon an anderer Stelle ausgedrückt, dass es eigentlich nicht schlimm ist, selbstunsicher zu sein, sofern man seine Unsicherheit nicht auf Kosten anderer auslebt.

Wenn Sie an Ihrem Selbstwert arbeiten möchten, dann sollten Sie sich also die Frage vorlegen, wofür Sie in diesem Leben eintreten möchten. Was sind Ihre Ziele, beruflich und privat? Und ganz wichtig: Was sind Ihre Werte? Dabei ist mir natürlich bewusst, dass es Konflikte geben kann zwischen den inneren Überzeugungen und den äußeren Notwendigkeiten. Zum Beispiel, dass ich eine Arbeit mache, hinter der ich nicht stehe, weil ich mein Geld verdienen muss. Wichtig ist zunächst jedoch, dass man sich seiner inneren Überzeugungen und seiner Ziele bewusst wird. Dann kann man im zweiten Schritt überlegen, wie man diese Zielvorgaben am besten in die Tat umsetzt.

Gehen Sie also bitte in sich und machen Sie sich bewusst, wo Sie beruflich und privat hinmöchten. Versuchen Sie diese Zielsuche mit Ihren inneren Werten abzugleichen – es ist eine Binsenweisheit, dass Geld allein nicht glücklich macht, sondern lediglich beruhigend wirkt. Werte, die glücklich machen, könnten zum Beispiel sein: Freundschaft, Toleranz, Gerechtigkeit, Zivilcourage, Aufrichtigkeit, Verständnis, Erkenntnis, Fairness, Nächstenliebe, Umweltliebe, Tapferkeit, Humor, Hilfsbereitschaft, Bildung, Verantwortung, innere Reflexion und Weisheit.

Ein gelebter Lebenssinn macht laut aller psychologischer Studien am nachhaltigsten glücklich. Ein gelebter Sinn lenkt die Aufmerksamkeit von sich weg und lässt den Menschen auf die Sache und das Gegenüber fokussieren. Deswegen sind viele Eltern auch glücklich, Eltern zu sein, weil sie durch die Verantwortung und Liebe für ihre

Kinder Lebenssinn erfahren. Genauso gut kann man aber auch in seinem Beruf Sinn erleben, in der Durchführung seiner Hobbys und im Beisammensein mit anderen Menschen. Anteilnahme ist hier ein wichtiges Stichwort beziehungsweise ein wichtiger Wert. Versuchen Sie, Anteil an sich selbst zu nehmen, indem Sie sich möglichst offen und ehrlich bemühen, sich selbst richtig zu erkennen mit Ihren Stärken, Schwächen und Ihren inneren Motiven, und nehmen Sie Anteil an den Menschen und der Umwelt, die Sie umgeben. Auch wenn Sie in einer beruflichen Situation feststecken, die Sie unglücklich macht und die nicht in Einklang mit Ihren inneren Werten steht, können Sie doch mit kleinen Handlungen das Beste daraus machen. So könnten Sie sich beispielsweise bemühen, ein fairer und anteilnehmender Kollege zu sein, und versuchen, sich Ihrer Aufgabe mit Konzentration und Hingabe zu widmen. Sie könnten aber auch mit Zivilcourage dafür eintreten, dass sich manche Zustände in Ihrem Unternehmen verändern. Und denken Sie darüber nach, ob und wie Sie Ihre berufliche Situation grundsätzlich verändern könnten, indem Sie sich bewusst machen, was Sie wirklich wollen, und indem Sie für die Umsetzung Ihrer Ziele sorgen – sei es durch Fortbildung, sei es durch einen Stellenwechsel, sei es durch Veränderungen am Arbeitsplatz und/oder in Ihrer Arbeitsweise.

Hierzu ein Beispiel: *Gerlinde ist Finanzbeamtin und 56 Jahre alt. Sie ist kurz vor dem Burnout, weil sie einfach nicht hinter der gegenwärtigen Steuergesetzgebung steht und häufig Regeln befolgen muss, die gegen ihr Wertesystem sprechen. Es macht sie krank, dass sie armen Schluckern noch den letzten Cent aus der Tasche ziehen muss, große Fische hingegen davonschwimmen, weil sie ansonsten drohen, ihr Unternehmen ins Ausland zu verlagern. Am liebsten würde sie alles hinschmeißen. In ihrem Alter und mit ihrer spezifischen Ausbildung hat sie jedoch wenig Chancen, auf dem Arbeitsmarkt etwas Neues zu finden, außerdem würde ihr dann ein guter Teil ihrer Rente durch die Lappen gehen. Aus Vernunftgründen beschließt sie also, bis zur Rente durchzuhalten. Um jedoch nicht auch noch körperlich krank zu werden, überlegt sie sich, wie sie aus ihrer Situation das Beste machen kann. Im Ergebnis dieser Überlegungen trifft sie die folgenden Maßnahmen: Sie setzt sich noch einmal intensiv mit der Steuergesetzgebung auseinander, um das Beste für die schlechten und mittelmäßigen Verdiener, die sie betreut, herauszuholen. Sie hält nicht mehr den Mund, wenn ihr Vorgesetzter offensichtlichen Unsinn redet, sondern bemüht sich, ihm mit sachlichen Argumenten entgegenzutreten. Sie nimmt mehr Anteil an dem Leben ihrer Kollegen. Hierdurch gelingt es ihr, sich aus ihrer Hilflosigkeit zu befreien und ihrem beruflichen Tun, trotz der empfundenen Ungerechtigkeit, einen befriedigenden Sinn zu geben. Dies verleiht ihr neue Energie, die Burnout-Symptome verschwinden.*

Nun wird vielleicht mancher Leser denken, das ist ja schön, dass Gerlinde das so kann, aber ich hätte nicht den Mut, meinem Vorgesetzten so entgegenzutreten: Das ist ja gerade mein Problem! Auch Gerlinde musste ihre Konfliktscheu überwinden, um ihren Vorsatz in die Tat umzusetzen. Sie hat sich jedoch überlegt, dass ihr mit ihrem Beamtenstatus letztlich wenig passieren kann. Schlimmstenfalls könnte ihr Chef sie mit ein paar unangenehmen Zusatzaufgaben schikanieren. Diese, so dachte sie sich, wollte sie jedoch in Kauf nehmen, um mit geradem Rückgrat durchs Leben zu gehen. Diese Überlegung verlieh ihr Stärke.

Nun gibt es natürlich Jobs und Situationen, wo man sich tatsächlich gravierende Nachteile einhandeln kann, wenn man sich mit seinem Chef oder seiner Chefin anlegt. Und je nach Persönlichkeit des oder der Vorgesetzten kann man auch zu dem Ergebnis kommen, dass es völlig sinnlos ist zu widersprechen. Oft ist es jedoch so, dass wir uns zu viele Sorgen machen und die Situation nicht zu Ende denken, sondern dass unsere Überlegungen zu einem diffusen Angstgefühl führen. Fragen Sie sich, was Sie tatsächlich im schlimmsten Fall zu verlieren haben, wenn Sie darüber nachdenken, mehr für Ihre Standpunkte einzutreten. Normalerweise kostet es uns weder den Job noch das Leben.

Entscheiden Sie sich!

Vielen Selbstwertgeschädigten fällt es schwer herauszufinden, was sie überhaupt wollen, und eine Entscheidung zu fällen. Dies hängt eng mit dem Umstand zusammen, dass sie so trainiert darin sind, die Erwartungen der anderen zu erfüllen, anstatt (auch) auf ihre eigenen Empfindungen und Wünsche zu achten. Für viele ist es deshalb wichtig, mehr Kontakt zu ihren seelischen Vorgängen und Gefühlen zu finden. Dies kann man trainieren, indem man im Alltag öfter innehält und sich fragt: Wie geht es mir eigentlich gerade, wie fühle ich mich? Man kann auch bewusst trainieren, Entscheidungen zu treffen, indem man auch bei kleinen Entscheidungen in sich hineinhorcht: Wo zieht es mich hin? Will ich meinen Kaffee heute aus der blauen oder der roten Tasse trinken? Möchte ich Marmelade oder Käse aufs Brötchen, oder habe ich heute vielleicht gar keinen Appetit auf ein Frühstück? Es geht darum, die innere Aufmerksamkeit auf seine Empfindungen zu lenken – ein Vorgang, den viele Betroffene automatisch und unbewusst unterdrücken. Wenn ich jedoch einen schlechten Kontakt zu meinen Gefühlen habe, fallen mir auch Entscheidungen schwer, denn letztlich gibt unser Gefühl, nicht unser Verstand, den Ausschlag und teilt uns mit, was wir im Innern wollen. Wer einen schlechten Kontakt zu seinen Emotionen hat, schwimmt quasi wie ein Schiff ohne Kompass durchs Leben. Emotionen weisen uns die Richtung, in die wir gehen möchten. Auch rationale Überlegungen werden in der Entscheidungsphase letztlich durch Gefühle unterstützt, indem ein inneres Empfinden uns signalisiert, dass unsere Überlegungen gut und richtig sind. Also versuchen Sie bitte durch innere Aufmerksamkeit, so häufig es geht, herauszufinden, was Sie fühlen. Werden Sie sich selbst bewusster!

Ein weiterer Grund, warum es Selbstwertgeschädigten oft schwerfällt, ihre Ziele zu definieren und Entscheidungen zu treffen, ist ihre Sorge, sich eventuell falsch entscheiden zu können. Für eine

Entscheidung brauchen sie quasi eine hundertprozentige Sicherheit. Dies ist ähnlich wie mit dem Perfektionsstreben: Es darf kein Raum für Fehler bleiben. Dies ist jedoch eine falsche Annahme. Eine Entscheidung ist immer eine Entscheidung, in dem Moment, indem ich mich *für* etwas entscheide, entscheide ich mich auch *gegen* etwas. Aber auch eine »falsche« Entscheidung kann uns im Leben weiterbringen, weil wir aus ihr lernen können. Außerdem können die meisten Entscheidungen auch wieder rückgängig gemacht werden. Wenn wir also merken: Das war ein Fehler, kann man sich ja noch einmal neu entscheiden. Wenn dies nicht geht, wie zum Beispiel mit einem schlecht ausgesuchten Urlaubsziel, dann macht man halt das Beste draus. In den meisten Fällen – machen Sie sich dies bitte bewusst – kann gar nicht so viel Schlimmes passieren. Wenn man unter Ängsten leidet, ist die Frage »Was kann im schlimmsten Fall eigentlich passieren?« sehr wichtig. Die meisten Menschen denken dies nämlich nicht zu Ende, sondern bleiben im Sumpf ihrer Befürchtungen stecken.

Bedenken Sie: Wenn ich mich nicht bewege, kann ich mich zwar nicht verlaufen, aber ich komme auch nicht an.

In diesem Zusammenhang möchte ich noch ein Wort zur Berufswahl verlieren, weil ich vor allem bei jungen Menschen häufig feststelle, dass es ihnen sehr schwerfällt, sich für einen Berufsweg zu entscheiden. Ich sage den Betreffenden dann Folgendes: Wenn du keine klare Berufung hast, was die wenigsten Menschen haben, dann überlege dir, in welchen Bereichen am ehesten deine Begabungen und Interessen liegen. Dann wähle irgendeinen Bereich aus, solange er einigermaßen deiner Begabung und deinem Interesse entspricht, kannst du nicht viel falsch machen. Es wird für dich nicht per se *den* Beruf geben, den gibt es für keinen Menschen, der nicht eine ganz eindeutige Berufung verspürt. Aber in jedem Beruf kannst du dich weiterentwickeln und zufrieden werden. Das hängt dann nur noch von deinem Fleiß und deiner Disziplin ab, weil die Freude am Schaffen sich durch das Tun und das weitere Vordringen in die Materie ergibt. Alle Ausbildungen und alle Tätigkeiten haben ihre langweiligen und schwierigen Momente – es geht darum, durchzuhalten und etwas zu Ende zu bringen. Die persönliche Zufriedenheit ergibt sich aus der Beständigkeit, die mit der Zeit zur Könnerschaft führt.

Setzen Sie sich realistische Ziele!

Ein leidiges Übel ist der soziale Vergleich mit anderen. Zwar kann man auch singen: Alles wird leicht, wenn man nur genug vergleicht …, aber vor allem Menschen mit niedrigem Selbstwert vergleichen sich gern mit Menschen, die sie besser einschätzen als sich selbst. Und durch diesen Aufwärtsvergleich machen sie es sich schwer statt leicht. So kann es dem Betroffenen passieren, dass er gern in einen Sportverein gehen möchte und diesen gesunden Impuls schon im Ansatz abwürgt, weil ihm blitzartig bewusst wird, dass er im Vergleich zu den anderen sicherlich eine ziemlich dämliche Figur auf dem Sportplatz machen würde.

Nathaniel Branden bringt in seinem Buch *»Die 6 Säulen des Selbstwertgefühls«* ein drolliges Beispiel zum Thema »sozialer Vergleich«. So beschreibt er, wie er seinem Hund zugeguckt habe, als dieser – ohne erkennbaren Anlass – Luftsprünge vollführt habe. Herr Branden überlegte, dass dies ein purer Ausdruck von Lebensfreude sei, wobei er einschränkte, dass dies auch eine Interpretation von ihm sein könnte. Allerdings, und da war er sich ganz sicher, wird der Hund mit Sicherheit nicht gedacht haben: Was geht es mir so viel besser als allen anderen Hunden in der Nachbarschaft!

Meines Erachtens wäre es sinnlos, Ihnen nahezulegen, sich nicht mit anderen zu vergleichen, weil ich nicht glaube, dass das möglich ist. Der soziale Vergleich gibt uns schließlich eine wichtige Orientierung, wo wir stehen, und er erfolgt ganz automatisch, wenn man in einer Gemeinschaft lebt. Man kann nicht nicht vergleichen. Allerdings könnte man sich vornehmen, weniger und sinnvoller zu vergleichen. Sinnlose Vergleiche sind jene mit Menschen, die uns in bestimmten Fähigkeiten oder Eigenschaften weit voraus sind. Wenn ich zum Beispiel gerade erst lerne Ski zu fahren, dann ist es sinnlos, wenn ich mich mit alten Pistenhasen vergleiche, die von Kindesbeinen an auf Skiern gestanden haben. Solche abwegigen Vergleiche können einen leicht verzagen lassen, nach dem Motto: Das lerne ich nie! Vergleiche, die zu hoch gegriffen sind, können zu Lähmungserscheinungen führen. Deshalb ist es wichtig, sich realistische Ziele zu setzen, die den eigenen Fähigkeiten Rechnung tragen. Vor allem Perfektionisten sind stark gefährdet, sich mit überzogenen Ansprüchen zu frustrieren. So wie der Perfektionist sich mit zu hohen Ansprüchen selbst im Wege steht, so boykottieren sich andere, indem sie sich zu wenig zutrauen. Ihre Ziele sind in die andere Richtung unrealistisch: Sie bleiben unter ihren Möglichkeiten, weil sie diese als zu gering einschätzen.

Ich möchte deshalb an dieser Stelle noch einmal betonen: Erkennen Sie Ihre Stärken und akzeptieren Sie Ihre Grenzen! Setzen Sie sich Ziele, die erreichbar sind, von dort aus können Sie ja weiter nach oben gehen. Denken Sie in Etappen und setzen Sie einen Schritt nach dem anderen. Wichtig ist, dass Sie starten. Eine Studentin erzählte mir einmal: »Früher habe ich mir vorgenommen, zehn Stunden am Tag zu lernen. Regelmäßig war ich frustriert, weil ich das nie geschafft habe. Heute nehme ich mir vor, sechs Stunden am Tag zu lernen. Das ist realistisch, und wenn ich das dann geschafft habe, dann bin ich auch stolz auf mich. Es gibt einige Kommilitonen, die zehn Stunden am Tag lernen können, aber ich gehöre halt nicht dazu. Früher habe ich mich immer mit denen verglichen und fühlte mich schlecht. Heute denke ich: Ich lerne halt, so wie es zu *mir* passt. Und damit geht es mir erheblich besser!«

Da viele Menschen mit niedrigem Selbstwert Schwierigkeiten haben, ihre Fähigkeiten realistisch einzuschätzen, möchte ich nochmals die Empfehlung abgeben, diesbezüglich das offene Gespräch mit Beratern wie Freunden, Kollegen oder Fachleuten zu suchen. Ihr Ziel sollte es sein, sich innerhalb Ihrer Möglichkeiten weiterzuentwickeln. Nehmen Sie sich also möglichst selbst zum Maßstab und versuchen Sie, soziale Vergleiche, die nur zu Ihrer Frustration beitragen, so weit es geht beiseitezuschieben.

Disziplin und Schaffensfreude

Disziplin und Struktur sind unbedingt notwendig, um sein Selbstwertgefühl zu stabilisieren und mehr Lebenszufriedenheit zu erlangen. Viele Menschen mit Selbstwertproblemen haben einen Mangel an Durchhaltevermögen und Disziplin. Dies hängt mit ihren notorischen Zweifeln an der Richtigkeit ihres Tuns zusammen und damit einhergehend mit einer gewissen Antriebslosigkeit. (Andere hingegen sind überdiszipliniert und können kaum loslassen, hierauf komme ich im nächsten Abschnitt zu sprechen.)

Wenn ich ein erfülltes Leben führen möchte, komme ich nicht um Disziplin herum, weil ich ohne Disziplin nicht an meinen Fähigkeiten arbeiten kann. Ohne Disziplin kann ich folglich kaum die Erfahrung machen, auf meine Leistung und meine Fähigkeiten stolz zu sein.

Wenn ich von Leistung spreche, dann möchte ich diese nicht allein unter dem Gesichtspunkt der Karriere und des Erfolgs betrachten, sondern vor allem unter jenem der *inneren Erfüllung.* Wissen und Verstehen machen glücklich. Ebenso glücklich macht es, bei einer Tätigkeit zu immer mehr Könnerschaft zu gelangen.

Die innere Hingabe an ein Thema oder eine Tätigkeit, die mit einem immer tieferen Eindringen und Verstehen in die Materie einhergeht, kann uns in Glückszustände versetzen. In diesem Zusammenhang wurden auch die sogenannten Flow-Zustände erforscht. Im Flow (deutsch: Fluss/fließen) befindet sich der Mensch in einer harmonischen Einheit mit sich und seiner Beschäftigung.

Die Konzentration auf die Tätigkeit, die ihn weder unter- noch überfordern darf, macht ihn selbstvergessen, denn im Flow ist der Mensch ganz das, was er tut. Er befindet sich vollkommen im Hier und Jetzt. Ich möchte das viel beforschte Flow-Erleben nicht weiter vertiefen, weil das Thema umfassend ist. Interessierte Leser und Leserinnen können sich einen guten Überblick hierüber im Internet bei »Wikipedia« verschaffen. Ich wollte es jedoch im Zusammenhang mit dem Thema Selbstwertgefühl nicht unerwähnt lassen, weil die Hingabe an eine Beschäftigung uns über uns selbst hinauswachsen lassen und uns in einen harmonischen Einklang mit uns selbst versetzen kann. Ein wichtiger Aspekt ist hierbei, dass das Tun unserer eigenen Kontrolle obliegt. Es ist also das Gegenteil von Hilflosigkeit und Ausgeliefertsein, also jenen Zuständen, die Menschen mit niedrigem Selbstwert oft erleben. Ich rate deswegen jedem, sich bestimmten Interessen zu verschreiben, egal in welchem Bereich sie liegen.

Die Auseinandersetzung mit Dingen, die außerhalb von einem selbst liegen, die man sich jedoch »zu eigen« macht, indem man in immer tiefere Schichten des Könnens und Verstehens vordringt, produziert innere Schätze, die den Selbst-Wert erheben.

In tiefere Bereiche des Verstehens und Könnens kann man jedoch nur vordringen, wenn man sich ein gewisses Maß an Disziplin auferlegt. Denn jeder Wissens- und Kompetenzerwerb hat auch seine Durststrecken. Die Alternative zur Disziplin wäre die Leidenschaft. Ich kenne allerdings nur sehr wenige Menschen, die ihr Schaffen aus reiner Leidenschaft vollziehen und hierdurch quasi auf Disziplin verzichten können. Bei den allermeisten Menschen, so wie bei mir auch, wechseln sich Phasen der Schaffenslust mit jenen der Faulheit ab. Außer der Faulheit können auch Selbstzweifel lähmen. Wenn die Faulheit und/oder die Selbstzweifel nicht durch Disziplin überwunden werden, dann kann dies zu vielen Abbrüchen in der

Ausbildung, im Beruf und in der Ausübung von Hobbys führen, die auf die Dauer sehr unglücklich und unzufrieden machen. Nichts wird richtig zu Ende gebracht, kaum etwas vertieft. In keinem Bereich, so stellt der Betreffende dann fest, weist er gute Fähigkeiten auf, die ihn erfüllen und ihm Freude bereiten.

Sollten Sie zu jenen gehören, die viele Ausbildungen, hierunter zähle ich auch Hobbys, abgebrochen haben, dann setzen Sie sich bitte eingehend mit jenem Anteil in sich auseinander, der Sie immer wieder zum Abbruch verleitet hat. Es ist nie zu spät. Reue ist eine sinnvolle Empfindung: Sie motiviert zur Veränderung. Sie können so weitermachen wie bisher oder sich neu entscheiden. Das liegt in Ihrer Hand. Gehen Sie in Gedanken 10, 20, 30 Jahre in die Zukunft: Wie werden Sie sich dann fühlen, wenn Sie so weitermachen wie bisher? Es ist wichtig, dass Sie die Ursachen für Ihre Serie von Abbrüchen analysieren. Prüfen Sie hierbei eingehend Ihre eigenen Anteile an dem Geschehen und hüten Sie sich davor, alles auf die äußeren Umstände zu schieben, auch wenn diese teilweise mit zu Ihrer heutigen Situation beigetragen haben mögen. Suchen Sie jedoch nach jenen Handlungsspielräumen, die Sie nicht genutzt haben. Es ist wichtig, dass Sie die Verantwortung für Ihre Entscheidungen und Ihr Handeln übernehmen.

Die unabdingbare Gehilfin der Disziplin ist die Struktur. Die allermeisten Menschen funktionieren am besten, wenn sie sich einem strukturierten Tagesablauf verpflichten. In diesen sollten auch Hobbys und Projekte eingearbeitet werden. Wenn ich zum Beispiel an einem Buch arbeite, dann trage ich mir die Arbeitszeiten hierfür in meinem Terminkalender ein. Da ich morgens am besten denken und schreiben kann, sorge ich dafür, dass ich jeden Morgen zwischen neun Uhr und elf Uhr an meinem Schreibtisch sitze und schreibe – ob ich nun gerade Lust dazu habe oder nicht. Die Lust kommt meistens, aber auch nicht immer, im Verlauf des Schreibens, doch eher selten schon vorher. Ich schreibe nicht aus Leidenschaft, dafür ist mir das Schreiben viel zu mühsam. Ich schreibe, weil ich etwas sagen möchte und weil ich weiß, dass ich damit einigen Menschen helfen kann. Zudem stellen die Bücher ein wichtiges berufliches Standbein für mich dar. Wenn ich es dann tatsächlich hartnäckig geschafft habe, ein Buch fertigzustellen, dann freue ich mich und bin auch stolz darauf. Die Freude währt länger, als das Schreiben mich an Zeit gekostet hat, schon deswegen lohnt sich der Einsatz. Diese Freude ist nachhaltig, die Faulheit eines Moments hingegen nicht.

Menschen mit Strukturproblemen empfehle ich dringend, Terminkalender und Erledigungslisten zu führen und sich Tages- und Wochenpläne aufzustellen. Je regelmäßiger man etwas tut, desto mehr Freude bereitet es, wie ich auch noch in »Treiben Sie Sport! Tipps für Faule« im Kapitel Handeln ausführen werde. Anstrengend und wenig erfolgversprechend ist es hingegen, auf den inneren Impuls oder die große Eingebung zu warten. Auch die meisten Menschen in kreativen Berufen erlegen sich Disziplin auf, weil sie wissen, dass sich die Ideen beim Arbeiten und nicht beim Faulenzen ergeben.

Meinen Klienten mit Strukturproblemen sage ich immer, dass die »Schiebe-Energie« sehr viel kostspieliger ist als die »Ich-bringe-es-hinter-mich-Energie«. Vor sich hinschieben kann man nämlich 24 Stunden am Tag und dies sieben Tage die Woche lang, während das Erledigen einer Aufgabe in der Regel sehr viel weniger Zeit kostet. Zudem hat die Schiebe-Technik den gravierenden Nachteil, dass sie Schuldgefühle hervorruft und/oder mithilfe psychischer Verdrängung betrieben werden muss, beides konsumiert viel Lebensenergie.

Zudem empfehle ich meinen Klienten den folgenden Gedankentrick: Stellen Sie sich vor, wie Sie sich abends fühlen, wenn Sie etwas Wichtiges über den Tag vor sich hergeschoben haben. Und dann halten Sie bitte das gute Gefühl dagegen, wenn Sie es hinter sich gebracht haben. Mit dieser Vorstellung habe ich mich als Studentin immer motiviert, tagsüber zu lernen, damit ich abends mit gutem

Gewissen frei hatte und auch, um diese grauenhaften 24-Stunden-Schichten zu vermeiden, die einige meiner Kommilitonen regelmäßig einlegen mussten, weil sie auf die letzte Minute gelernt haben.

Übertriebenes Pflichtbewusstsein

Neben jenen unsicheren Menschen, die ein Zuwenig an Disziplin und Struktur aufbringen, gibt es aber auch jene, die aus Angst, die Kontrolle zu verlieren, übertrieben strebsam und pflichtbewusst sind. Häufig sind es jene, die ihre Minderwertigkeitsgefühle durch Perfektionsstreben vertreiben wollen. Betroffene dieser Fraktion arbeiten sich halb tot und können quasi gar nicht abschalten. Frauen mit einem Putzfimmel sind hierfür ein gutes Beispiel. Sie müssen ständig agieren und noch jedes Staubkorn »in den Griff« bekommen, von einer unbewussten Angst getrieben, ansonsten irgendwie die Kontrolle über ihre Umgebung und somit indirekt über sich selbst zu verlieren.

Ein Zuviel an Kontrolle ist ebenso wenig zu empfehlen wie ein Zuwenig an Disziplin. Bei den Kontrollsüchtigen geht es um das Thema Loslassen. »Loslassen« ist die entgegengesetzte Bewegung zu »etwas im Griff haben«. Nach meiner Erfahrung ist es die größere Herausforderung, etwas »loszulassen«, als etwas in »Angriff zu nehmen«. Es ist schwieriger, etwas nicht zu tun, als etwas zu tun. Das Tun ist nämlich konkreter und steuerbarer als das Nichttun. Zumal beim Nichttun die Gratwanderung, wann ich wieder etwas tun muss, schwieriger ist. Wenn ich mir zum Beispiel vornehme, jeden Tag eine halbe Stunde mit meinen Kindern zu spielen, so ist das konkreter und mithin leichter umsetzbar, als wenn ich mir vornehme, Arbeit einfach liegen zu lassen.

Das ständige Agieren von Menschen, die Angst haben, Fehler zu machen und die Kontrolle zu verlieren, ist die Strategie, mit der sie ihre Ängste verwalten. Diesen Handlungsimpuls zu unterdrücken löst zwangsläufig Angst aus, weil die Betroffenen genau das unterlassen müssten, was ihre Angst (scheinbar) in Schach hält. Hier gilt es auch zu beachten, dass die zugrundeliegenden Ängste in der Ruhe zumeist lauter zu vernehmen sind als in der geschäftigen Betriebsamkeit. Das Tun stellt für die Leidtragenden folglich auch eine gewisse Ablenkung von sich selbst dar. Zudem fällt es den Betroffenen oft schwer abzuschätzen, welche Tätigkeiten notwendig sind und welche nicht. Sie können schlecht zwischen wichtig und unwichtig unterscheiden – dies ist auch eines der typischen Probleme von Workaholics. Es fällt ihnen schwer, Prioritäten zu setzen. Irgendwie ist das ähnlich wie mit Diäten, schließlich kann man ja nicht ganz auf das Essen verzichten, aber man muss die Gratwanderung zwischen Zuviel und Zuwenig schaffen. So kann ein Mensch, der dazu neigt, zu viel zu arbeiten, ja schließlich nicht ganz auf das Arbeiten verzichten. Aber was ist nun das richtige Maß?

Zunächst einmal sollten Sie sich überlegen, was Sie eigentlich antreibt. Was steckt hinter Ihrem chronischen Bedürfnis, sich beschäftigt zu halten? Handelt es sich hierbei tatsächlich um eine *objektivierbare* Notwendigkeit, weil Sie ansonsten Ihren Job verlieren oder Ihr Unternehmen den Bach runtergeht? Falls dem so ist, halten Sie inne und denken Sie darüber nach, wie Sie sich und Ihre Arbeit/Firma eventuell anders strukturieren könnten. Überlegen Sie hierbei auch, ob der ganze Stress überhaupt den Job und das Geld wert ist oder ob Sie möglicherweise einen tieferen Schnitt vollziehen sollten.

Falls Sie fest angestellt sind und Sie die Einschätzung haben, dass der Konkurrenzdruck unter den Kollegen enorm ist und/oder Ihr Vorgesetzter diesen Einsatz von Ihnen erwartet, dann bedenken Sie bitte, dass Ihre Angst zu versagen Sie dazu verleiten kann, manche scheinbaren Bedrohungen überlebensgroß wahrzunehmen. Am besten suchen Sie den Austausch mit Kollegen und Freunden, um eine möglichst realistische Einschätzung Ihrer Situation zu erzielen. Unterziehen Sie Ihre Wahrnehmung von Konkurrenz und Arbeitsdruck einem Realitätscheck – möglicherweise auch dadurch, dass Sie Ihren Vorgesetzten einmal direkt hierauf ansprechen.

Ein weiteres Motiv für Ihre übertriebene Beflissenheit könnte, wie weiter oben bereits ausgeführt, Ihre diffuse Angst sein, ansonsten die Kontrolle über sich und Ihr Leben zu verlieren. In diesem Fall legen Sie sich bitte einmal die Frage vor, inwiefern Ihre Tätigkeiten tatsächlich dazu beitragen, »alles im Griff« zu haben. Um dies einmal anhand der Frau mit dem Putzfimmel zu illustrieren – inwieweit hilft ihr der blitzblanke Haushalt tatsächlich, ihr Selbstwertgefühl zu heben und ein erfülltes Leben zu führen?

Vielleicht steckt hinter Ihrer Geschäftigkeit aber auch die latente Angst, dass ansonsten Gefühle der Langeweile und Leere in Ihnen aufkommen könnten. Oder Sie verdrängen durch Ihr ständiges Agieren Probleme in Ihrem Leben, über die Sie sich keine Gedanken machen wollen. Im Fall der Langeweile überlegen Sie sich bitte, ob Sie nicht ein sinnvolles Hobby oder eine sinnvolle Tätigkeit der besinnungslosen Betriebsamkeit entgegensetzen könnten.

Falls Sie mit Ihrem Treiben hingegen Probleme verdrängen möchten, dann machen Sie sich klar, dass Sie dies auf Dauer nicht schaffen werden. Die Verdrängungs-Energie benötigt ebenso wie die Schiebe-Energie erheblich mehr Kraftaufwand, als sich seinen Problemen zu stellen. Nicht wenige »Gschaftlhuber« haben unterschwellige Ängste, dass sie ein unverarbeitetes Thema einholt, wenn sie zur Ruhe kommen. Menschliche Verluste spielen hier nicht selten eine Rolle. Öfter erlebe ich, dass Klienten bitterlich weinen über den Tod eines Menschen, der schon viele Jahre zurückliegt. Sie selbst äußern Erstaunen über ihre heftige Trauer, aber ihre Beschäftigung mit anderen Themen hat sie bislang nicht zur Ruhe kommen lassen. Sie sind ihren Tränen davongelaufen, die sie nun aber doch einholen. Doch auch akute Sorgen, wie zum Beispiel Eheprobleme, lassen sich gut durch selbst auferlegten Stress verdrängen. Eigentlich ist gegen ein wenig Verdrängung durch Arbeit nichts zu sagen. Dies kann auch eine gesunde Strategie sein, sich bei der Stange zu halten oder nach einem tragischen Verlust wieder ins Leben zu finden. Problematisch wird es dann, wenn man gar nicht mehr abschalten kann und das Davonlaufen vor den eigenen Problemen wesentlich mehr Kraft verbraucht, als einfach mal stehen zu bleiben und sich diesen zu stellen. Der Nachteil der Verdrängung ist, dass sich die Probleme auf diese Weise nicht lösen. Nicht selten vermehren sie sich hierdurch und werden dann irgendwann so groß, dass auch der geübteste Verdränger nicht mehr die Augen vor ihnen verschließen kann. Oft muss er dann bereuen, dass er nicht viel früher eingegriffen hat. Nicht nur in der Medizin, sondern auch im normalen Leben ist die »Früherkennung« der beste Zeitpunkt zum Handeln.

Falls Sie sich überarbeiten, weil Sie permanent Angst haben, eventuell einen Fehler zu begehen, dann denken Sie bitte darüber nach, wie realistisch dies ist und was Ihnen im schlimmsten Fall überhaupt passieren könnte. Würden Sie diesen Worst Case tatsächlich nicht überleben? Zudem wäre es hilfreich, wenn Sie sich mit der Frage auseinandersetzten, ob Sie wirklich fehlerfrei und der oder die Beste sein müssen. Im Mittelmaß lebt es sich viel entspannter. Versuchen Sie die Wichtigkeit Ihres Tuns und Ihrer persönlichen Bedeutsamkeit in ein angemessenes Verhältnis zu setzen.

Wenn Sie hingegen zu jenen gehören, die meinen, sie seien noch nicht einmal mittelmäßig, dann überprüfen Sie Ihre Fähigkeiten möglichst realistisch, indem Sie hierfür auch die Rückmeldung von anderen Menschen einholen. Häufig dient diese pessimistische Einstellung nämlich nur der eigenen Enttäuschungsprophylaxe. Diesen Zweck erfüllt sie dann zwar auch, aber sie behindert häufig ein mutigeres Zuschreiten auf größere Aufgaben und Herausforderungen. Außerdem kostet es viel psychische Energie, sich ständig abzuwerten und jeden Anflug von Stolz auf die eigenen Fähigkeiten zu unterdrücken. Behalten Sie bitte Ihre psychische Programmierung im Auge: Denken Sie daran, dass Ihr niedriges Selbstbewusstsein Ihnen persönliche Defizite vorgaukelt.

Für alle gilt: Die eigenen Fähigkeiten sollten nach den eigenen Möglichkeiten bewertet werden und nicht nach dem Maßstab der Perfektion!

Auch Menschen mit niedrigem Selbstwert können im Beruf sehr erfolgreich sein. Das Problem ist nur: Sie können ihre Erfolge nicht genießen, sondern müssen sich laufend wieder beweisen, dass sie gebraucht werden, diese oder jene Aufgabe am besten erledigen können oder einfach, dass ohne sie gar nichts geht. Das kann dazu führen, dass sie sich regelrecht in eine Erschöpfung hineinarbeiten. Schließlich fühlt es sich so an, als ob sie nur etwas wert wären, wenn sie arbeiten. Das rechte Maß bei der Arbeit ist aber, wenn Arbeit ein wichtiger Teil in unserem Leben ist – die meisten Menschen leisten gerne etwas –, aber wenn gleichberechtigt daneben auch das eigene Wohlbefinden, Zeit für private Hobbys, für Familie und andere Interessen bleibt. Jeder, der damit ein Problem hat, das rechte Maß im Job zu finden, sollte sich die Frage stellen: Wer bin ich, wenn ich nicht arbeite? Wer sich für das Thema umfassender interessiert, findet in dem Buch »*Bevor der Job krank macht*« von Hans-Peter Unger und Carola Kleinschmidt Lesestoff.

Treiben Sie Sport! Tipps für Faule

Diesen Abschnitt möchte ich mit einer Selbstoffenbarung beginnen: Ich habe, außer als Kind und Jugendliche, eigentlich nie gern Sport getrieben. Als Erwachsene war ich zu faul, außer um in der Disko zu tanzen, wenn man das denn als Sport anrechnen möchte. Dann hatte ich mit 39 Jahren einen Bandscheibenvorfall, der operiert werden musste. Von da an musste ich mich zwingen, regelmäßig meine Muskeln zu trainieren, weil ich keine Lust hatte, Dauergast beim Orthopäden und Chirurgen zu werden. Allerdings habe ich über einige Jahre diese Bewegung auch nur mit Disziplin und rationaler Einsicht betrieben und dies auch nur so ein- bis dreimal die Woche. Spaß war hingegen etwas anderes. Das ständige Gequatsche in den Medien, wie wichtig Bewegung sei und dass man sich am besten täglich etwas sportlich betätigen sollte, nervte mich. Gleichwohl bin ich dann irgendwann dazu übergegangen, jeden Morgen Trampolin zu springen und daran Kraft- und Dehnungsübungen anzuschließen. Ich war nämlich die tägliche innere Diskussion leid, ob ich mich heute oder erst morgen zu meinem Training aufraffe. Und siehe da: Ich stellte fest, dass es mir weitaus leichter fällt, jeden Tag Sport zu treiben als nur ein- bis dreimal die Woche, und zwar aus dem einfachen Grund, weil der Sport zur entscheidungsfreien Routine geworden ist. Das Mehr an Freude hängt aber auch entscheidend mit dem Erfolg zusammen, der durch die tägliche Bewegung viel größer ausfällt: eine bessere Figur, mehr gefühlte Körperkraft, mehr Energie und die Abwesenheit eines schlechten Gewissens beziehungsweise ein gutes Gewissen. Die gefühlte Fitness, die bessere Figur und das gute Gewissen wirken sich positiv auf mein Selbstbewusstsein aus. Mit trainierten Muskeln fühlt man sich im wahrsten Sinne des Wortes stark. Deswegen empfehle ich den sportfaulen Lesern und Leserinnen dringend, es doch noch einmal mit Bewegung zu versuchen. Auch wenn ich mir eigentlich etwas blöd vorkomme – so war ich doch immer diejenige, die bei solchen Empfehlungen auf Durchzug geschaltet hat. Aber ich muss leider einräumen, dass Sport eine gute Wirkung auf den Körper und damit einhergehend auf das Selbstwertgefühl hat. Das Trampolin ist übrigens optimal für Faule und für Menschen, die keine Lust und Zeit haben, sich in einen Verein oder in ein Fitnessstudio zu begeben und die schon dreimal keine Lust haben, bei Wind und Wetter in der Gegend herumzulaufen. Das Trampolin ist extrem niedrigschwellig, weil man es daheim beim Fernsehen oder Musikhören benutzen kann. Zudem ist es nicht teuer und lässt sich leicht wegräumen. Es steht also nicht so undekorativ wie ein Laufband oder Heimfahrrad in der Wohnung herum. Zudem gilt Trampolinspringen als extrem gesund: Es schont die Gelenke und kann somit auch von älteren Menschen und Übergewichtigen mühelos benutzt werden. Es trainiert sehr viele, auch sehr kleine, Muskeln, und es regt den Lymphfluss an. Selbst meine ehemals maximal sportfeindliche Mutter hat mit 82 Jahren noch angefangen, Trampolin zu springen (es gibt auch Trampoline mit Haltegriff). Auch ihr tut dies enorm gut – es ist also nie zu spät anzufangen.

Erwähnt werden muss auch, gerade in Bezug auf das Selbstwertgefühl, dass Sport im Allgemeinen und Trampolinspringen im Besonderen die Stimmung hebt – die Hüpfbewegungen sind in unserem Gehirn mit Fröhlichkeit und guter Laune verknüpft. Trampolinspringen wirkt antidepressiv.

Wenn Sie im ersten Schritt durch das Trampolin mehr Freude an Bewegung gefunden haben, dann können Sie im zweiten Schritt darüber nachdenken, Ihr Training noch um ein paar Kraft- und Dehnungsübungen, die man auch mühelos ohne Geräte durchführen kann, zu erweitern. Sie können sich auch ein paar Hanteln und Fußmanschetten zulegen, weil das bei den entsprechenden Übungen die Wiederholungen und somit die Langeweile abkürzt.

Vielen, die ansonsten mit Sport nichts im Sinn haben, bringt aber auch Yoga Spaß. Yoga ist ein tolles Körpertraining. Falls Sie keine Zeit und/oder keine Möglichkeit haben, einen Yogakurs zu machen, dann können Sie sich dies auch mit einem Yogabuch selbst beibringen.

So, das waren die Tipps für die Faulen. Die anderen Leser und Leserinnen wissen ja selbst, was sie sportlich unternehmen können. In jedem Fall haben die körperliche Bewegung und der damit einhergehende Anstieg von Muskelkraft und Fitness eine sehr gute Auswirkung auf das Selbstbewusstsein!

Fühlen

In diesem letzten Abschnitt möchte ich auf das Thema »Fühlen« eingehen. Viele Menschen mit niedrigem Selbstwert haben ein Problem, mit ihren Gefühlen umzugehen, die sie – je nach Situation – entweder als zu intensiv oder auch als zu schwach erleben. Wie ich schon öfter betont habe, ist bei vielen unsicheren Menschen der Kontakt zu ihren Gefühlen gestört. Sei es, dass sie sich in bestimmten Situationen als zu impulsiv, zu ängstlich, zu depressiv oder auch einfach nur als leer und emotionslos empfinden. Entweder unterdrücken sie bestimmte Empfindungen zu stark, oder sie fühlen sich von ihnen überschwemmt. Es ist wichtig, aufmerksam auf seine Gefühle zu achten. Deswegen empfehle ich meinen Klienten auch immer, im Alltag öfter kurz innezuhalten und sich zu fragen: Wie fühle ich mich eigentlich gerade?

Mit Gefühlen kann man nur dann angemessen umgehen, wenn man sich eingesteht, dass diese überhaupt vorhanden sind. Wenn ich mir zum Beispiel (unbewusst) verbiete, wütend zu sein, dann kann ich kaum akzeptieren, dass ich in bestimmten Situationen Wut empfinde, also unterdrücke ich sie. Damit ist die Wut jedoch nicht aus meinem Körper verbannt, sondern sie schleicht sich lediglich an meinem Bewusstsein vorbei, um an anderer Stelle auszubrechen. Unterdrückte Wut kann sich beispielsweise in psychosomatischen Erkrankungen, in Depressionen, in impulsiven Wutausbrüchen und/oder in passiver Aggression ihren Weg nach außen bahnen. Damit unterliegt sie jedoch nicht mehr meiner Kontrolle. Wenn ich zu einem gesünderen Umgang mit meinen eigenen Gefühlen kommen möchte, ist es im ersten Schritt notwendig, mir meine Gefühle einzugestehen, und im zweiten Schritt zu reflektieren, *warum* ich mich so fühle. Es ist also wichtig, die Zusammenhänge zwischen meinen Gefühlen, meinem Denken und dem äußeren Anlass zu erkennen. Ich werde im Folgenden auf einzelne Gefühle eingehen und die Zusammenhänge zwischen Fühlen, Denken und Handeln erhellen.

Angst

Angstgefühle in ihren unterschiedlichen Ausprägungen wie Nervosität, Anspannung oder Beklemmung sind bei Selbstwertproblemen handlungssteuernd. Die Bewältigung von Angst in unterschiedlichen Situationen ist folglich auch der rote Faden dieses Buches. Trotzdem möchte ich in diesem Abschnitt auf diese Emotion noch einmal gesondert eingehen. Hierbei werde ich allerdings darauf verzichten, auf klinisch relevante Ängste wie etwa Panikattacken oder generalisierte Angststörungen näher einzugehen, weil dies den Umfang dieses Buches überschreiten würde. Gleichwohl können Leser und Leserinnen, die unter krankheitswertigen Ängsten leiden, von den folgenden Ausführungen profitieren.

Angst ist ein Gefühl, das immer in die Zukunft gerichtet ist. Man kann nur *vor* etwas Angst haben, nie hinterher. Hinterher, also nach dem angstauslösenden Ereignis, empfindet man Schmerz, Scham oder auch Erleichterung und Stolz. Das Gefühl der Angst hat den lebensgeschichtlichen Sinn, uns vor gefährlichen Situationen zu warnen und Vorsicht walten zu lassen. Somit ist Angst grundsätzlich ein sinnvolles Gefühl. Blöderweise empfinden wir jedoch, und insbesondere Menschen mit Selbstwertproblemen, auch häufig Angst in Situationen, die objektiv gesehen eigentlich nicht bedrohlich sind. Dies sind Situationen, in denen wir einen vermeintlichen Schaden an unserem Selbstwert, an unserem Ich, oder etwas kritischer formuliert: an unserem Ego nehmen könnten. Ängste, die in Bezug auf unseren Selbstwert auftreten, drehen sich eigentlich immer um eine drohende Blamage und/oder um ein antizipiertes Versagen, das auch schlicht in Form einer persönlichen Zurückweisung empfunden werden kann.

Wie bei all unseren Gefühlen spielt auch bei der Angst die innere Einstellung, die wir zu einer bestimmten Situation haben, die ausschlaggebende Rolle. Ein Ereignis löst nicht zwangsläufig Angst aus – es sind meine Gedanken, die ich mir über das Ereignis mache, die die Angst (Wut, Freude, Trauer etc.) auslösen. Diese vorausgehenden Gedanken sind einem jedoch nicht immer bewusst, sodass wir häufig meinen, es sei das Ereignis an sich, das die Angst auslöste, und nicht unsere Gedanken, die wir uns hierüber machten. Wenn Juliane sich beispielsweise vorstellt, sie müsste vor einem großen Publikum einen Vortrag halten, dann schlägt ihr Herz sofort höher, und sie bekommt feuchte Hände. Diese körperliche Reaktion widerfährt ihr scheinbar ganz automatisch. Sie meint, es sei der Vortrag an sich und die vielen Zuhörer, die sie fürchtete. Das ist jedoch falsch: Tatsächlich flößt sie sich mit ihren eigenen Gedanken Angst ein. Wenn sie sich nämlich auf einer Bühne wähnt, *denkt* sie: Das packe ich nicht; ich werde rot und fange an zu stottern; ich verliere bestimmt den Faden; ich blamiere mich bis auf die Knochen! Diese Gedanken sind es, die sie stressen, und nicht das Ereignis an sich. Wäre es nämlich das Ereignis an sich, dann müsste jeder Mensch Vortragsängste haben. Und das ist definitiv nicht der Fall. So gibt es Menschen, die dies nicht nur gelassen, sondern sogar mit Freude tun. Juliane macht sich mit ihren inneren Szenarien selbst Angst, und dies macht sie so gründlich, dass sie ein entsprechendes Angebot ihres Chefs ablehnt und sich einen beruflichen Aufstieg verbaut.

Patrick hingegen hat kein Problem bei der Vorstellung, einen Vortrag zu halten, und übernimmt den Job. Patrick hat sich ein sehr männliches Selbstbild zurechtgelegt, in dem Ängste wenig Platz haben. Patrick meint, er packt das lässig. Er macht sich für den Vortrag lediglich ein paar Notizen, weil er zum Publikum frei sprechen möchte. Das findet er souveräner. Er kennt sich in seinem Sachgebiet gut aus, ein Stichwortzettel müsste genügen, so denkt er. Als er dann jedoch auf der Bühne steht und die Scheinwerfer auf ihn gerichtet sind, wird ihm plötzlich ganz weich in den Knien, und sein Herz fängt an zu rasen. Plötzlich jagen ihm Horrorszenarien durch den Kopf: Ihm könnte die Stimme versagen, er bekäme einen totalen Blackout, sein Chef hielte ihn für eine Niete und so weiter. Am liebsten würde er abhauen. Er widersteht diesem Impuls jedoch und kämpft sich mehr schlecht als recht durch seinen Vortrag. Diese Panne wäre leicht zu vermeiden gewesen, wenn Patrick sich vorher eingestanden hätte, dass er nicht ganz so cool ist, wie er es gern wäre. Dann hätte er sich nämlich besser vorbereitet.

Juliane war sich nicht hinreichend bewusst, dass sie sich mit ihren eigenen Gedanken, die um Versagen und Blamage kreisten, verrückt gemacht hat, während Patrick, aufgrund seines aufgesetzten Selbstbildes des coolen Typen, seine Ängste und die zugrundeliegenden Gedanken von vorneherein so weit abgeblockt hat, dass er sie im Vorfeld gar nicht bemerkte. In der akuten Situation brachen sie dann jedoch umso mächtiger durch.

Mit seinen Ängsten umzugehen lernen heißt, seine Ängste zu akzeptieren. Und dies bedeutet, sie als einen Teil von sich anzunehmen. Je stärker ein Mensch seine Ängste verachtet und innerlich verdammt, desto lauter werden sie. Denn mit dieser feindlichen Haltung wird die Angst noch geschürt. Der Betroffene leidet dann nämlich doppelt: Zum einen ist da seine Grundangst, beispielsweise einen Vortrag zu halten, und zum anderen wird diese noch durch seine Einstellung zu sich selbst verschärft, nämlich sich seiner Angst zu schämen. So paradox es klingen mag, es ist wichtig, ein entspanntes Verhältnis zu seinen Ängsten zu entwickeln. Es hilft, wenn man seine Angst akzeptiert, ihr ins Gesicht sieht und sie quasi einlädt, einen zu begleiten. Durch diesen wohlwollenden und freundlichen Umgang mit der Angst geht man wohlwollend und freundlich mit sich selbst um. Und ebendiese Selbstannahme ist die gedeihlichste Voraussetzung, um seine Ängste zu besänftigen.

Neben dieser grundsätzlichen Annahme ihrer Angst hätten sowohl Juliane als auch Patrick noch spezifische Maßnahmen ergreifen können, wenn sie sich Folgendes bewusst gemacht hätten: 1. Da gibt es die Situation X, also hier »einen Vortrag vor einem großen Publikum halten«. 2. Wie fühle ich mich bei dieser Vorstellung? Und 3. Warum fühle ich mich so – beziehungsweise, mit welchen

Gedanken mache ich mir diese Gefühle? Es gilt also die Gedanken zu identifizieren, die mir Angst einjagen. Wenn ich mir diese bewusst mache, dann kann ich ihnen gezielt entgegenwirken. So hätte Juliane ihren Gedanken wie folgt begegnen können:

1. »Ich werde rot und fange an zu stottern.« Tatsache ist, dass Erröten eine unwillkürliche Reaktion ist, die man willentlich nicht kontrollieren kann. Frage: Ist es aber wirklich so schlimm, rot zu werden bei einem Vortrag? Die meisten Menschen kennen Vortragsängste und werden das wahrscheinlich ganz sympathisch oder zumindest gar nicht so schlimm finden. Juliane hätte also ihr Erröten akzeptieren können, zum Beispiel durch den Satz: »Dann werde ich eben rot, solange mein Vortrag darunter nicht leidet, ist das doch eigentlich egal. Ich stehe zu meiner Aufregung.« Das Stottern hingegen wäre in ihrem Fall eine Frage der Atemtechnik. Wenn wir aufgeregt sind, neigen wir dazu, das Ausatmen zu vergessen. Dadurch kommen wir leicht ins Japsen, und dies kann dann zum Stottern führen. Hier hätte Juliane trainieren können, regelmäßig ein- und auszuatmen, wenn sie nervös ist. Zudem hätte sie ihren Vortragsängsten entgegenwirken können, indem sie den Vortrag laut übt und ihn mindestens einmal vor Freunden oder ihrer Familie hält. Hierdurch würde ihr der Vortrag nicht nur lesend, sondern auch hörend vertraut. Dies beruhigt beim Auftritt.
2. »Ich verliere bestimmt den Faden!« Hier wäre Juliane mit etwas Nachdenken wahrscheinlich zu dem Ergebnis gekommen, dass sie bei einer guten schriftlichen Ausarbeitung kaum den Faden verlieren kann, schließlich braucht sie sich nur an ihre Aufzeichnungen zu halten. Sofern man sehr gut vorbereitet ist, kann man nämlich im Falle äußerster Nervosität bei einem Vortrag auch auf »Autopilot« schalten. Dies bedeutet, dass man seinen Vortrag so gut kennt, dass man trotz des in-

neren Trommelfeuers aus nervtötenden Gedanken weiterreden kann – so wie man auch eine Routineaufgabe in geistiger Abwesenheit erledigen kann.

3. Den Gedanken »Ich packe das nicht!« beziehungsweise »Ich blamiere mich bis auf die Knochen!« hätte sie schon durch die Entkräftung der Gedanken 1 und 2 reichlich an Schärfe genommen.

Angst ist ursächlich immer an ein Gefühl der Hilflosigkeit geknüpft. So meint man der Angst und ihren Symptomen wie Zittern, Schwitzen, Erröten und infolge dessen Versagen nicht ausweichen zu können. Man fühlt sich seiner Angst ausgeliefert. Dies hängt damit zusammen, dass unser Gehirn eigentlich nur steinzeitliche Methoden kennt, um auf Angst zu reagieren: Flucht, Angriff oder Totstellen. Da es in unserem zivilisierten Leben jedoch oft nicht möglich ist, auf einen dieser drei Wege zurückzugreifen, ohne das Gesicht zu verlieren, müssen wir uns in angstbesetzten Situationen überlegen, wie wir unserer gefühlten Hilflosigkeit mit anderen Strategien als der der Neandertaler begegnen können. Machen Sie sich also bewusst, wovor Sie ganz konkret Angst haben und wie Sie den angsteinflößenden Gedanken und inneren Bildern, die Sie sich zu dieser Situation machen, ebenso konkret entgegenwirken können. Hier können ganz gezielte Maßnahmen, wie im obigen Beispiel, greifen, aber auch allgemeine, die auf viele Situationen passen. Sie könnten beispielsweise darauf achten, dass Sie Ihre »innere Kamera« nicht auf sich selbst, sondern auf das Publikum richten, wie ich es bereits im Abschnitt »Smalltalk« beschrieben habe. Sehr hilfreich kann es auch sein, sein inneres Kind an die Hand zu nehmen und es durch ermunternde und tröstende Worte zu beruhigen, wie Sie dies bereits im Abschnitt »Nehmen Sie Ihr inneres Kind an die Hand!« im Kapitel »Selbstannahme« kennengelernt haben. Ein wirkungsvoller Trick ist auch, das innere Bild, das Sie sich von der Situation machen, zu verändern, indem Sie die anderen Menschen beziehungsweise Ihr Gegenüber vor Ihrem inneren Auge in Sonnenlicht tauchen. Manchen hilft es aber noch mehr, wenn sie sich ihr Gegenüber auf dem Klo vorstellen. Egal wie, durch derartige Visualisierungen nimmt man der Situation etwas an ihrer Bedrohlichkeit. Die Übungen »Moment der Könnerschaft« und die »innere Kraftquelle«, die ich bereits im Abschnitt »Nutzen Sie Ihre Vorstellungskraft« im Kapitel »Selbstannahme« vorgestellt habe, sind ebenfalls hilfreich, um sich etwas aus seiner gefühlten Hilflosigkeit hinsichtlich seiner Angst zu befreien.

Wie ich schon erwähnt habe, spielt bei Ängsten immer die Überlegung, was im schlimmsten Fall passieren kann, eine wichtige Rolle. Denn wir denken die Antwort auf diese Frage häufig nicht zu Ende. Ich hatte einmal einen jungen Polizisten in Psychotherapie, der zwanghafte Ängste mit einhergehenden Panikattacken entwickelt hatte bei der Vorstellung, er könnte versehentlich ein Verkehrsdelikt begehen und dies nicht bemerken, sodass ihm schließlich Fahrerflucht unterstellt würde. Diese Ängste verleiteten ihn immer öfter dazu, rechts ranzufahren und sein Auto sorgfältig auf Unfallspuren zu untersuchen. Zudem traute er sich immer seltener, in seiner Freizeit Auto zu fahren. Im Gespräch mit ihm fand ich keinen Anhaltspunkt aus seiner Kindheitsgeschichte, der auf tiefer liegende, verborgene Ängste hingedeutet hätte, wie beispielsweise eine generelle Angst, die Kontrolle zu verlieren. Es schien tatsächlich so zu sein, dass sich seine Phobie auf dieses eine Thema begrenzte. Ich fragte ihn schließlich, was denn im schlimmsten Fall passieren könnte, und er antwortete prompt: »Dass ich meinen Job verliere!« Daraufhin fragte ich ihn: »Und dann?« Er schauderte regelrecht bei dieser Frage – er hatte sich noch nie getraut, sich diesem Gedanken zu stellen. Plötzlich entspannte er sich jedoch und strahlte: »Das werde ich auch überleben! Dann mache ich eben etwas anderes!« Ruckartig war die Angst von ihm abgefallen, und er beschloss, sofort in sein Auto zu steigen und durch die Gegend zu fahren. Ich stärkte ihn in diesem Entschluss und versicherte ihm, dass er jederzeit einen weiteren Termin haben könne, falls er noch Bedarf verspüre. Das war offensichtlich nicht der Fall, ich habe nie wieder etwas von ihm gehört.

Einer Klientin, die unter Vortragsängsten litt, habe ich die Worst-Case-Frage auch einmal gestellt, und sie antwortete: »Das Schlimmste, was mir passieren könnte, wäre, dass ich weinend aus dem Saal geführt werden muss.« Daraufhin fing sie schallend an zu lachen, weil sie dieses Bild so komisch fand. Wenn sie nervös ist vor einem Vortrag, dann stellt sie sich diese Szene vor und muss dann jedes Mal wieder grinsen. Humor kann oft eine heilsame Wirkung haben.

Ganz entscheidend ist, dass man sich seinen Ängsten stellt. Vermeidung der angstauslösenden Situationen führt zwangsläufig in einen Teufelskreis, weil man durch die Vermeidung nicht die heilende Erfahrung machen kann, dass man seine Angst letztlich bewältigen kann. Im Gegenteil: Durch die Vermeidung bauen sich immer mehr Ängste auf. Deswegen ist es notwendig, sich zu konfrontieren, und zwar so lange, bis die Angst schweigt. Ein Angstanfall hält nämlich höchstens eine halbe Stunde lang an. Danach hat der Körper alle Stresshormone, wie Adrenalin und Cortisol, ausgeschüttet, die Speicher sind leer. Ich selbst leide übrigens unter einer ganz dämlichen Angst: Mir zittern die Hände, wenn ich irgendjemanden – selbst einem Freund – etwas auf dem Klavier vorspielen soll. Alle beruhigenden und positiven Gedanken, die ich mir zu dieser Situation mache, sind ziemlich wirkungslos, sie helfen mir ebenso wenig weiter wie die Einsicht, dass ich am Klavier einfach zu ehrgeizig und mithin peinlicherweise auch zu eitel bin, so sehr fühle ich mich meinem unwillkürlichen Händezittern ausgeliefert. Auch der Gedanke, was im schlimmsten Fall passieren kann, beruhigt mich in diesem Fall nicht, denn der schlimmste Fall wäre, völlig zu versagen, und das finde ich tatsächlich schlimm. Und zwar gerade auch deshalb, weil diese Angst im Vergleich zu anderen Ängsten so lächerlich ist. Und dann bin ich auch noch Psychologin, was sollen denn die Leute denken? Am Klavier versagen bei mir also alle ansonsten so hilfreichen Strategien. Und da bleibt mir nur noch eine Wahl: Ich zwinge mich zum Vorspielen, und zwar genau so lang, bis sich die Angst legt. Spätestens nach einer halben Stunde tut sie dies nämlich, und dann kann ich mit ruhigen Händen spielen. Bis dahin müssen meine lieben Freunde mein »Versagen« aushalten.

Aggression

Aggressionen spielen bei Selbstwertproblemen immer eine wichtige Rolle. Entweder weil der Betroffene sie zu stark unterdrückt, oder weil er sie zu wenig unter Kontrolle hat. Grob kann man sagen, dass die Betroffenen von der Harmoniefraktion ihre Aggressionen zu stark unterdrücken und jene von der Zickenpartei ihre Aggressionen zu impulsiv ausagieren.

Aggression beziehungsweise Wut als Emotion hat den lebensgeschichtlichen Sinn, uns in einer bedrohlichen Situation verteidigen zu können, uns zu wehren, im Extremfall sogar unser Leben zu retten. Das Problem in unserem zivilisierten Leben ist jedoch, dass die Situationen, in denen wir uns bedroht fühlen und meinen, uns wehren zu müssen, nicht immer so eindeutig sind. Ich meine, wenn mir jemand den Schädel einschlagen will, dann ist die Rechtslage ja ganz klar: Ich darf und ich muss mich wehren. Wie sieht es aber aus, wenn ein Bekannter mich nicht begrüßt? Wenn mein Partner mit mir meckert? Ein Kollege meine Vorschläge ignoriert? Viele Menschen mit niedrigem Selbstwert quälen sich mit Zweifeln, ob sie die Situation, ihren Kollegen, ihren Partner, ihre Chefin, deren Handlungen und Worte überhaupt richtig deuten. Sie sind sich nicht sicher, ob überhaupt ein Angriff auf ihre Person erfolgt ist. Oder: Sie sind sich dessen sicher, meinen aber, sie hätten keine Chance in einer Auseinandersetzung, weil sie den Angreifer als überlegen wahrnehmen. Und/oder sie wollen weiterem Ärger aus dem Weg gehen und hoffen, dass sich alles von selbst bereinigt. Deswegen unterdrücken viele Menschen mit niedrigem Selbstwert ihren Ärger und schweigen. Wie ich jedoch schon mehrfach erklärt habe, verschwindet die Wut damit in der Regel nicht, sondern sie staut sich auf und findet Schlupflöcher. Für Konfliktscheue ist es deswegen wichtig, dass sie sich ihrer Aggressionen bewusst werden, um einen – für sie und ihre Mitmenschen – gesunden Umgang mit ihnen zu üben.

Für konfliktscheue Menschen ist Wut zunächst einmal eine bedrohliche Emotion, weil sie etwas Zerstörerisches haben kann. Die Betroffenen wollen aber nicht zerstören, sie wollen erhalten, sie wollen gemocht werden. Deswegen unterdrücken sie auch angebrachte Aggressionen. Diese richten sie dann jedoch, zumeist unbewusst, oft gegen sich selbst, und wenn sie dies auf Dauer tun, laufen sie Gefahr, körperlich krank oder depressiv zu werden. Und/oder sie leben ihre Wut auf unterirdischen Wegen gegen den Angreifer aus, indem sie sich beispielsweise an anderer Stelle an ihm rächen, ohne dass er einen Zusammenhang zwischen seiner Tat und dem Racheakt erkennen kann. Oder sie üben sich im passiven Widerstand und lassen ihr Gegenüber gegen eine gläserne Wand laufen, ziehen sich heimlich aus dem Kontakt zurück, werden vergesslich oder bockig, wenn es um andere Themen als den eigentlichen Anlass ihres Verdrusses geht.

Wenn Sie zu jenen gehören, die entweder kaum Wut verspüren oder ihre Wut unterdrücken, dann wäre es gut, wenn Sie einen besseren Zugang zu diesem Gefühl gewinnen könnten. Sie sollten sich also zunächst einmal erlauben, Wut zu empfinden. Machen Sie sich klar, dass Wut und Aggression Empfindungen sind, die zu Ihnen gehören und die Ihnen helfen können, um für sich und auch für andere geradezustehen. Zudem ist Wut eine wichtige Voraussetzung, um sich aus einer Beziehung zu lösen, die einem nicht guttut. Psychologen sprechen in diesem Zusammenhang auch von der sogenannten Trennungsaggression. Dieser Ausdruck bezieht sich ursprünglich auf die frühe Mutter-Kind-Beziehung. Ein Kleinkind benötigt Aggression, um sich zu einem selbstständigen Wesen zu entwickeln. Vor allem in der Trotzphase, in der das Kind bestrebt ist, seine Autonomie zu verteidigen, benötigt es Trennungsaggression. Es schreit dann wütend Nein oder schlägt nach der Mutter, um sich zu behaupten. Ein gewisses Maß an Trennungsaggression benötigen wir auch als Erwachsene, um eine gesunde Distanz zu Menschen aufzubauen, die uns schaden, beziehungsweise um sie nötigenfalls zu verlassen.

Wir kommen nicht ohne ein gewisses Maß an Aggression aus, um ein selbstbestimmtes Leben zu führen. Aggression verleiht uns Stärke. Ich erlebe öfter in Gesprächen mit Klienten, die aggressionsgehemmt sind, dass *ich* an ihrer Stelle wütend werde. Zum Beispiel dann, wenn sie erzählen, wie respektlos sie ihr Partner behandelt, welche Frechheiten er ihnen an den Kopf wirft. Die Betroffenen selbst macht das Verhalten ihres Partners jedoch eher traurig. Ich frage sie dann, ob sie der mangelnde Respekt ihres Partners denn nicht auch wütend mache. Viele antworten dann halbherzig, doch, es mache sie schon wütend … aber sie wirken hierbei wie gelähmt. Ich bitte sie dann, den Funken an Wut, den sie gerade noch verspüren können, innerlich zu fokussieren und ihm Raum zu geben. Häufig verändert sich dann die Haltung des Klienten, er oder sie richtet sich auf, wird stärker. In diesem Moment verzieht sich das Selbstmitleid, und der Entschluss, sich zu wehren, nimmt stattdessen in ihm oder ihr Platz.

Ich habe bereits erwähnt, wie wichtig es ist, sich rechtzeitig zur Wehr zu setzen und die Ärgernisse nicht zu lange auflaufen zu lassen. Manche Menschen stauen ihre Wut nämlich so lange auf, bis sie so groß ist, dass sie ihre Ängste übersteigt. Da der Angstpegel jedoch sehr hoch ist, benötigen sie für dessen Überwindung einen richtigen Wutschub – und dann fliegen die Fetzen! Nicht selten zur großen Verwunderung ihrer Zielperson, die bis dahin wenig von dem inneren Aufruhr des Betroffenen ahnte. Diese Aufschub-Taktik macht deutlich, dass Wut eine probate Emotion ist, um Angst zu überwinden. Allerdings sollte die Wut eine möglichst zivilisierte Ausdrucksform finden, und dies geht am besten, wenn sie nicht bereits auf ihren Maximalpegel angestiegen ist, weil sie dann tatsächlich mehr zerstören als gutmachen kann.

Lesern und Leserinnen, die ein Problem damit haben, ihre Wut rechtzeitig wahrzunehmen und angemessen auszudrücken, empfehle ich die folgenden Schritte:

1. Gehen Sie in sich und spüren Sie, ob ein bestimmtes Verhalten Wut in Ihnen auslöst. Lassen Sie diese Empfindung zu.
2. Betrachten Sie diese Wut. Was *genau* macht Sie am Verhalten des anderen so wütend?
3. Analysieren Sie, ob diese Wut auch etwas mit Ihnen zu tun hat. Ist sie tatsächlich berechtigt? Oder resultiert sie möglicherweise aus Ihren Unterlegenheitsgefühlen oder aus einer früheren Beziehung, die Sie lediglich auf Ihr aktuelles Gegenüber übertragen? (Wie im Beispiel von Jonas, das im Abschnitt »Wenn Argumente nicht weiterhelfen« beschrieben wurde.)
4. Erforschen Sie, was jetzt Ihr übliches Verhalten wäre: Rückzug, Trauer, Angst vor Streit und Verlust, Schweigen, Rache? Oder würden Sie den Anlass Ihrer Wut verharmlosen, sodass Sie keine Wut mehr empfinden müssten?
5. Überlegen Sie sich, wie Sie den Konflikt mit der betreffenden Person auf eine angemessene Weise klären können. Hierfür finden Sie im Kapitel »Kommunikation« zahlreiche Hilfestellungen.

Machen Sie sich bewusst, dass Wut und Angst in der Regel Gegenspieler sind. Ihre gesunden Aggressionen werden häufig durch Ihre Ängste blockiert, etwas falsch zu machen und abgelehnt zu werden. Machen Sie sich klar, dass die Umwege, die Ihre Wut nehmen kann, nicht selten unfairer sind als ein offenes Wort zur rechten Zeit. Je früher Sie sich eingestehen, wütend zu sein, desto besser können

Sie Ihren Ärger konstruktiv formulieren und somit Ihrem Gegenüber eine Chance geben. Wenn das auf Dauer auch nicht hilft, kann Ihre Wut Ihnen den nötigen Schwung verleihen, sich aus der Beziehung zu lösen.

Nun möchte ich auf jene zu sprechen kommen, die eher unter ihrer Impulsivität leiden, die sich also wünschten, sie könnten ihre Wut manchmal im Zaum halten. Jähzorn liegt eigentlich immer das Problem zugrunde, dass die Betroffenen nicht den wahren Auslöser ihres Ärgers erkennen. Bei ihnen ist die Reiz-Reaktions-Schwelle sehr niedrig. Das heißt, sie gehen schnell hoch und bemerken hierbei nicht, dass sie zwischen dem scheinbaren Anlass ihres Ärgers und ihrer Reaktion eine blitzschnelle gedankliche Interpretation vornehmen, die für ihren Wutschub verantwortlich ist. Zwischen dem scheinbaren Anlass und ihrer hitzköpfigen Reaktion liegt also ein sogenannter blinder Fleck. Es gilt, den blinden Fleck zu identifizieren, und zwar bevor das automatische Programm startet. Bei allen negativen Erregungszuständen ist es wichtig, diese möglichst in der »Aufwärmphase« zu regulieren. Ist man nämlich erst einmal in ihnen gefangen, schafft man es zumeist nicht mehr, sich zu bremsen. Der blinde Fleck ist die *subjektive Interpretation* der Situation. Es gibt also einen Anlass X, zum Beispiel irgendeine Bemerkung, auf den blitzschnell und häufig unbewusst eine persönliche Interpretation erfolgt. Auf diese *Interpretation* folgt dann die impulsive Reaktion. Derartige Interpretationen können auch neutrale oder gar wohlwollende Bemerkungen eines Mitmenschen als einen persönlichen Angriff erscheinen lassen. Im Kern drehen sich diese negativen Interpretationen immer um tiefere Kränkungen. Ich hatte mal eine Klientin, die zu mir kam, weil sie häufig zu gereizt und aggressiv auf ihr zweijähriges Kind reagierte. Wir analysierten dann gemeinsam konkrete Situationen, in denen ihr Kind in ihr Aggressionen auslöste. Schnell stellte sich hierbei heraus, dass sie in das Verhalten ihres Kindes häufig eine persönliche Ablehnung als Mutter hineindeutete. So interpretierte sie beispielsweise einen bestimmten Blick ihres Sohnes als einen persönlichen Angriff: Jetzt guckt er mich schon wieder so provozierend an. Der hat doch gar keinen Respekt vor mir! Und prompt schnauzte sie ihn an. Ihr war bis dahin nicht bewusst, dass es nicht der Blick ihres Sohnes war, der sie verärgerte, sondern ihre Interpretation desselben. Nach meiner bisherigen Erfahrung werden Wutausbrüche oder auch nur bissige Bemerkungen in den allermeisten Fällen durch eine persönliche Kränkung ausgelöst, und zwar unabhängig davon, ob diese durch das Gegenüber, objektiv betrachtet, erfolgt ist oder nicht. Wer also seine Impulsivität zügeln möchte, sollte an seiner Kränkbarkeit arbeiten. Vielleicht erinnern Sie sich, dass ich am Anfang dieses Buches eine Art innere Dauerwunde bei selbstunsicheren Menschen beschrieben habe. Unter der akuten Wut, die in einer bestimmten Situation empfunden wird, liegt also in der Regel eine tiefere Kränkung, die mit der aktuellen Situation zumeist wenig zu tun hat – sie wird lediglich durch diese aktiviert. Wenn ein Mensch sich beispielsweise aufgrund seiner Kindheitsgeschichte schnell abgelehnt und zurückgewiesen fühlt, dann braucht es häufig nicht viel, um in ihm dieses Gefühl wieder auszulösen, so wie bei der Mutter mit dem zweijährigen Kind. Sie vermischte unbewusst ihre früheren Kindheitserfahrungen mit ihrer Beziehung zu ihrem Sohn. Falls Sie zu den Betroffenen gehören, empfehle ich Ihnen, die folgenden Schritte zu unternehmen:

1. Identifizieren Sie typische Situationen, in denen Sie hochgehen. Durchsuchen Sie Ihr Gedächtnis hierfür nach konkreten Situationen, die Sie erlebt haben. An konkreten Situationen kann man am besten das Reiz-Interpretation-Reaktions-Muster analysieren. Notieren Sie sich auf einen Zettel, was der vermeintliche Angreifer – möglichst objektiv – tatsächlich gesagt oder getan hat. Dahinter schreiben Sie auf, wie Sie dies interpretiert haben. Dann notieren Sie sich, wie Sie reagiert haben.

2. Versuchen Sie, den roten Faden, die Gemeinsamkeit der Situationen herauszufinden. So werden Sie wahrscheinlich feststellen, dass es sich hierbei häufig um Situationen handelt, in denen Sie sich abgewertet, übergangen oder abgelehnt fühlen. Suchen Sie nach der inneren Dauerwunde in Ihrem Leben. Welche tiefere lebensgeschichtliche Kränkung liegt möglicherweise hinter all diesen akuten Auslösern?
3. Wenn Sie Ihren wunden Punkt identifiziert haben, dann nehmen Sie als innerer »guter Erwachsener« Ihr inneres Kind an die Hand und trösten Sie es für die Verletzungen, die ihm in seiner Kindheit zugefügt wurden (siehe auch »Nehmen Sie Ihr inneres Kind an die Hand!« im Kapitel »Selbstannahme«). Machen Sie dem Kind aber auch klar, dass das nächste Mal, wenn das Kind sich wieder angegriffen fühlt, der Erwachsene die Situation regeln wird.
4. Versuchen Sie, sich auf zukünftige Situationen vorzubereiten, indem Sie sich ganz bewusst machen, dass Sie beziehungsweise das innere Kind in Ihnen seine früheren Kränkungen auf die aktuelle Situation überträgt. Versuchen Sie diese beiden Anteile, also die Vergangenheit und die Gegenwart, voneinander zu trennen.
5. Legen Sie sich erwachsene Strategien zurecht, wie Sie derartige Situationen zukünftig handhaben möchten. Ganz wichtig ist hierbei, dass der erwachsene, vernünftige Anteil in Ihnen die Oberhand behält. Konstruktive Strategien finden Sie im Kapitel »Kommunikation«.
6. Nehmen Sie sich das chinesische Sprichwort zu Herzen: »Wenn du in einem einzigen Moment des Zorns geduldig bist, ersparst du dir hundert Tage des Kummers.«

Sowohl für die Wutunterdrücker als auch für die Hitzköpfigen gilt, einen möglichst bewussten und reflektierten Umgang mit ihren Aggressionen zu finden. Je bewusster wir uns unserer inneren Kränkungen, Wünsche, Motive und der damit einhergehenden Emotionen und Gedanken sind, desto besser können wir sie verwalten.

Trauer und Depression

Ängstlich-niedergedrückte Stimmungen bis hin zu depressivem Erleben sind häufig eine Auswirkung von Selbstwertproblemen. Die Angst, es nicht zu schaffen, wird nicht selten als eine generelle Lebensangst empfunden. Angst und Depressionen gehen oft Hand in Hand, deswegen spricht man auch von ängstlich-depressivem Erleben. Davon abzugrenzen ist eine normale Reaktion der Trauer auf einen realen Verlust, wie beispielsweise der Tod eines geliebten Menschen.

Was unterscheidet das depressive Erleben von einer normalen Trauerreaktion? In erster Linie der konkrete Anlass. Wenn ein Mensch trauert, dann weiß er, um was er trauert. Trauer wird durch einen Verlust ausgelöst. Dieser Verlust kann sich auf die unterschiedlichsten Lebensbereiche beziehen, so kann man um den Verlust eines Menschen, eines Tieres oder eines wertgeschätzten Gegenstandes trauern. Man kann traurig sein, weil man eine persönlich wichtige Leistung oder Anerkennung nicht erreicht hat. Man kann um den Verlust seiner Gesundheit trauern, um den seiner Jugend, über die Vergänglichkeit jeglichen Daseins als solche. Man kann wegen einer persönlichen Kränkung, wegen einer Zurückweisung trauern. Der trauernde Mensch weiß, warum er traurig ist. Vor ihm liegt die Aufgabe, diese Trauer zu bewältigen.

Bei der depressiven Form der Trauer ist weniger der akute und konkrete Anlass ausschlaggebend denn frühe lebensgeschichtliche Erfahrungen und Kränkungen, die zu der Ausbildung eines geringen Selbstwertgefühls mit all seinen Nebenwirkungen geführt haben.

Depressives Erleben ist auch weniger gekennzeichnet durch ein vitales Erleben von Trauer als vielmehr – und für die Leidenden noch viel schlimmer – durch ein Gefühl der inneren Leere. Die Betroffenen wünschen sich häufig, sie könnten Trauer empfinden, weil diese wenigstens noch ein lebendiges Gefühl wäre. Die Depression kann psychologisch als eine Art »Totstellreflex« zum Selbstschutz verstanden werden: Der ganze seelische Apparat des Betroffenen fährt auf ein Minimalniveau herunter. Der Depressive macht zu, er empfindet kaum noch Schmerz – vergleichbar mit der Ohnmacht auf körperlicher Ebene.

Das Spektrum reicht von leichten depressiven Verstimmungen, mit denen der Mensch noch im Großen und Ganzen handlungsfähig bleibt, bis hin zur sogenannten Major Depression, also der schweren Depression, bei der gar nichts mehr geht. Der schwer Depressive kommt kaum noch aus dem Bett, er ist vollkommen antriebslos. Manchmal fehlt ihm – glücklicherweise – noch der Antrieb zum Selbstmord. Betroffene erleben einen qualvollen Zustand der seelischen Lähmung.

Das in den letzten Jahren in den Medien häufig besprochene »Burnout-Syndrom« ist eine Variante depressiven Erlebens. Hierbei handelt es sich um eine sogenannte Erschöpfungs-Depression. Sie wird ausgelöst durch ein langjähriges und extremes Bemühen eines Menschen, beruflich – und häufig auch privat – sein Bestes zu geben, wobei er sich zugleich als wenig erfolgreich erlebt. Es handelt sich um einen entweder objektiv oder subjektiv lang anhaltenden und nicht zu bewältigenden Stress, der die Symptome von Ausgebranntsein, innerer Leere und Lähmung hervorruft.

Gemeinsamkeit aller depressiven Erlebensweisen ist ein innerer Zustand der »gefühlten Hilflosigkeit«. Die Betroffenen fühlen sich wehrlos und somit hilflos. Hierfür bietet ein geringes Selbstwertgefühl den besten Nährboden. Deswegen lege ich in diesem Buch so viel Wert darauf, unsicheren Menschen Strategien zu vermitteln, mit denen sie handlungsfähig bleiben. Solange ich der Überzeugung bin, auf mein Schicksal noch einen Einfluss nehmen zu können, bleibe ich aktiv. Handeln ist das Gegenteil von Depression.

Wenn ich jedoch der subjektiven Überzeugung bin, dass ich keine Chance habe, dann laufe ich Gefahr zu resignieren. Resignation könnte man auch als Synonym für »Depression« verwenden. Entscheidend hierbei ist das Wort »subjektiv«. Die Betroffenen neigen aufgrund ihres geringen Selbstwertgefühls grundlegend dazu, sich als wehrlos und: wertlos! zu empfinden. Die subjektive Überzeugung, wertlos zu sein, verbindet sich mit der subjektiven Einschätzung, sich nicht wehren zu können – sich nicht wehren zu dürfen. Mit der gefühlten Hilflosigkeit geht nämlich im depressiven Erleben eine massive Abwertung der eigenen Person, des Selbstwertes einher. Im Grunde genommen ist das depressive Erleben lediglich ein übersteigerter Zustand eines geringen Selbstwertgefühls. Das heißt, die grundlegenden Symptome eines niedrigen Selbstwertgefühls, wie Selbstabwertung, Hilflosigkeit und Versagensangst, maximieren sich im Zustand der Depression. Anstatt zu kämpfen, wird sich eingemauert, zurückgezogen, totgestellt. An dieser Stelle wird die Funktion der Aggression nochmals deutlich: Aggression ist der Gegenspieler zur Depression. Aggression macht uns handlungsfähig, weil sie uns Kraft gibt. Ein in der Depression gefangener Mensch verspürt hingegen keine Aggression, er fühlt sich kraftlos, gelähmt, resigniert. Dies bedeutet jedoch nicht, dass er keine Aggressionen in sich bereithielte. Seine Aggressionen sind lediglich eingemauert – sie finden keine gesunde Ausdrucksform. Gesunde Aggression wird im Zustand der Depression erstickt im Vakuum der inneren Leere. Die Aggression richtet sich dann gegen den Betroffenen selbst. Und indirekt auch gegen seine Umgebung, nämlich indem der Betroffene einfach ausfällt und (vielleicht zum ersten Mal in seinem Leben) nicht mehr funktioniert.

Ein Beispiel: *Leonie, eine 36-jährige Lehrerin, kam zu mir in die Psychotherapie, weil sie unter Depressionen litt. Sie beschrieb sich als kraftlos, antriebslos und niedergeschlagen. Sie empfinde keine Lebensfreude mehr, keine Aktivität mache ihr noch Spaß. Alles fühle sich unendlich anstrengend und freudlos an.*

Leonie ist als Einzelkind in einem Dorf in der Eifel aufgewachsen. Ihre Mutter beschrieb sie als eine liebe, aber schwache Frau. Ihr Vater sei »streng, aber gerecht« gewesen. Er wollte seine Tochter optimal fördern, sowohl schulisch als auch in der Ausübung von sportlichen und musikalischen Hobbys. Der Vater war für Leonie zwar berechenbar – so gab es klare Regeln –, jedoch blieb ihr wenig Raum zur freien Entfaltung. Ihre Mutter sah vieles lockerer als ihr Vater, jedoch setzte sie sich nicht gegen ihn durch und konnte Leonie somit auch nicht vor dessen sehr strengen Anforderungen schützen. Mithin war die Mutter Leonie auch ein schwaches Vorbild in puncto Selbstbewusstsein. Der Vater übte sehr viel Druck auf Leonie aus. Diskussionen halfen nichts. Letztlich musste sie sich seinen Vorschriften beugen. Die Mutter tröstete sie zwar heimlich und verhalf ihr hinter dem Rücken des Vaters auch manchmal zu Freiräumen, aber das milderte Leonies Stress nur unwesentlich. Leonie konnte also als Kind und Jugendliche kaum die Erfahrung machen, dass sie einen eigenen Willen haben darf. Entsprechend lernte sie auch nicht, sich selbst zu behaupten. Dafür lernte sie Pflichterfüllung und Disziplin, sie lernte zu gehorchen. Dagegen wäre nichts einzuwenden gewesen, wenn sie zugleich die Erfahrung hätte machen dürfen, dass ihre Entscheidungen und ihr Wille auch etwas gelten. Dann hätte sie nämlich gelernt, sich eigenverantwortlich je nach Situation entweder anzupassen oder durchzusetzen. So fehlte es ihr jedoch an Durchsetzungsvermögen und durch ihr jahrelanges Training in Bedürfnisunterdrückung auch an eigenem Willen. Leonie hatte durch den Drill ihrer Kindheit keinen guten Zugang zu ihren Wünschen und Gefühlen gewonnen – zu wenig Chance auf Beachtung hatten diese. Als Erwachsene funktionierte Leonie, aber sie gestaltete ihr Leben wenig. Auch als Erwachsene passte sie sich den gestellten Erwartungen an sie an – sei es beruflich oder privat. Ärger unterdrückte sie weitgehend, so hatte sie es gelernt: »Aufmucken bringt nix!« In ihrer Ehe ordnete sie sich – wie ihre Mutter – weitgehend den Wünschen ihres Mannes unter. Im Beruf bemühte sie sich, ihr Bestes zu geben. Zudem lud sie sich viele Pflichten freiwillig auf.

Leonie gehörte immer zu den Ersten, die sich anboten, auszuhelfen oder kleine Ehrenämter zu übernehmen. Sie überforderte sich aus freien Stücken in der Ausübung von Pflichten und der Erfüllung von Erwartungen. Sie hatte die Erziehung ihres Vaters so weit verinnerlicht, dass sie sich jetzt auch ohne seine Überwachung nach dessen Maßstäben verhielt. Das innere Kind in Leonie hatte noch nicht verstanden, dass es inzwischen frei ist. Es hatte noch nicht bemerkt, dass keine Eltern mehr da sind, die ihm Vorschriften machen können. Es hatte noch nicht begriffen, dass es inzwischen groß ist und sich wehren kann. Gewohnheitsmäßig unterdrückte Leonie ihre eigenen Wünsche und diente. Da ihr Ehemann im Vergleich zu ihrem Vater noch recht großzügig war, fiel ihr auch nicht auf, dass sie sich nicht nur beruflich verausgabte, sondern auch häufig hinter ihrem Ehemann zurücksteckte. Allein ihre zunehmende Erschöpfung und ihre Antriebslosigkeit schienen ihr Leidensdruck zu bereiten. Sie funktionierte einfach nicht mehr so wie früher.

Leonies Geschichte, die in zahlreichen Varianten vorkommt, ist typisch für das Entstehen einer Depression. Die Entwicklung einer Depression geht häufig einher mit einer »depressiven Persönlichkeitsstruktur«. Diese kennzeichnet sich durch ein geringes Selbstwertgefühl, einen blockierten Zugang zu den eigenen Gefühlen und Bedürfnissen und einen Mangel an Durchsetzungsvermögen.

Willensstarke Menschen werden selten depressiv. Sie setzen sich Ziele und kämpfen für diese. Sie nutzen ihre Verhandlungsspielräume und, im positiven Sinne, ihr aggressives Potenzial. Hiervor schrecken hingegen unsichere und depressive Naturen zurück. Sie meinen, es gehöre sich nicht, sich zu behaupten, das sei egoistisch, und Aggression sei etwas Schlimmes. Beides ist falsch. Ein gesundes Maß an Durchsetzungskraft und Aggression ist gut. Wenn Leonie zum Beispiel immer so weitergemacht hätte, wäre ihre Ehe in die Brüche gegangen, und beruflich wäre sie ausgebrannt. Wem hätte das genutzt? Wo liegt für Leonie und für die Gemeinschaft der

Vorteil in dieser falschen Bescheidenheit? Das Problem ist, dass eine dauerhafte Unterdrückung der selbstbezogenen Bedürfnisse früher oder später ins Scheitern führt, sowohl in beruflicher als auch in privater Hinsicht. Wenn sich die Selbstverleugnung bis zu einer Depression steigert, wird dieses Scheitern besonders deutlich: Der Mensch, der immer bemüht war, alles richtig zu machen und zu funktionieren, fällt plötzlich aus. Nichts geht mehr. Da ist es sinnvoller, sich immer mal wieder zu behaupten und sich nicht nur um andere, sondern auch um sich selbst zu kümmern. Hierdurch tankt man seine Batterien auf und bleibt somit auch langfristig der Gemeinschaft erhalten. Die Sorge für sich selbst ist letztlich eine reife Form der Eigenverantwortung, weil man selbst die Verantwortung für sich übernimmt und nicht darauf hofft, dass irgendwann jemand kommt, der einen aus seinem Schicksal erlöst.

Hinter den depressiven Symptomen, die den Betroffenen lahmlegen, verbirgt sich häufig auch, versteckt im Unbewussten, ein geballtes Maß an Aggression. Dies zeigte sich auch in der Psychotherapie mit Leonie. Unbewusst diente ihre Depression ihr dazu, sich zu verweigern. Sich zu verweigern, Nein zu sagen, war jedoch genau das, was sie sich normalerweise nicht traute. Leonie erkannte im Verlauf der Gespräche, dass es sich bei ihrer Depression eigentlich um eine Art des passiven Widerstands handelte. Sie hatte durch ihre hohe Anpassungsbereitschaft ein gewaltiges Maß an kalter Wut, also passiver Aggression, in sich aufgeladen, die sich in eine Depression transformierte, weil Leonie keinen konstruktiven Umgang mit Aggressionen erlernt hatte. Auch wenn Leonie selbst am meisten unter ihren Depressionen litt, so hatten diese doch auch den »Krankheitsgewinn« für sie, dass sie etwas zur Ruhe kam. Ihre Depressionen verhalfen ihr zu einem Ausmaß an Erschöpfung, dass sogar *sie* plötzlich Nein sagen konnte. Beziehungsweise musste sie noch nicht einmal mehr Nein sagen, *sie konnte einfach nicht mehr.* Unbewusst diente ihr die Depression als Rechtfertigung, nicht mehr zu funktionieren. Ebenso unbewusst rächte sie sich hierdurch auch an ihrem

Mann und all jenen, denen sie sich bis dahin – freiwillig – unterworfen hatte. Auch dies wurde ihr im Verlauf der Gespräche erschreckend klar. Leonie fing daraufhin an, mehr Verantwortung für ihre Gefühle zu übernehmen. Sie lernte für sich selbst zu sorgen, sprich: sich Pausen und Erholung zu gönnen. Dies hatte zur Folge, dass sie nicht mehr zu allem Ja sagte und manche Bitte abschlagen musste. Hierdurch wurde sie jedoch für ihre Mitmenschen greifbarer, so wusste man besser, woran man mit ihr ist. Leonie gab die Hoffnung auf, dass ihr Leben sich *irgendwie* noch einmal ändern würde, sondern fing stattdessen an, ihr Schicksal selbst in die Hand zu nehmen. Sie verdrängte nicht mehr, wenn sie wütend war, sondern setzte sich mit ihrer Wut beziehungsweise deren jeweiliger Zielperson auseinander. Hierdurch machte sie die Erfahrung, dass »reden hilft« und dass sie auf viel mehr Verständnis für ihre Anliegen trifft, als sie je angenommen hatte. Dem inneren Kind in Leonie wurde klar, dass nicht alle Menschen sind wie Papa und dass es Verhandlungsmöglichkeiten gibt. Der erwachsenen Frau wurde klar, dass sie sich unbewusst an ihrer Mutter orientiert hatte. Leonie fing an, ihre eigenen Wertmaßstäbe zu entwickeln. Während ihres Veränderungsprozesses stellte sie überrascht fest, dass ihr Ehemann ihre Entwicklung begrüßte. So stellte sich in gemeinsamen Gesprächen mit ihm heraus, dass er seine dominante Rolle auch deswegen eingenommen hatte, weil Leonie selbst wenig klare Wünsche in ihrer Beziehung geäußert hatte. Es entlastete ihn, dass Leonie nunmehr sagte, was sie wollte, und er der Aufgabe enthoben war, ihre Gedanken zu lesen, die er sowieso nie lesen konnte, was früher sowohl zu Leonies Verdruss als auch zu seinem beigetragen hatte.

Scham und Schande

Scham ist eines der tiefgreifendsten und existenziellsten Gefühle, das uns überkommen kann, denn sie erfasst uns vom Scheitel bis zur Sohle. Scham hilft dem Menschen, sich an die Gemeinschaft anzupassen und zu lernen. Sie reguliert unser Benehmen. Das ist ihr Sinn. Wenig Sinn hat es hingegen, wenn man sich ständig und für geringste Anlässe schämt. Dies kann jedoch eine der unangenehmsten Begleiterscheinungen eines geringen Selbstwertgefühls sein. Die Betroffenen wünschen sich häufig, am liebsten im Erdboden zu versinken. Dieser Wunsch, den Blicken der anderen zu entschwinden, am liebsten gar nicht mehr da zu sein, zeigt, wie existenziell bedrohlich Scham erlebt werden kann.

Im Unterschied zu anderen Gefühlen richtet sich Scham immer auf ein Gegenüber. Scham hat immer etwas mit »gesehen werden« zu tun. Es ist der abwertende, spottende, verächtliche Blick der anderen, der dazu führt, dass wir uns schämen. Dabei ist es nicht wichtig, ob dieser Blick sich tatsächlich auf uns richtet oder ob wir ihn nur fantasieren. Letzteres geschieht, wenn wir uns vor unserem inneren Auge Zeugen unseres Versagens vorstellen. Ärger oder Angst hingegen können auch losgelöst von anderen Menschen auftreten. So beispielsweise die Angst vor Krankheit und Tod oder der Ärger über eine kaputte Waschmaschine. Scham hingegen ist gebunden an die Interaktion mit anderen, auch wenn diese anderen nur in unserem Kopf herumspuken. Deswegen sind selbstunsichere Menschen auch besonders anfällig dafür, sich zu schämen. Scham lässt sie ihre Unterlegenheit, ihre Unzulänglichkeit mit Wucht empfinden. Scham ist eine soziale Bedrohung.

Das Perfide an der Scham ist, dass es für sie keinen Ausweg gibt. Wenn wir uns schämen, dann ist es schon zu spät und kann durch nichts mehr rückgängig gemacht werden. Es gibt nicht, wie bei der Schuld, die Möglichkeit der Wiedergutmachung, denn bei der Scham ist man selbst das Opfer. Schlimme Scham kennt auch keine Verjährung. So kann man noch Jahre nach einem beschämenden Erlebnis glühende Attacken der Scham verspüren, wenn man sich daran zurückerinnert.

Scham stellt sich ein, wenn wir einen sichtbaren Makel haben oder eine gefragte Leistung einfach nicht vollbringen können. So schämt man sich, weil man vergessen hat, den Reißverschluss der Hose hochzuziehen, oder weil man durch eine Prüfung gefallen ist. Es sind konkrete Anlässe des Versagens, für die es Zeugen und Mitwisser gibt. Peinlich ist, was unsere Schwächen bloßstellt. Peinlich ist, was sozial unerwünscht ist. Peinlich ist, belächelt, ausgelacht, gehänselt oder gedemütigt zu werden. Wenn dieser Fall eintritt, schämt sich eigentlich jeder. Selbstunsichere hingegen haben, vor allem wenn sie stark verunsichert sind, grundlegend das Gefühl: Ich bin ein Fehler! Irgendwie verkehrt zu sein und nicht zu genügen ist bei ihnen so eine Art Lebensgefühl. Sie tragen die von mir schon häufig erwähnte innere Dauerwunde in sich, die nicht viel Salz benötigt, um zu brennen. Diese innere Dauerwunde führt zu einer stark verzerrten Selbstwahrnehmung. So reicht es bei manchen Geplagten schon, wenn sie einfach nur einen menschengefüllten Raum betreten, um sich zu schämen, weil sie hierdurch für andere sichtbar werden. Wenn ich jedoch ein Fehler bin, dann will ich nicht gesehen werden. Die Steigerung dieser Zurschaustellung der eigenen Fehlerhaftigkeit ist das zusätzliche Erröten. Jetzt sieht man nicht nur meinen Fehler an sich, sondern *auch* noch meine Unsicherheit ob desselben. Da hilft es noch nicht einmal mehr, »des Kaisers neue Kleider« zu spielen. Game over. Tiefe Hilflosigkeit stellt sich ein. Die Situation ist nur zu lösen, indem ich mich selbst am besten in Luft auflöse. Auch diese Formulierung zeigt, wie existenziell vernichtend Scham erlebt wird. Wenn wir uns nun vorstellen, dass unsichere Menschen, insbesondere sehr unsichere Menschen, sich im tiefsten Inneren als »nicht okay« empfinden, dann ist es psycho-logisch, dass sie sich eigentlich schämen, überhaupt da zu sein. Dieser existenziellen Scham versuchen sie auszuweichen, indem sie zum einen möglichst alles, aber auch wirklich alles richtig machen. Und zum anderen, indem sie so wenig wie möglich von sich zeigen. Die Tarnkappe ist ihr wichtigstes Kleidungsstück. Sowohl das Perfektionsstreben als auch das Versteckspiel kostet enorm viel Lebensenergie. Die Betroffenen fühlen sich deswegen auch häufig gestresst und müde.

Ich habe nicht wenige Klienten, die unter Gefühlen der existenziellen Scham leiden. Dabei ist ihnen das selbst in dieser Tragweite häufig gar nicht so bewusst. An der Oberfläche leiden sie darunter, dass ihnen vieles peinlich ist und sie sich ständig Gedanken machen, wie sie auf andere wirken. Ihnen ist nicht klar, dass sie sich grundsätzlich schämen und die jeweiligen Anlässe diese Scham lediglich aktivieren, aber nicht tatsächlich auslösen.

Die Ursache für ein übersteigertes Schamempfinden ist immer eine elterliche Erziehung, die dem Kind genau dies vermittelt hat. Die Betroffenen konnten es ihren Eltern selten recht machen. Sie haben bereits in ihrer Kindheit verinnerlicht, dass sie nicht genügen. Sie haben von ihren Eltern, möglicherweise auch von ihren Geschwistern, anderen Kindern und Lehrern viel Demütigung erfahren. Nicht selten bezog sich diese Demütigung auch auf ihre äußere Erscheinung, zum Beispiel, wenn sie dick waren, eine starke Brille trugen oder ein körperliches Gebrechen aufwiesen.

Bedenken Sie: Menschen, die ständig unter Schamgefühlen leiden, haben einen Programmierfehler. Und dies ist in der Regel der einzige Fehler, um den sie sich kümmern sollten. Kämpfen Sie nicht gegen Ihre vermeintlichen Schwächen, sondern gegen die einzige Schwäche, gegen die es sich zu kämpfen lohnt, nämlich Ihre verzerrte Selbstwahrnehmung. Atmen Sie tief ein und tief aus und sagen Sie sich immer wieder, während Sie das Atmen nicht vergessen: Ich bin, was ich bin, und das ist alles, was ich bin! Und das ist gut so!

Spaß und Freude

Menschen, die mit sich notorisch unzufrieden sind, leiden am »Freudemangel-Syndrom«. In ausgeprägten Fällen kennen sie eigentlich nur zwei Zustände: Entweder fühlen sie sich müde und gelangweilt oder gestresst und kaputt. Als wäre der Mangel an Lebensfreude nicht schon schlimm genug, so hat er auch noch negative Auswirkungen auf das Immunsystem. Diesen Zusammenhang beweisen alle psychologischen und medizinischen Studien. Dem Leben Freude und auch einen Sinn abzugewinnen ist der beste Schutz gegen Krankheiten. Stress macht krank – noch mehr übrigens als Einflüsse wie Rauchen und Ernährung, auch dies konnte man in Studien nachweisen. Somit birgt das Leben auf dem Planeten »Unsicherheit« gesundheitliche Langzeitrisiken.

Neben allen Maßnahmen, die ich Ihnen deshalb in diesem Buch empfehle, um Freundschaft mit sich selbst zu schließen, sollten Sie alles daransetzen, mehr Spaß und Freude am Leben zu gewinnen. Sie leben nicht länger, wenn Sie schlecht drauf sind.

Erstellen Sie eine Freude-Biografie!
Vermutlich sind Sie recht geübt darin, Ihre Mangel-Biografie zu erstellen. So blicken Sie dann auf Ihr bisheriges Leben zurück und machen sich bewusst, was Sie schon so alles verbockt haben und welches Unglück Ihnen widerfahren ist. Versuchen Sie dem einmal eine Freude-Biografie entgegenzusetzen. Was ist gut verlaufen? Welche Schwierigkeiten haben Sie gut gemeistert? Wo hatten Sie Glück? Auf welche Leistungen können Sie stolz sein? Was haben Ihre Eltern gut gemacht? Einem Klienten von mir, der eine verbitterte Beziehung zu seinem Vater unterhielt, fiel ein, dass es auch Momente des Glücks mit seinem Vater gab. So gingen sie ab und zu gemeinsam in den Wald, und dies waren Momente der Harmonie und des Einvernehmens mit seinem Vater. Als der Klient sich hieran erinnerte, konnte er seinen Vater in einem wärmeren Licht sehen, was ihn irgendwie erlöste. Verbitterung wie auch andere negative Gefühle sind seelisch belastend. Wenn ich Ihnen ein paar Abschnitte vorher geraten habe, Ihre Wut zu spüren, dann widerspricht das nicht den Aussagen, die ich hier treffe. Man muss seine Wut und Aggression erst spüren, bevor man sie abbauen und sich versöhnen kann.

Menschen, die optimistisch eingestellt sind und zufrieden auf ihr bisheriges Leben blicken, erstellen die »Freude-Biografie« übrigens ganz automatisch. So fokussieren sie auch bei traurigen und stressbeladenen Lebensereignissen auf die Frage, was sie Gutes daraus ziehen konnten beziehungsweise können. Hierbei verfärben sie auch unbewusst die eigene Lebensgeschichte etwas rosarot, wie viele psychologische Studien zeigten. Diese selbstaufwertenden »Gedächtnisverluste« erhalten gesund – ein wenig Schönfärberei schadet also nicht.

Aktivieren Sie Ihr Belohnungssystem!

In den Abschnitten »Mama ist lieb! Wie Urvertrauen und Bindung entstehen« und »Ich bin gut!« im Kapitel »Warum bin ich nur so unsicher?« habe ich bereits das Belohnungs- beziehungsweise Bestrafungssystem in unserem Gehirn beschrieben. Hier möchte ich Ihnen noch weitere Tipps geben, wie Sie Ihr Belohnungssystem aktiv einschalten können.

Wenn Sie sich selbstzerstörerischen Gedanken und Gefühlen hingeben, dann sagen Sie: Stopp!, und vollziehen Sie gedanklich einen Umkehrschwung. Holen Sie sich Erlebnisse hervor, wo Sie es geschafft haben, sich nach einem Misserfolg wieder aufzubauen. Besinnen Sie sich auf Ihr Können und Ihre charakterlichen Stärken. Richten Sie Ihre Energie auf die Zukunft und auf Veränderung. Denken Sie *handlungsorientiert* nach dem Motto, das war nix, aber jetzt versuche ich es nochmal oder eben anders. Hierfür können Sie sich auch Vorbilder nehmen. Ich gucke zum Beispiel gern musikalische Castingshows und bin immer wieder fasziniert von den Fähigkeiten einiger Kandidaten, sich nach einer niederschmetternden Kritik wieder aufzubauen und die nächste Runde anzutreten. Und häufig passiert es, dass sie die nächste Runde mit Bravour meistern. Sie haben sich halt einfach nicht unterkriegen lassen und die Kritik konstruktiv umgesetzt. An diesen oft sehr jungen Leuten kann man sich ein gutes Beispiel nehmen. Oder denken Sie an die Comebacks von so manchen Stars, die eigentlich schon abgeschrieben und/

oder dem Suff und Drogen verfallen waren. Auch sie haben sich nach einer schweren Krise wieder aufgebaut. Wie heißt es auf dem Planeten »Sicherheit«?

»Hinfallen ist nicht schlimm, nur liegen bleiben!« Menschen, deren Belohnungssystem gut eingespurt ist, vollziehen diesen Umkehrschwung: Sie verspüren einen starken Drang, sich aus einer Leidenssituation zu befreien. Wenn ihr Glaube an sich selbst erschüttert ist, richten sie ihn wieder auf, indem sie sich ihre Bewältigungsstrategien und ihre Fähigkeiten vor Augen führen.

Noch ein Wort zum Erfolg: Behalten Sie auch immer *Ihre* Bedürfnisse und Wünsche im Auge. Sie sind nicht auf dieser Welt, um die Erwartungen Ihrer Mitmenschen zu erfüllen.

Erlauben Sie sich, Freude zu fühlen!

Wenn Sie ein Erfolgserlebnis haben oder einfach nur so ein schönes Erlebnis, dann lassen Sie diese Freude auch durch Ihr Gefühl strömen. Geben Sie sich diesem Gefühl hin. Würgen Sie es nicht gleich wieder ab, nach dem Motto: Immer schön auf dem Teppich bleiben!

Katie, eine junge Studentin, erzählte mir einmal: »Früher, wenn ich eine gute Note bekommen habe, habe ich mir sofort überlegt, was noch alles zu tun ist. Heute hingegen durchströmt mich so ein Glücksgefühl, wenn ich eine gute Note geschrieben habe!« Auf meine Frage, wie sie dies verändert habe, erklärte sie: »Ich nehme mich einfach bewusster wahr. Das heißt, ich sehe jetzt auch meine Stärken. Früher bin ich nur um meine Schwächen gekreist.«

Gestalten Sie Ihre Freizeit!

Um mehr Freude in sein Leben zu bringen, sollte man sich auch verpflichten, seine Freizeit zu genießen. Freizeit hat man aber nur, wenn man freie Zeit hat. Ich erinnere Sie deswegen noch einmal daran, Ihren Tag zu strukturieren und sich realistische Ziele zu setzen. Ganz wichtig: Irgendwann ist Feierabend! Und mindestens der Sonntag sollte Ihrem Vergnügen dienen. Gönnen Sie sich Belohnungen, wenn Sie etwas vollbracht haben. Denken Sie daran, wie wichtig es ist, seine Batterien immer wieder aufzuladen, ansonsten werden Sie irgendwann krank, und davon hat keiner etwas, am wenigsten Sie selbst.

Übernehmen Sie auch für Ihre Freizeitgestaltung Verantwortung. Warten Sie nicht darauf, dass *irgendwie* etwas passiert. Ein Klient von mir klagte mal über Einsamkeitsgefühle am Wochenende, obwohl er einen stabilen Freundeskreis hatte. Jedoch kümmerte er sich wenig um Verabredungen. Er selbst war Single und kannte viele Paare, er meinte, diese wollten am Wochenende für sich sein. Das ist doch Quatsch, habe ich zu ihm gesagt, auch Paare können durchaus Vergnügen daran haben, sich mit ihrem Singlefreund zu treffen. Außerdem konnte der Klient gut kochen. Welches Paar freut sich nicht über eine nette Essenseinladung?

Überlegen Sie, was Sie glücklich macht, und dann setzen Sie Ihre Wünsche in die *Tat* um. Wenn Sie in der Natur glücklich sind, dann suchen Sie sie auf. Wenn Sie gern tanzen, dann gehen Sie tanzen. Sorgen Sie für sich. Und treten Sie, wenn nötig, in Ihrer Familie für Ihr Recht auf Freizeit ein. Hierfür gibt es genügend gute Argumente. An erster Stelle jenes, dass Sie eine wesentlich entspanntere Mutter und entspannterer Vater sind, wenn Sie auch etwas für sich tun.

Lachen Sie!

Versuchen Sie auch, so oft es geht, zu lachen. Solche Situationen kann man durchaus herbeiführen. Ich habe mich in diesem Buch schon mit einigen etwas peinlichen Geschichten geoutet, also kommt es auf die folgende auch nicht mehr an: Mein Job als psychologische Gutachterin ist nicht nur ziemlich ernst, sondern ich muss bei diesem auch oft Hausbesuche machen, also fahre ich viel Auto. Irgendwann stellte ich fest: Du lachst zu wenig, dein Job ist irgendwie nicht witzig. Um dem Abhilfe zu schaffen, legte ich mir einen Sprachkurs auf CD zu: Kanakisch (auch bekannt als Kanak Sprak). Für die Leser und Leserinnen, die es nicht wissen: Kanakisch ist eine

Jugendkult-Sprache, abgeleitet aus dem Türken-Deutsch, oder laut Wikipedia: ein Soziolekt türkischer Migrantengruppen. Sehr bekannt geworden ist er durch den Kinofilm »*Erkan und Stefan*«. Wie auch immer: »Konkret Alter, da hab' isch dem im Karr gelernt!« (Übersetzung: Liebe Leser und Leserinnen, da habe ich Kanakisch beim Autofahren gelernt.) Das war einfach nur albern, aber gerade deswegen so lustig, und es hatte eine günstige Nebenwirkung: »Respekt Alter, dem Tuss kann Kanakisch!« (Übersetzung: Der Autorin gebührt Respekt, weil sie Kanakisch beherrscht.) Nachdem ich Kanakisch draufhatte, habe ich mich einem weiteren Lieblingsdialekt, nämlich Österreichisch, hingegeben. Hierfür habe ich mir den Kabarettisten Josef Hader in der österreichischen Originalversion angehört und Tränen gelacht!

Also, warten Sie nicht, dass der Spaß zu Ihnen kommt, sondern holen Sie den Spaß zu sich.

Stolz

Bescheidenheit ist eine Zier … Das ist sicherlich richtig. Aber *auch* richtig ist, dass wir stolz sein dürfen, wenn wir etwas Gutes geleistet haben. Viele Menschen scheuen sich, stolz auf ihre Leistungen zu sein. Dies hängt mit dem negativen Image von Stolz zusammen, wie der eingangs zitierte Satz bereits nahelegt. Für die römisch-katholische Kirche zählt Stolz zu den sieben Hauptsünden. Laut dem italienischen Dichter Dante war Stolz gar »die tödlichste der sieben Sünden«. Und irgendwie haftet dem Stolz in vielen Köpfen immer noch ein Makel an. So der Makel der Selbstüberschätzung und des Hochmuts. Dabei ist Stolz eine wichtige Emotion. Sie ist das Gefühl einer großen Zufriedenheit und Freude mit sich selbst. Und somit im Grunde genommen ja genau das, wonach wir streben.

Die Sorge vieler Menschen bezieht sich auf die Möglichkeit einer überzogenen Selbsteinschätzung, sie schrecken also vor *Anmaßung* zurück. Zudem sind viele zur falschen Bescheidenheit erzogen worden. Hinzu kommt, dass viele unsicher sind, ob eine bestimmte Leistung gut genug ist, um stolz auf sie zu sein. Ihr Perfektionsstreben steht häufig dem Empfinden von Stolz entgegen.

Ich möchte Sie deshalb ermuntern, ruhig mal stolz auf sich zu sein. Insbesondere dann, wenn Sie es schaffen, Ihre Vorsätze in die Tat umzusetzen. So seien Sie doch mal stolz auf sich,

- wenn Sie in einer Diskussion standhaft bei Ihren Argumenten bleiben, weil Ihnen keine besseren entgegengebracht werden.
- wenn Sie in einer Situation offen und ehrlich zu sich stehen.
- wenn Sie jeden Tag eine Übung für ein stärkeres Selbstwertgefühl durchführen.
- wenn Sie Nein sagen, weil Sie Nein meinen.
- wenn Sie sich Ihrer Stärken bewusst sind.
- wenn Sie eine Herausforderung annehmen, vor der Sie sich früher gedrückt hätten.
- wenn Sie einem schwierigen Menschen wohlwollend begegnen.
- wenn Sie sich, trotz Angst, für einen anderen Menschen starkmachen.
- wenn Sie, trotz Angst, für sich selbst eintreten.
- wenn Sie nach einer Niederlage wieder aufstehen.
- wenn Sie akzeptieren, dass Sie unsicher sind.
- wenn Sie ehrlich zu sich selbst sind.
- wenn Sie mit Ihren Schwächen freundlich umgehen.
- wenn Sie zu Ihren Überzeugungen stehen.
- wenn Sie einen Konflikt offen ansprechen.

Und seien Sie auch stolz auf sich, wenn Sie sich nur ehrlich bemühen.

Sie sind, was Sie sind, und das ist alles, was Sie sind! Und Sie sind gut so.

Wie Sie Ihr Leben verändern Übungen

Verantwortung und Opferdasein

Ein Aspekt, den man gar nicht genug betonen kann, wird mir im Laufe meiner langjährigen Tätigkeit als Psychotherapeutin und Seminarleiterin immer deutlicher. Dieser klingt zunächst einmal banal: Übernimm die Verantwortung für dich und deine Gefühle! Das steht in jedem guten Lebenshilfe-Ratgeber, und auch ich habe unter dem Abschnitt »Der schmale Grat zwischen eigener Verantwortung und Opfersein« bereits etwas hierzu ausgeführt.

Ich möchte diesen Aspekt hier jedoch noch einmal aufgreifen und vertiefen, weil die Übernahme der eigenen Verantwortung aus meiner Sicht die wichtigste Lebensaufgabe von uns Menschen darstellt und das Fundament für unsere persönliche Weiterentwicklung ist.

Ich habe in den letzten Jahren immer wieder festgestellt, dass viele Menschen nicht bemerken, dass sie ihr Leben in der Opferrolle verbringen. Auch ich als Therapeutin brauche manchmal etwas länger, um bei einigen meiner Klienten zu dieser Feststellung zu kommen. Die Betroffenen erscheinen zu jeder Therapiestunde und machen alle Übungen mit. Sie sind fleißig und engagiert. Und trotzdem bewegt sich nichts. Sie erklären: Theoretisch ist mir das klar, aber ich kann es trotzdem nicht ändern! Sie sagen: Ich kann mich nicht von XY lösen, obwohl ich genau weiß, dass er mir nicht guttut. Oder: Ich kann dies und jenes nicht tun, meine Angst ist einfach zu groß.

Der Kern dieser und ähnlicher Aussagen ist: Ich kann mir selbst nicht helfen. Rette mich! Ob ich ein Ratgeber-Buch lese, eine Einzeltherapie oder ein Seminar besuche – ich kann alles tun, was mir geraten wird, jede Übung ausführen und gleichzeitig der tiefen Überzeugung sein: Ich bin meinen Gefühlen und Gedanken hilflos ausgeliefert. Du musst mir helfen.

Diese unbewusste Weigerung, selbst die Verantwortung für sein Leben zu übernehmen, boykottiert sämtliche Hilfsangebote von außen. Nicht selten operieren die Betroffenen in einem Funktionsmodus. Häufig hatten sie traumatische Erlebnisse in ihrer Kindheit und sind gefühlsmäßig »eingefroren«. Eine Art »Überlebensprogramm« hat sich eingeschaltet, mit dessen Hilfe sie funktionieren. Dahinter verbergen sich tiefgreifende Ängste, von schrecklichen Gefühlen überrollt zu werden. Darauf werde ich im nächsten Abschnitt noch eingehen.

An dieser Stelle möchte ich Sie zunächst bitten, einmal die Hand aufs Herz zu legen und tief in sich zu spüren, wer Ihrer Meinung nach dafür sorgen soll, dass es Ihnen besser geht. Bitte spüren Sie ganz ehrlich in sich hinein und lassen Sie die Antwort aus Ihrem Inneren kommen. Ist es Ihr Ehepartner, Ihr Therapeut, Mama oder Papa, das Universum, der liebe Gott …? Wer soll Sie retten? Falls Sie sich nach dieser ehrlichen Selbstüberprüfung dabei ertappt haben, dass Sie auf Erlösung im Außen hoffen, dann klopfen Sie sich auf die Schulter für diesen mutigen Schritt der Selbsterkenntnis. Nun möchte ich mit Ihnen noch einen Schritt weiter gehen, indem wir erkunden, welche Schutzfunktion diese Einstellung für Sie übernehmen könnte. Hierfür richten Sie bitte noch einmal Ihre Aufmerksamkeit auf Ihren Brust-Bauch-Raum, also dem Sitz der

Gefühle, und spüren in sich hinein, welche scheinbaren Vorteile es haben könnte, die Verantwortung für Ihr Leben an eine andere Person/Instanz abzugeben?

Häufige Gründe sind:

- Ich habe Angst, es nicht zu schaffen, dann versuche ich es lieber erst gar nicht. Das schützt mich vor weiterem Versagen.
- Ich darf alles beim Alten lassen. Mein altes Leben hat zwar seine Nachteile, aber es bedeutet Sicherheit: Hier kenne ich mich aus.
- Ich zeige der Welt {stellvertretend meinen Eltern), dass mir tiefes Unrecht geschehen ist und niemand und nichts in der Lage ist, dieses Unrecht wiedergutzumachen. Das bereitet mir eine gewisse Genugtuung.
- Ich kann anderen die Schuld für meinen Zustand geben. Ich selbst mache nichts falsch, solange ich mich nicht bewege.
- Ich habe eine unbändige, kalte und verdrängte Wut in mir. Je schlechter es mir geht, desto mehr kann ich mich hierdurch an anderen Menschen rächen (Partner, Kinder, Eltern), die meinem Leiden hilflos zusehen müssen.
- Solange ich auf Erlösung hoffe, fühle ich mich nicht so allein. Um die Verantwortung zu übernehmen, müsste ich mir eingestehen, dass ich allein bin und nur ich mich retten kann.
- Ich möchte mich zwar ändern, aber ich bin zu träge, es umzusetzen. Ich hoffe, dass mich eines Tages mehr Energie erfüllt, um in die Tat zu kommen.
- Andere Gründe …

Wenn Sie für sich erkannt haben, warum es für Sie einen Vorteil hat, wenn Sie in der Opferrolle verbleiben, dann gehen Sie bitte noch einmal tief in sich und fragen sich, ob es wirklich ein Vorteil ist. Sie können sich jederzeit frei entscheiden, ob Sie in der Opferrolle verweilen oder aus ihr aussteigen möchten. Eines kann ich Ihnen dabei versichern: Sobald Sie sich entschließen, die Verantwortung für Ihre Gefühle und Ihre Entscheidungen zu übernehmen, werden Sie Ihr Leben verändern.

Die Wirklichkeit anerkennen

Das Grundübel, aus dem sich die meisten Probleme in unserem Leben ernähren, ist die Art und Weise, wie wir die Wirklichkeit wahrnehmen. Die Wahrnehmung der Welt und unserer eigenen Person ist die Grundlage unseres Bewusstseins. Bewusstsein ist Wahrnehmung. Wir können nur auf das reagieren, was wir wahrnehmen. Die Schwierigkeit ist, dass unsere Wahrnehmung weitgehend durch unser Unbewusstes gesteuert wird. Was nichts anderes bedeutet, als dass wir zumeist nicht merken, wie sehr unsere inneren Voreinstellungen darüber bestimmen, was wir wahrnehmen und was wir nicht wahrnehmen. Man könnte sogar fast so weit gehen zu behaupten, dass wir nur das wahrnehmen, an das wir glauben. Hierzu gibt es viele psychologische Experimente, wobei mein Lieblingsexperiment das folgende ist: Die Probanden sollten ein Ballspiel verfolgen und hinterher angeben, wie viele Pässe gespielt wurden. Nur 12 Prozent der Teilnehmer ist währenddessen etwas Ungewöhnliches aufgefallen, nämlich dass ein verkleideter Gorilla über das Spielfeld lief. 88 Prozent haben diesen nicht gesehen. Also auch wenn sich etwas quasi vor unserer Nase abspielt, heißt das noch lange nicht, dass wir es auch wahrnehmen. (Diese und ähnliche Studien wurden von den Psychologen Daniel Simons und Christopher Chabris 1999 durchgeführt.)

Nun können wir uns vorstellen, dass unser Gehirn wie eine Landkarte ist, die uns durch die Realität führt. Je genauer diese Landkarte ist, desto besser wird sie uns durch das Leben lotsen. Leider sind die mentalen Landkarten jedoch sehr ungenau und hochgradig subjektiv. Sie werden bestimmt durch unsere genetischen

Veranlagungen sowie unsere lebensgeschichtlichen und kulturellen Einflüsse.

Hinzu kommt, dass unser menschliches Wahrnehmungssystem per se hoch defizitär ist. Wir hören, sehen, fühlen und schmecken nur das, was unsere Sinnesorgane uns an Eindrücken bereitstellen können. Und das ist nur ein Bruchteil dessen, was da draußen tatsächlich passiert. Diese ganzen Limitierungen sind so tief in uns drin, dass wir uns kaum von ihnen distanzieren können. Wir können uns nur eingeschränkt von unserer Subjektivität befreien. Dennoch verbleibt ein kleiner Spielraum, und diesen gilt es zu nutzen.

Eines der wichtigsten Motive, das unsere Wahrnehmung verzerrt, ist der Umstand, dass wir alle bestrebt sind, Schmerz zu vermeiden. Wir haben mithin ein starkes Motiv, einen kleinen oder auch größeren Bogen um die Realität zu machen. Nichts fürchten wir so sehr wie die Gefühle Einsamkeit, Schmerz und Angst. Diese wollen wir nicht fühlen, sie müssen um jeden Preis vermieden werden. Deswegen sind wir Meister der Verdrängung.

Viele Menschen verbringen ihr Leben damit zu funktionieren. Sie spüren sich nicht, sie haben den Kontakt zu ihren Gefühlen verloren beziehungsweise es werden nur die »erlaubten« Gefühle gefühlt. Nicht wenige leiden sogar darunter, dass sie eigentlich gar nichts fühlen. Sie haben weder Höhen noch Tiefen, fühlen sich aber leer und wie vom Leben abgeschnitten. Manche richten sich auch in einer Art »Lebenslüge« ein. Will heißen, sie verhalten sich so, wie sie annehmen, dass sie idealerweise sein sollten. Ohne hierbei zu bemerken, dass sie den Kontakt zu sich verloren haben. Leben heißt jedoch fühlen. Wenn wir jene Gefühle verdrängen, die uns so schmerzhaft erscheinen, dass sie nicht auszuhalten sind, ist der Preis, dass wir einen Teil unserer Identität und damit unsere Authentizität aufgeben. Zudem können die Wächter des Unbewussten schlecht differenzieren. Wenn sie sich dazu entschlossen haben, besser nicht zu fühlen, um Schmerzen zu vermeiden, dann machen sie einen Deckel auf alles, was sich in ihnen lebendig anfühlen könnte. Und das Ergebnis ist ein Gefühlsbrei aus Leere, Langeweile und unterschwelligem Unwohlsein. Um sich dessen möglichst nicht gewahr zu werden, hält man sich bestmöglich beschäftigt. Wir wenden unterschiedliche Strategien an, um uns vor unseren schmerzhaften Gefühlen zu bewahren. Arbeitssucht, Perfektionsstreben, Machtstreben, Erfolgssucht sind nur einige dieser Selbstschutzstrategien. Aber damit lösen wir das zugrunde liegende Problem nicht, sondern schieben es lediglich vor uns her. Und, ob wir es wollen oder nicht, wir machen uns oft zu Tätern. Indem wir unsere eigene Verletzbarkeit nämlich verleugnen, sehen wir auch nicht die Verwundbarkeit und die natürlichen Grenzen der anderen.

Ein Chef beispielsweise, der, getrieben von seiner eigenen Erfolgssucht, seine Mitarbeiter schikaniert, macht sich schuldig. Genauso wie der Angestellte, der gefangen genommen von seiner verdrängten Wut, die Teamarbeit sabotiert. Oder die Mutter, die in ihrem Kind sich selbst sieht und an dessen individueller Persönlichkeit vorbeihandelt, aus Angst, das Kind könnte sich zu einem Versager (wie sie) entwickeln.

Wir sind unheimlich gefährdet, unsere verdrängten Schatten auf unser Gegenüber zu projizieren. Das ist das Übel dieser Welt. Deswegen geht es, wenn wir uns mit uns selbst auseinandersetzen, nicht nur um unser persönliches kleines bisschen Glück, sondern vor allem darum, nicht zu Tätern zu werden oder, anders ausgedrückt: zu besseren Menschen.

Wir können davon ausgehen, dass unsere Wahrnehmung der Welt im Wesentlichen ein Ergebnis unseres Innenlebens ist. Was wir innerlich mit uns herumtragen, projizieren wir auf die Außenwelt. Jeder kennt das: Wenn man schlecht drauf ist, dann laufen da draußen nur »Idioten« rum. Ist man hingegen gut gelaunt, am besten frisch verliebt, dann fragt man sich: Wo sind die Idioten eigentlich alle geblieben? Genauso kann es einem tief Verunsicherten passieren, wenn er freundlich angelächelt wird, dass er denkt: Was grinst du denn so blöd?! Willst du dich über mich lustig machen?!

Dass wir zu Tätern werden, ist die eine dunkle Seite der Medaille. Die andere ist, dass wir unsere Probleme schlichtweg nicht lösen können, wenn wir sie nicht anerkennen. Wie soll der überehrgeizige Chef, dessen Tun sich aus seinem verdrängten Minderwertigkeitsgefühl vollzieht, eine Kehrtwende machen, wenn er diesen inneren Schatten nicht anerkennt? Es ist ja nicht nur so, dass seine Angestellten unter ihm leiden, sondern letztlich auch er selbst. Die Frau ist ihm weggelaufen, zu seinen Kindern hat er keinen Draht. Er steht kurz vor dem Burnout, und die Angst zu versagen nagt beständig an ihm. Nur abends kann er sie mit ein paar Gläsern Whiskey zum Schweigen bringen.

Ich möchte Sie deswegen ermutigen, sich Ihrer inneren Realität möglichst ehrlich zu stellen. Die Gefühle, vor denen Sie am meisten Angst haben, lassen sich häufig besser aushalten, als Sie denken. Kein Gefühl hält ewig an. Es ist sogar so, dass zumeist eine innere Erlösung eintritt, wenn wir uns gestatten, einfach mal jene Gefühle zu fühlen, die wir sonst mit aller Kraft beiseiteschieben.

Übung

Diese Übung können Sie auch als eine Art innere Haltung in Ihr Leben und in Ihren Alltag integrieren. Im Grunde geht es nur darum, belastende Gefühle nicht zu verdrängen, sondern sie quasi willkommen zu heißen und ihnen im Innenleben einen guten Platz zu geben. Den folgenden Arbeitsschritten liegt die Methode des »Focusing« zugrunde, deren Begründer Eugene Gendlin ist.

1. Schließen Sie die Augen und richten Sie Ihre innere Aufmerksamkeit auf Ihre Atmung.
2. Stellen Sie sich vor, Sie wären ein Gastgeber und Ihre Gefühle wären Ihre Gäste. Sie sind also nicht das Gefühl, sondern das Gefühl ist nur ein Teil von Ihnen.

3. Denken Sie an eine Situation in Ihrem Leben (aktuell oder vergangen), die Ihnen Kummer und Sorgen bereitet. Lassen Sie die Gefühle zu, heißen Sie sie wie Gäste willkommen, die jetzt einfach einmal da sein dürfen. Begrüßen Sie sie (oder nur das eine Gefühl). Sie können dem Gefühls-Gast zum Beispiel sagen: Hallo, da bist du ja wieder, du Versagensangst, ich kenne dich schon so lange, sei willkommen.
4. Erlauben Sie dem Gefühl, einfach mal da sein zu dürfen. Sie müssen gar nichts tun, Sie brauchen das Gefühl nicht zu bearbeiten und das Problem nicht zu lösen, sondern halten Sie es einfach nur mal aus. In den meisten Fällen tritt hierdurch eine angenehme Erlösung ein. Der Widerstand gegen unliebsame Gefühle ist nämlich viel anstrengender, als sie sich einfach mal zu gestatten.
5. Nun können Sie sich vorstellen, Sie wären eine Forscherin/ein Forscher und hätten die Aufgabe dieses Gefühl zu erfahren und zu erforschen. Betrachten Sie es, spüren Sie es in allen Nuancen und erlauben Sie einfach den Bildern und Gedanken, die auftauchen, da zu sein.
6. Geben Sie dem Gefühl einen »guten Platz« in sich. Denken Sie dabei immer daran: Sie sind der Gastgeber, nicht das Gefühl. Der Sinn ist, dass Sie fühlen dürfen, dass alle Gefühle, und mögen sie noch so unsinnig oder belastend sein, zu Ihnen gehören dürfen. Viele Menschen machen die Erfahrung, dass es ungeheuer erleichternd ist, nicht ständig gegen sich und seine Gefühle anzukämpfen, sondern sie einfach mal anzunehmen. Und den Widerstand und den Kampf gegen sich selbst hiermit zu beenden.

Wenn der Widerstand groß ist

Wenn Sie einen enormen Widerstand verspüren, dass dieses Gefühl auf keinen Fall in Ihnen existieren darf, dann haben Sie es vermutlich mit traumatischen Erfahrungen zu tun. Sie haben vielleicht so Schlimmes in Ihrer Kindheit erlebt, dass Ihr Körper und Ihr Gehirn beschlossen haben, dass dieses Gefühl nie wieder und unter gar keinen Umständen auftauchen darf. Dieser Widerstand war überlebenswichtig. An dieser Stelle ist es wichtig, den Widerstand als solchen zu würdigen. Hierfür spüren Sie bitte diesen Widerstand, diese Blockade in sich – wo genau spüren Sie das im Körper? Vielleicht ein dumpfer Druck im Bauch? Ein Zuschnüren im Hals? Spüren Sie genau hin. Hören Sie zu, was der Widerstand Ihnen zu sagen hat. Dies könnte in etwa so lauten: »Lass mich bloß zufrieden mit diesem Gefühlsscheiß – hier wird gar nichts gefühlt, und das ist gut so!« Was auch immer Ihnen der Widerstand signalisiert, nehmen Sie es einfach wahr und ernst. Wenn der Widerstand sich richtig gesehen fühlt, kann es passieren, dass er die Sperre etwas lockert und sich die darunterliegenden Gefühle zeigen.

Wenn Sie meinen, Sie wären zu traumatisiert und psychisch zu instabil für diese Übung, dann suchen Sie sich Hilfe in Form professioneller Begleitung. Dort finden Sie einen geschützten Rahmen, um alte Traumatisierungen zu verarbeiten.

Das Schattenkind und das Erwachsenen-Ich

Das »innere Kind« ist, wie bereits erwähnt, eine Metapher für unsere kindlichen Prägungen. In meinem Buch *»Das Kind in dir muss Heimat finden«* unterscheide ich zwischen dem Schatten- und dem Sonnenkind. Das Schattenkind symbolisiert unsere problematischen Kindheitserfahrungen, die uns negativ geprägt haben, während das Sonnenkind für die schönen Erlebnisse, aber auch für unsere Ressourcen als Erwachsene steht.

Im obigen Abschnitt habe ich ausgeführt, wie stark unsere Wahrnehmung subjektiv geprägt ist. Hier spielt unser sogenanntes Schattenkind eine enorme Rolle – schließlich sind es in erster Linie die negativen Prägungen, die uns im späteren Leben oft zu schaffen machen. Das Schattenkind steht also für jenen Teil unseres Selbstwertgefühls, der sich labil und minderwertig anfühlt und der sich gern selbst boykottiert. Wenn Sie die Übung im letzten Abschnitt gemacht haben, dann haben Sie vielleicht schon die Bekanntschaft mit Ihrem Schattenkind gemacht. Möglicherweise zeigt es sich immer wieder in diffusen Lebensängsten, Depressionen oder Gefühlen von großer Verlassenheit. Wenn ich geschrieben habe, dass es wichtig ist, seine belastenden Gefühle nicht einfach zur Seite zu schieben, sondern sie bewusst anzunehmen, dann könnte ich auch sagen, es ist wichtig, das Schattenkind an die Hand zu nehmen. Unter dem Abschnitt »Nehmen Sie Ihr inneres Kind an die Hand« habe ich hierzu schon einiges geschrieben. Hier möchte ich noch einmal näher darauf eingehen, wie man sein Schattenkind am besten identifiziert und reguliert.

Das Schattenkind manifestiert sich in negativen Glaubenssätzen und belastenden Gefühlen. Glaubenssätze sind tiefe innere Überzeugungen, die wir zumeist in der Kindheit erwerben. Wie ich bereits in dem Kapitel »Warum bin ich nur so unsicher?« geschrieben habe, lernen wir bei Mama und Papa, ob wir liebenswerte Wesen und es wert sind, dass man sich um uns kümmert. Glaubenssätze bringen diese Erfahrungen auf den Punkt. Die meisten Glaubenssätze drehen sich um das Thema Wertlosigkeit und Verlassenheit. Entsprechend stellen sich Gefühle von Angst, Scham und Einsamkeit ein. Typische Glaubenssätze sind:

Ich bin nix wert.
Ich genüge nicht.
Ich bin allein.

Zu diesen Glaubenssätzen gibt es viele Variationen, wie beispielsweise: Ich bin … klein, dumm, dick, abartig. Ich schaffe das nicht. Ich kann das nicht. Ich muss es allein schaffen. Keiner liebt mich. Ich darf keine Fehler machen. Ich muss perfekt sein usw. Die Glaubenssätze sind sozusagen die Programmiersprache des Selbstwertgefühls.

Übung

Bitte spüren Sie noch einmal in sich und versuchen Sie, Ihr Schattenkind möglichst genau zu identifizieren.

1. Versetzen Sie sich gedanklich in Ihre Kindheit. Wie sind Ihre Eltern mit Ihnen umgegangen? Haben Sie sich geliebt, verstanden und geborgen gefühlt? Haben Ihre Eltern Ihre Selbstständigkeit unterstützt? Durften Sie sich ohne Schuldgefühle lösen?
2. Welche tiefen inneren Überzeugungen (Glaubenssätze) sind in Ihnen entstanden?
3. Spüren Sie, wie sich das alles in Ihnen anfühlt.
4. Nehmen Sie innerlich Ihr Schattenkind an die Hand und versichern Sie ihm, dass es gehört und gesehen wird.

Ertappen und umschalten

Nun schütteln Sie bitte alle Gefühle ab und wechseln Sie in Ihren glasklaren Verstand. Schalten Sie also ganz bewusst von Ihren Schattenkind-Gefühlen auf Ihr Erwachsenen-Ich um. Am besten gelingt dies, wenn Sie eine andere Haltung einnehmen und die Position im Raum wechseln.

Betrachten Sie bitte aus Ihrem Erwachsenen-Ich und mit großem Abstand, ob Ihre Glaubenssätze wirklich gerechtfertigt sind oder nicht lediglich ein Produkt Ihrer Erziehung. Wenn Sie sich also vorstellen, Ihre Eltern wären anders drauf gewesen oder Sie hätten sogar ganz andere Eltern gehabt – hätten Sie dann nicht auch andere Glaubenssätze entwickelt? Sind die Glaubenssätze nicht vielmehr ein Ergebnis des Schattenkindes Ihrer Eltern? Bitte machen Sie sich mit Ihrem Kopf klar, dass Ihre Glaubenssätze vollkommen willkürlich sind.

Immer, wenn Sie sich in Zukunft dabei ertappen, dass Sie sich in Ihrem Schattenkind-Modus befinden, weil Sie sich mies fühlen und glauben, Sie seien nichts wert und untauglich, dann schalten Sie bitte SOFORT auf Ihr Erwachsenen-Ich um und nehmen einen kleinen Abstand ein zu diesem Zustand. Ihr Schattenkind ist der Gast – Sie sind der Gastgeber, aber Sie sind nicht das Schattenkind. Trösten Sie Ihr Schattenkind, sagen Sie ihm, dass es früher nicht einfach war, sie – also der Erwachsene und das Schattenkind – heute aber groß sind und die Verhältnisse sich vollkommen verändert haben: Heute seid ihr frei und hängt nicht mehr von Mama und Papa ab.

Diese Übung sollten Sie in Ihr Alltagsleben einbauen. Im Kern geht es nämlich nur darum, sich nicht mit seinem Schattenkind und dessen falschen Glaubenssätze zu identifizieren. Hierfür müssen Sie im Alltag gut auf sich achtgeben, damit Sie merken, wenn Sie wieder auf dem Schattenkind-Modus sind. Denn nur wenn Sie sich ertappen, können Sie auf Ihr Erwachsenen-Ich umschalten. Hierfür ist es wichtig, dass Sie sich möglichst frühzeitig ertappen, wenn die Gefühle noch nicht so überwältigend stark sind, denn dann lassen sie sich noch am besten regulieren.

Wie Sie Ihr Leben verändern Test und Tipps

Intro- und Extraversion

Im Kapitel »Warum bin ich nur so unsicher?« bin ich bereits kurz auf die unterschiedlichen Persönlichkeitsmerkmale der Intro- und Extraversion eingegangen. Ich möchte hier noch einige neuere Erkenntnisse hinzufügen, da diese Eigenschaften so weitreichend über unsere Persönlichkeit bestimmen und weitgehend genetisch festgelegt sind. Ob wir unser Leben also eher introvertiert oder extravertiert verbringen, hat wenig mit unserer Erziehung zu tun. Es kann sehr erleichternd sein, wenn man weiß, für welche Eigenschaften, die man vielleicht nicht so an sich mag, man »wenig kann«. Ich persönlich habe zum Beispiel große Schwierigkeiten damit zu meditieren und versuche es deswegen auch gar nicht mehr. Ich finde Meditieren einfach langweilig. Und genau das habe ich mir immer vorgeworfen. Seitdem ich jedoch weiß, dass Extravertierte ihre meisten Reize aus der Außenwelt beziehen und es ihnen deswegen sehr viel schwerer fällt als Intros zu meditieren, kann ich mit dieser persönlichen Schwäche viel versöhnlicher umgehen. Wie bereits an vielen Stellen dieses Buches erwähnt, geht es letztlich immer um die Selbstannahme. Deswegen möchte ich an dieser Stelle noch ein paar Fakten zu Intro- und Extra-Gehirnen ergänzen.

Die Gehirne von Intro- und Extravertierten funktionieren unterschiedlich. Der Sympathikus und der Parasympathikus sind die zwei großen Gegenspieler des vegetativen Nervensystems, also jenes Systems, das automatisch abläuft und nur bedingt zu beeinflussen ist. Der Sympathikus ist sozusagen der Aktivitätsnerv. Er ist auf Leistung ausgerichtet und bereitet den Körper auf Kampf und Flucht vor. Der Parasympathikus ist der Ruhenerv – er sorgt dafür, dass der Körper regeneriert und sich ausruht. Der Botenstoff (Neurotransmitter) des Sympathikus ist Dopamin und jener des Parasympathikus Acetylcholin. Extravertierte werden stärker durch den Sympathikus gesteuert und Introvertierte durch den Parasympathikus – das hat weiterreichende Auswirkungen auf ihren Daseinsvollzug. Zunächst jedoch ein kleiner Selbsttest.

Test: Bin ich extra- oder introvertiert?

Beantworten Sie bitte die folgenden Fragen. Bei Intro- und Extraversion handelt es sich um Neigungen, das heißt, wir haben eine gewisse Präferenz für den einen oder anderen Persönlichkeitsstil, was nicht bedeutet, dass wir uns nicht auch anders verhalten können. Falls Sie sich bei einigen Fragen in der Mitte fühlen, dann spüren Sie bitte in sich, zu welcher Alternative Sie eher neigen.

1. a) Manchmal denke ich lange nach und sage dann trotzdem nichts.
   b) Ich rede öfter schneller, als ich denke.
2. a) Wenn ich ein persönliches Problem habe, muss ich darüber mit anderen Menschen reden, um mich zu sortieren.
   b) Wenn ich ein Problem habe, muss ich mich erst einmal innerlich sortieren, bevor ich darüber sprechen kann.
3. a) Am besten tanke ich Kraft auf, wenn ich für mich allein bin.
   b) Ich ziehe die meiste Kraft aus dem Kontakt mit Menschen.

4. a) Ich bevorzuge Arbeiten, die mich mit Menschen zusammenbringen.
   b) Ich arbeite am liebsten für mich allein.
5. a) Partys und große Feste sind mein Ding.
   b) Partys und großen Festen kann ich nicht viel abgewinnen.
6. a) Ich bin nicht so schnell in Gefühlswallungen zu versetzen.
   b) Ich erlebe meine Gefühle eher spontan und intensiv.
7. a) Ich bin ein spontaner Typ, der gern mal ein Risiko eingeht.
   b) Ich bin eher besonnen und setze auf Sicherheit.

Auswertung: Für jede Antwort geben Sie sich bitte einen Punkt für Extra- oder Introversion.

Frage 1 a) Intro b) Extra
Frage 2 a) Extra b) Intro
Frage 3 a) Intro b) Extra
Frage 4 a) Extra b) Intro
Frage 5 a) Extra b) Intro
Frage 6 a) Intro b) Extra
Frage 7 a) Extra b) Intro

Extravertiert

Extras werden stärker durch den Sympathikus und Intros stärker durch den Parasympathikus bestimmt. Extras benötigen entsprechend eine höhere Menge an Dopamin, um sich angeregt und stimuliert zu fühlen. Ist ihr Dopaminspiegel zu niedrig, verursacht ihnen das Stress in Form von Langeweile. Sie haben mehr Drang nach »Action« als die Intros. Extras lieben Geselligkeit, Unternehmungen, Events – überhaupt, dass irgendwas passiert. Was Extras hingegen schwerfällt, ist, ruhig zu sitzen und in sich zu gehen. Sie können nicht so viel aus ihrem Innenleben generieren. Das hat nichts damit zu tun, dass sie oberflächlich wären, sondern damit, dass Extras eine äußere Reflexionsfläche benötigen, um auch gedanklich in Fahrt zu kommen und sich inspiriert zu fühlen. Allerdings kann zu ihren Schattenseiten zählen, dass sie aufgrund ihrer Bezogenheit auf die äußere Welt auch zur Oberflächlichkeit neigen können.

Mit der höheren Ausschüttung an Dopamin der Extras hängt auch zusammen, dass ihr Belohnungszentrum im Gehirn (Nucleus accumbens) aktiver ist. Das bedeutet, dass Extras vor allem die Aussicht auf Belohnung in Gang setzt. Ihr Hirn süchtelt nach Kicks. Gutes Essen, Sex, Alkohol, Gewinne, beruflicher Erfolg setzen Dopamin frei, das Extras dringender als Intros für ihr Wohlbefinden benötigen. Um an die ersehnte Belohnung heranzukommen, sind Extras auch bereit, Risiken einzugehen. »No risk, no fun« ist ein typischer Extra-Spruch. Das hat seine Vor- und Nachteile: Einerseits können sie durch ihren Mut zum Risiko viel gewinnen – aber wenn sie zu unbesonnen handeln, auch viel verlieren. Sie mögen schnelles Handeln. Dies verführt sie jedoch manchmal dazu, sich nur oberflächlich mit den Dingen und Menschen auseinanderzusetzen. In Kombination mit ihrer Risikofreude kann das zu fatalen Fehlern führen. Allen Extras sei deswegen geraten, eine Denkpause einzulegen und sich – zumindest bei wichtigen Entscheidungen – dazu zu zwingen, sich möglichst viele Informationen einzuholen.

Extras neigen – dopaminbedingt – zu mehr Euphorie, Begeisterung und Überschwang als Intros. Deswegen sind Extras im Durchschnitt etwas fröhlicher und besser gelaunt als Intros. Allerdings sind sie auch impulsiver als Introvertierte und neigen stärker zu Stimmungsschwankungen. Ihre Impulsivität kann unter Stress auch in Aggressivität ausarten. Das ist eine ihrer Schattenseiten. Mit dieser höheren Risiko- und Aggressionsbereitschaft geht jedoch eine bessere Konfliktfähigkeit einher. Ihnen fällt es leichter als den besorgten Intros, die Dinge beim Namen zu nennen. Extras sind etwas mutiger, auch mal anzuecken. Außerdem fällt es ihnen leichter »ein gutes Wort in eigener Sache einzulegen«, sprich: Sie können ihre Anliegen gut vertreten. Überhaupt sind Extras oft – im positiven Sinne – gute Selbstdarsteller und Bühnenmenschen.

Extras aus der Balance – ein paar Tipps

Wenn Extras unter Selbstzweifeln leiden, neigen sie gemäß ihrem Temperament dazu, sich aktiv um Zuwendung und Lob zu bemühen. Sie strengen sich an, um zu gefallen. Anstatt sich wie die Intros in ihr Schneckenhaus zurückzuziehen, suchen sie im Außen nach Bestätigung und Anerkennung. Hierbei sind sie teilweise wenig wählerisch, was die Qualität ihrer Kontakte betrifft. Gerade wenn sie schlecht drauf sind, sind sie nämlich ungern allein und treffen sich lieber mit »irgendwem«, als dass ihnen daheim die Decke auf den Kopf fällt. Sie können auch in hektische Aktivitäten verfallen, um sich mit allen Mitteln von ihrem schlechten Zustand abzulenken. Ein weiteres Problem ist, dass ihre schlechte Stimmung in Aggressivität und Streitsucht ausarten kann.

- Für Extras kann es heilsam sein, wenn sie bewusst einmal innehalten und sich fragen: Was ist eigentlich gerade mit mir los? Mithilfe einer genaueren Analyse ihres Gefühlszustandes könnten sie gezieltere Maßnahmen einleiten, anstatt in eine rastlose Betriebsamkeit zu verfallen.
- Seien Sie selbstaufmerksam und ertappen Sie sich, wenn Sie reflexartig gefallen und die Aufmerksamkeit auf sich ziehen wollen. Weniger ist manchmal mehr. Sie müssen nicht Everybody's Darling sein und jedem gefallen. Ein paar ausgewählte Freunde sind besser als viele oberflächliche Bekanntschaften.
- Überhaupt tut es Extras gut, wenn sie sich nicht zu sehr in der Außenwelt verausgaben. Versuchen Sie Ihre persönliche Anerkennung stärker auf sich selbst zu verlagern und diese weniger im Außen zu suchen. Sie können dies schaffen, indem Sie sich auf Ihre Stärken besinnen und Ihre Schwächen im Auge

behalten. Viele Übungen in diesem Buch können Ihnen dabei helfen.

- Trainieren Sie sich im Zuhören. Weil Extras gern reden, entgehen ihnen manchmal wichtige Informationen. Beachten Sie, dass Introvertierte etwas länger brauchen, um sich zu öffnen. Geben Sie ihnen den Raum hierfür. Einem anderen Menschen intensiv zuzuhören lenkt auch in gesunder Weise von den eigenen Problemen ab.
- Behalten Sie Ihre Impulsivität im Auge – hierdurch machen Sie sich noch mehr Probleme. Tun Sie ganz viel dafür, um in eine bessere Stimmung zu kommen. Und noch wichtiger: Steigern Sie sich nicht in Ihre schlechte Stimmung hinein. Treten Sie immer wieder einen Schritt neben sich und relativieren Sie die Bewertung Ihres Leids auf ein angemessenes Maß.

Introvertiert

In den Intro-Gehirnen spielt weniger das Belohnungszentrum als der Mandelkern (Amygdala) eine wichtige Rolle. Der Mandelkern ist das Angstzentrum. Folglich benötigen Intros vor allem ein Gefühl der Sicherheit und Stetigkeit, um sich wohlzufühlen. Aufgrund ihrer höheren Angstbereitschaft sind sie jedoch auch wachsamer und aufmerksamer für Informationen aus der Außenwelt. Sie sind genaue Beobachter und haben aufgrund dieser Eigenschaften auch tatsächlich weniger Unfälle als die zur Sorglosigkeit neigenden Extras. Intros benötigen also einen gewissen Sicherheitsabstand zur Welt. Sie sind eher ruhige Zeitgenossen, die ihre Energie im Inneren wirken lassen. Die Intros reagieren gereizt, wenn ihr Acetylcholin-Spiegel zu niedrig ist – wenn sie also zu viel Input und Action haben.

Oft versinken Intros in ihren Gedanken, und es ist nicht leicht festzustellen, was in ihnen vorgeht. Sie gehen vorsichtig und besonnen durchs Leben. Meditation ist eine Beschäftigung, zu der sich

Intros weitaus mehr als Extras hingezogen fühlen. Ihnen fällt es relativ leicht, sich in sich selbst zu versenken, während bei Extras schnell Ungeduld und Langeweile aufkommt.

Wenn Intros sich für etwas interessieren, können sie sich stundenlang konzentrieren und sich ihrer Beschäftigung ganz hingeben. Sie brauchen dann keinen Menschen – manchmal tagelang nicht. Insgesamt sind sie recht unabhängig von der äußeren Welt. Sie genießen ihre Privatsphäre und werden unruhig, wenn ihnen nicht genügend Zeit für sich bleibt. Aufgrund ihrer Fähigkeit, sich ausdauernd mit einer Sache zu beschäftigen, verfügen einige von ihnen über eine ausgezeichnete Allgemeinbildung und/oder sind Experten auf einem oder mehreren Fachgebieten. Extras können zwar auch sehr gebildet sein beziehungsweise über ausgezeichnete Fachkenntnisse verfügen, aber die stundenlange stille Beschäftigung mit einem Thema liegt ihnen einfach nicht so sehr. Viele Intros schreiben auch gern. Schreibend fällt es ihnen leichter, ihre tiefschürfende Gedankenwelt und ihr reichhaltiges Innenleben auszudrücken. Entsprechend sind viele, natürlich nicht alle, Schriftsteller introvertiert.

Über persönliche Gefühle und Gedanken sprechen Introvertierte zögerlich und am liebsten nur mit engen Freunden. Kommt das Thema jedoch auf ihre Hobbys und Interessen, können sie durchaus gern und viel erzählen. Intros tendieren mehr zu Selbstzweifeln und sozialen Ängsten als Extravertierte, denen es von Natur aus leichter fällt, sich zu präsentieren.

Intros aus der Balance – ein paar Tipps

Introvertierte, die unter einem schlechten Selbstwertgefühl leiden, neigen dazu, sich in sich selbst und ihre vier Wände zurückzuziehen. Im Kontakt mit Menschen sind sie sehr zurückhaltend und bemüht, möglichst nicht anzuecken. Dadurch kann sich ihre Unsicherheit verstärken und ihr Kontakt zu ihren Mitmenschen zu brüchig werden. Wenn sie schlecht drauf sind, neigen viele Intros zu den Spielarten passiver Aggression – sie ziehen sich hinter ihre Mauer zurück und lassen die anderen auflaufen.

- Seien Sie stolz auf Ihre inneren Schätze. Machen Sie sich klar, dass es völlig in Ordnung ist, introvertiert zu sein. Falls Sie sich in der Gesellschaft eines Extras etwas langweilig vorkommen, vergessen Sie Ihre Selbstdarstellung und genießen Sie einfach seine Redebereitschaft. Was nutzt die Redefreude einem Extra, wenn ihm keiner zuhört?
- Widerstehen Sie Ihrem Impuls, sich zurückzuziehen. Gehen Sie bewusst unter Menschen, verabreden Sie sich. Konzentrieren Sie sich auf die Welt da draußen, anstatt Ihren Gedanken und Selbstzweifeln zu lauschen. Damit Ihr Gehirn nicht in einen Grübelzwang verfällt, notieren Sie Ihre Sorgen schriftlich, dann weiß Ihr Gehirn, dass notfalls alles auf dem Zettel steht und weitere Grübeleien keinen Ertrag bringen. Öffnen Sie sich für Außeneindrücke und hören Sie zu, was andere Menschen zu sagen haben. Das lenkt Sie in gesunder Weise von sich selbst ab.
- Suchen Sie sich eine Vertrauensperson und sprechen Sie über Ihre Probleme. Treten Sie Ihrer Neigung entgegen, alles mit sich allein abzumachen. Sie werden sehen, dass Reden Sie entlastet.
- Bitte trainieren Sie insbesondere Ihre Konfliktfähigkeit (siehe auch das Kapitel »Kommunikation«). Sie handeln sich viele Probleme ein, weil Sie zu wenig für Ihre Wünsche und Gefühle eintreten. Denken Sie immer dran: Je transparenter Sie sind, desto leichter ist der Umgang mit Ihnen. Trauen Sie sich aus der Deckung und übernehmen Sie die Verantwortung für Ihre Bedürfnisse. Bedenken Sie bitte: Ein offenes Wort ist viel fairer, als die anderen auflaufen zu lassen.

- Achten Sie auf Ihren Körper. Eine gute Haltung wirkt auf Ihre Stimmung positiv. Spüren Sie in sich, wie Sie sich fühlen, wenn Sie schlecht drauf sind, und versuchen Sie ganz bewusst mit dem Körper dagegen zu wirken (siehe auch »Treiben Sie Sport! Tipps für Faule«).

Epilog

Die Sonne durchwärmt mich, während ich träge in meiner Hängematte schaukle. Das hätte ich mir früher nicht gegönnt. Ich habe gelernt, das Leben entspannter anzugehen. Es fing mit diesem Zeitungsartikel an, in dem so ein Bewohner vom Planeten »Sicherheit« interviewt wurde. Beim Lesen dachte ich noch, der Typ spinnt, aber irgendwie ging der mir nicht mehr aus dem Kopf. Ich fing dann an, im Internet zu recherchieren, wollte wissen, ob da nicht vielleicht doch etwas dran sein könnte. Zu meiner Überraschung gab es da ’ne ganze Menge Einträge. So bin ich dann auch auf das Forum www.PlanetSicherheit.sic gestoßen. Da habe ich mich unter dem Pseudonym »Tarnkappe« eingeloggt. In dem Forum waren viele Leute unterwegs, viele vom Planeten »Sicherheit«, aber auch einige von meinem Planeten – einige sind wie ich durch den Zeitungsartikel draufgekommen. Da ich ja unter einem Pseudonym unterwegs war, traute ich mich, ein paar offene Fragen zu stellen. Die erste Frage war, ob es jemanden gibt, dem es gelungen ist, die eigenen Schwächen zu akzeptieren. Da bekam ich direkt schon über hundert Antworten. Darunter auch welche von Leuten, die von unserem Planeten auf den Sicherheits-Planeten ausgewandert sind. Mit einer Frau hat sich dann ein engerer Kontakt ergeben. Sie schrieb, es sei immer ihr Traum gewesen auszuwandern. Als Jugendliche habe sie zum ersten Mal vom Planeten »Sicherheit« gehört und sich umgehend die Einwanderungsbedingungen besorgt. Zunächst habe sie gedacht: Das packst du nie! Aber sie habe gekämpft und nie aufgegeben. Auf meine Frage sagte sie, das Schwerste sei gewesen, die Tarnkappe abzulegen. Sie habe das in Schritten geübt. So habe sie sich halt immer wieder in bestimmten Situationen gezwungen, die Tarnkappe in der Tasche zu lassen. Bei den ersten Malen habe sie sich wie nackt gefühlt. Allmählich habe sie jedoch festgestellt, dass gar nichts Schlimmes passierte, und sei mutiger geworden. Am schönsten sei gewesen, dass sie ohne Tarnkappe so frei habe durchatmen können. Sie trage die Tarnkappe zwar immer noch bei sich, aber sie setze sie nur noch ganz selten auf. Wie sie das denn ausgehalten habe, ihre Schwächen so bloßzulegen, fragte ich sie weiter. Das sei am Anfang ganz schön schwer gewesen, aber sie habe dann gemerkt, dass die anderen ihre Schwächen gar nicht so klar erkennen würden wie sie selbst. Manche hätten ihre Schwächen sogar gar nicht bemerkt, fast so, als würde sie noch die Tarnkappe tragen. Mit der Zeit habe sie sich dann entspannt und gedacht: »Na, wenn das so ist, dann brauche ich mir ja gar nicht mehr so'n Stress zu machen!« Da kam sie dann richtig ins Schwärmen, wie viel lockerer ihr Leben jetzt sei. Als sie noch die Tarnkappe getragen habe, habe sie ständig unter Strom gestanden und sei auch häufig krank gewesen.

Weiter erzählte sie, wie sie trainiert habe, zu sich selbst zu stehen, zu ihrer Meinung, ihren Wünschen und auch zu ihren Ängsten. Sie habe sich getraut, offen zu reden und auch mal gegen den Strom zu schwimmen. Dies sei zwar manchmal ganz schön anstrengend gewesen, aber sie habe hierdurch gelernt, Verantwortung für sich zu übernehmen. Früher habe sie sich hingegen oft als Opfer gefühlt. Das Wichtigste auf ihrem Weg sei jedoch gewesen, dass sie gelernt habe, sich selbst wahrzunehmen. Früher habe sie hingegen immer nur darauf geachtet, wie die *anderen* sie wahrnehmen. Damals habe sie auch immer gedacht, sie wäre zu egoistisch, wenn sie sich selbst wichtig nähme. Heute sehe sie das jedoch ganz anders: Je mehr sie sich selbst wertschätze, desto leichter falle es ihr, auch andere

Menschen zu mögen, weil sie nämlich die Angst vor ihnen verloren habe.

Junge, Junge, das hat mich ganz schön ins Schleudern gebracht. Ich habe mich irgendwie ertappt gefühlt. Plötzlich habe ich vieles infrage gestellt, was früher selbstverständlich für mich war. Das war hart. Vielleicht, so dämmerte es mir, spielt sich das alles nur in meinem Kopf ab, das mit den Starken und der Diktatur und so. Vorsichtig fing ich dann an, auch auf meinem Planeten mal offener mit einigen zu sprechen, mal ein paar Fragen zu stellen. Erstaunt stellte ich fest, dass es vielen so geht wie mir. Die meisten haben auch so ihre Selbstzweifel und Ängste. Das ist richtig tröstlich, ich bin plötzlich kein Einzelkämpfer mehr. Das Merkwürdigste ist jedoch: Je offener und mutiger ich werde, desto weniger Starke lassen sich blicken. Ich sehe sie immer seltener. Oder sehe ich sie vielleicht nur anders? Da werde ich noch dahinterkommen. Erst mal gehe ich jetzt mit meiner Frau und meinen Kindern ein Eis essen, ist doch schließlich Sonntag heute.

Danksagung

Ganz herzlich bedanken möchte ich mich …
… bei Alexandra Knipprath, die als Erste mein Manuskript gelesen und mir sehr viel Mut gemacht und wichtige Anregungen gegeben hat.
… bei meiner Kollegin und Freundin Helena Muser, die sich mit großem Engagement des Manuskripts angenommen und mir sehr wertvolle Hinweise und Anregungen gegeben hat.
… bei meiner Freundin Eva Tausch für ihre konstruktive Kritik.
… bei meiner Freundin und Kollegin Melanie Alt fürs Lesen und Loben.
… bei meiner Lektorin Carola Kleinschmidt für ihre Sorgfalt und Kompetenz.
… bei meinem Mann Holger Sorg für das aufrichtige Interesse an meiner Arbeit und seine liebevolle Unterstützung.

Literaturhinweise

Zum Thema Selbstwertgefühl

Branden, Nathaniel (2008): Die 6 Säulen des Selbstwertgefühls

Merkle, Rolf (2015): So gewinnen Sie mehr Selbstvertrauen

Röhr, Heinz-Peter (2013): Die Kunst, sich wertzuschätzen

Stahl, Stefanie (2020): So bin ich eben! Erkenne dich selbst und andere

Stahl, Stefanie (2015): Das Kind in dir muss Heimat finden

Süfke, Björn (2016): Männer. Erfindet. Euch. Neu. Was es heute heißt, ein Mann zu sein

Tomuschat, Julia (2016): Das Sonnenkind-Prinzip: Selbstliebe, Leichtigkeit und Lebensfreude wiederentdecken

Zum Thema Beziehung

Corssen, Jens; Tramitz, Christiane (2014): Ich und die anderen: Als Selbst-Entwickler zu gelingenden Beziehungen

Jellouschek, Hans (2007): Wie Partnerschaft gelingt – Spielregeln der Liebe: Beziehungskrisen sind Entwicklungschancen

Stahl, Stefanie (2017): Jeder ist beziehungsfähig: Der goldene Weg zwischen Freiheit und Nähe

Stahl, Stefanie (2020): Jein! Bindungsängste erkennen und bewältigen. Hilfe für Betroffene und deren Partner

Stahl, Stefanie (2020): Vom Jein zum Ja! Bindungsängste überwinden und endlich bereit sein für eine tragfähige Partnerschaft

Stahl, Stefanie (2015): Ja, nein, vielleicht. Nie mehr Angst vor Nähe

Zum Thema Konfliktlösung

Nöllke, Matthias (2019): Schlagfertigkeit: Die 100 besten Tipps

Rosenberg, Marshall B. (2004): Konflikte lösen durch gewaltfreie Kommunikation

Wawrzinek, Ursula (2009): Geht's noch?! Vom Umgang mit sturen Eseln und beleidigten Leberwürsten. Wie Sie Konflikte kreativ lösen

Zum Thema Arbeitswelt

Unger, Hans-Peter; Kleinschmidt, Carola (2014): Das hält keiner bis zur Rente durch! Damit Arbeit nicht krank macht: Erkenntnisse aus der Stress-Medizin

Stahl Stefanie; Dr. Bernreiter, Christian (2020): So bin ich eben! im Job. Typengerecht arbeiten im Team: der Schlüssel für Erfolg im Beruf

Register